Anne Bancroft

MYSTIKER – Wegweiser für die Zukunft

Anne Bancroft

MYSTIKER

Wegweiser für die Zukunft

Walter-Verlag
Olten und Freiburg im Breisgau

Umschlag und Satz:
Jung Satzcentrum GmbH, Lahnau
Druck: Nord-West-Druck, Trimbach
Einband: Walter-Verlag, Heitersheim
Printed in Switzerland
ISBN 3-530-03939-X

Meinen gegenwärtigen
und künftigen Lehrern gewidmet

Inhalt

Einführung

Wer oder was ist ein Mystiker? Im Europa des Mittelalters war ein Mystiker jemand, der eine innere oder «geheime» Erkenntnis Gottes hatte. Diese Erkenntnis wurde als gegenüber allen bisherigen Erfahrungen herausgehoben und zugleich als realer und wirklicher denn alle bisherigen Zustände erlebt. Man hatte die Empfindung, daß sie sich auf einer anderen Ebene als derjenigen der gewöhnlichen Denk- und Empfindungsprozesse vollzog, und der Mystiker erlebte sich selbst und andere in einer neuen Weise. Es war, als ob eine Klarheit, die eine ganz andere war als diejenige des wägenden Verstandes, sich als die wahre Grundlage der eigenen Person und der ganzen Welt enthüllt hätte. Einen solchen Zustand meinte der hl. Augustinus, als er sagte: «Im jähen Aufleuchten einer bebenden Schau gelangte mein Geist zum Absoluten Sein – demjenigen, was ist.»

Die Welt offenbarte sich dem Mystiker in ihrem wirklichen Sein – nicht wie wir sie normalerweise durch die getönte Brille unseres Fühlens und Denkens sehen, sondern mit dem unbewaffneten Auge der Klarheit – als vollständig und vollkommen. «Der Geist besitzt Gott wesentlich in nackter Natur, und Gott den Geist«, sagt Ruysbroeck. Je mehr der Mystiker eine solche Klarheit leben konnte, desto mehr harmonierten seine Worte und Handlungen mit der Wirklichkeit.

Das Wort «geheim» bedeutete damals weder etwas dunkel Mysteriöses noch etwas Übernatürliches oder Irrationales. Mystik hat nichts mit raunender Mystifizierung zu tun, sondern sie ist ein Weg der Erleuchtung und des Lichts. «Geheim» im mittelalterlichen Sinne bezeichnete die Erkenntnis, die nur zutiefst im Inneren erlebt werden kann und die so weit über die Möglichkeiten der gewöhnlichen Sprache hinausgeht, daß der Mystiker seine Zuflucht zum Paradoxon und zum Symbol nehmen muß.

Der mittelalterliche Mystiker scheint einen direkten Kontakt und eine direkte Kommunikation mit etwas viel Wirklicherem gehabt zu haben, als im alltäglichen Leben des Menschen erfahrbar ist, einer Wirklichkeit, die seine Selbstwahrnehmung unendlich weit transzendierte. Diese unaussprechliche Wirklichkeit wurde ihm zur Quelle einer wunderbaren Gewißheit und Freude. Durch ihre beflügelnde Kraft konnte er in der Welt seßhaft werden und zur Versöhnung mit demjenigen finden, was war, zu hingebungsvoller Liebe aus der Kraft ruhiger Gelassenheit.

Eine große existentielle Frage hat den Menschen immer beschäftigt – die Frage, wie die Getrenntheit überwunden werden kann, wie man zur Vereinigung gelangt, wie man das eigene individuelle Leben transzendiert und zum Einssein findet – mit einem Wort, wie man «sein» soll. Es scheint oft eine unüberbrückbare Kluft zwischen dem gewöhnlichen Leben und demjenigen zu liegen, was Meister Eckhart das «Namenlose Nichts» und «Gottes Sein ohne Werden» nannte. Diese gewaltige Kluft, dieser scheinbare äußerste Unterschied wird beim Mystiker, der wirklich aus seinem Wesensgrund lebt, zur völligen Ununterschiedenheit. Er wird von dieser Erkenntnis so klar erleuchtet, daß er mit der Welt in völligem Frieden ist, mit beiden Füßen fest auf der Erde steht, als Mensch im Lot und von gesunder Urteilskraft. Zeit und Ort, nach Eckhart unsere schlimmsten Feinde, weil wir ihnen verhaftet sind, können durch volles Gewahrwerden des gegenwärtigen Augenblicks in ihrem rechten Zusammenhang mit Zeitlosigkeit und Unendlichkeit erkannt werden. «Gott erschafft die Welt und alle Dinge in einem gegenwärtigen Nun», sagt Eckhart, und er drückt es noch plastischer aus: «Die Seele, die da steht in einem gegenwärtigen Nun, in die gebiert der Vater seinen eingeborenen Sohn.»

Die Hinwendung auf dieses Nun bewahrt den Mystiker davor, sich allzusehr mit psychologischen oder psychischen Zuständen oder auch den faszinierenden Perspektiven der Philosophie abzugeben. Sein Ziel ist die Letzte Wirklichkeit, nichts sonst. Wenn Augustinus ausruft: «Mein Leben soll ein *wirkliches* Leben sein, ganz erfüllt von Dir!», dann gibt er damit der Überzeugung Ausdruck, daß dieser bedingten Welt und dem bedingten Geschöpf keineswegs letzte Wirklichkeit zukommt und daß ein Leben, das sich auf die Interaktion zwischen diesen beiden beschränkt, die dem Menschen innewohnende Sehnsucht nach absoluter Wesenhaftigkeit ungestillt läßt.

«Ich möchte eine kleine Weile vom unvermischten Wein trinken», sagt Mechthild von Magdeburg. Sie drückt damit jenes Verlangen nach unbedingter Wirklichkeit aus, das die treibende Kraft des Mystikers ist, die Sehnsucht, die wir vielleicht alle nach einem Dasein empfinden, wie wir es erfahren können, wenn der Geist ruhig ist und das Herz sich ergeben hat, wenn der «Zuschauer» verschwindet und die scheinbare Schranke zwischen Subjekt und Objekt fällt.

In der ganzen bekannten Geschichte gab und gibt es immer Menschen, die sich abseits des gesellschaftlichen Lebens ihrer Zeit halten und ihr Leben der Suche nach einer scheinbar mysteriösen und trügerischen Seinserfahrung widmen, die aber, wenn sie dieses innere Sein gefunden haben, die Welt mit neuen Augen anschauen, wie wenn sie eine neue Dimension gewonnen hätte. Ihr ganzes Verhältnis zur Welt hat sich gewandelt, denn die Wirklichkeitserkenntnis, die sie erlangt haben, ist nichtpersönlicher Natur; sie transzendiert die starre Getrenntheit des Ich, die den Menschen zu einem isolierten, unter das Joch der Zeit gebeugten und endlichen Wesen macht. Diese Sehnsucht nach der Fülle des wirklichen Lebens zeigt, daß wir, insofern uns diese Fülle fehlt, nicht «sind». Wir sind zwar zum Sein veranlagt, doch «sind» die wenigsten von uns. Für die meisten von uns ist das Leben eine Aufeinanderfolge von Anlässen, uns in diese oder jene Kleidung zu hüllen, um demjenigen, der uns sieht, jeweils zu verdeutlichen, wer wir zu sein *meinen*. Es gibt das Kleid der Rasse und Kleider, die man -ismen nennt, sowie die einfacheren Kleider des Börsenmaklers, des Gewerkschaftsmitglieds oder des Abgeordneten – und diejenigen des Vaters, der Mutter, des Kindes, des Lebenspartners. Manchmal scheint es freilich, als ob diese Kleider ohne einen Träger durch die Welt gingen. Der Mensch «ist» nicht, er «ist» nur seine Kleider.

Es ist ein schwieriges Problem. Um «sein» zu können, müssen wir frei sein, weder von der Natur noch durch die Gesellschaft festgelegt. Solange wir von «außen» festgelegt sind, können wir nicht frei sein. Deshalb müssen wir uns von unseren Konditionierungen, von der uns bekannten Welt lossagen, um zu einem neuen Dasein zu gelangen, um dasjenige zu finden, was Krishnamurti, ein Mystiker unseres Jahrhunderts, den «unschuldigen Geist» nennt. Der unschuldige Geist kann ohne Bindung an die Vergangenheit ganz in der Gegenwart leben, denn im gegenwärtigen Augenblick sind wir frei – solange wir ihn von der Vergangenheit und Zukunft freihalten –, und dann sind wir wirklich wir selbst.

Ein Mystiker ist also jemand, der auf dem Weg zu demjenigen ist, was er in seinem transzendentesten Innersten ist. Je mehr er er selbst ist, desto «wirklicher» ist er, und desto leichter kann er mit allen Geschöpfen eins sein. Er ist nicht mehr von der Welt getrennt, und er braucht seine Wirklichkeitswahrnehmung nicht mehr getrennt von seinem gewöhnlichen Alltagsleben zu kultivieren. Sie ist vielmehr gerade die Quelle jener Bedeutung und Sinnerfülltheit, die das äußere Leben erst lebenswert macht.

Die große Offenbarung, die den Mystikern des Mittelalters (und den Mystikern aller Religionen) gemeinsam ist, aber seither im Christentum so sehr vernachlässigt wurde, bestand darin, daß alle Dinge ihr Sein durch den Gottesgrund des Daseins haben. Was *ist*, ist Gott. Wer die Wirklichkeit seiner selbst findet, hat Gott gefunden. Freilich nicht so sehr den Gott des Symbols und des Bildes, sondern dasjenige, was Juliana von Norwich den «unerschaffenen Gott» nennt. Sie sagt: «Es müssen uns alle erschaffenen Dinge wie nichts sein, damit wir die Liebe zum unerschaffenen Gott erlangen. Denn dies ist der Grund, warum wir hienieden im Herzen und in der Seele nicht zufrieden sind, denn wir lieben und suchen unsere Ruhe in diesen Dingen, die doch so klein ist und worin keine Ruhe ist, und wir kennen Gott nicht, der... die wahre Ruhe ist.» Eckhart drückt in seiner einzigartigen prägnanten Sprache dasselbe aus, wenn er sagt: «Gottes eigenstes Wesen ist Sein. ... Eben darum ist alles, was irgendwie *ist,* einzig nur im *Sein* begründet. Sein ist ein erster Name. Alles, was mangelhaft ist, das ist Abfall vom Sein. Unser ganzes Leben sollte Sein sein. Ein Leben mag noch so gering sein, faßt man es, sofern es Sein ist, so ist es edler als alles, was je Leben gewann. Ich bin gewiß: würde eine Seele auch nur das Geringste erkennen, das Sein hat, sie kehrte sich nie wieder nur einen Augenblick davon ab. Das Geringste, das man in Gott erkennt, ja, würde man selbst nur eine Blume so erkennen, wie sie ein Sein in Gott hat, das wäre edler als die ganze Welt. Das Geringste, das in Gott ist, sofern es ein *Sein ist,* ist besser als das Wissen eines Engels.» In einem tiefen und doch einfachen Gleichnis sagt Jan van Ruysbroeck: «Denn wie die Luft von der Helligkeit und Hitze der Sonne und das Eisen vom Feuer durchdrungen wird, so daß es durch das Feuer das Werk des Feuers wirkt, da es brennt und scheint wie Feuer, so könnte auch die Luft, wenn sie verständig wäre, sagen: ‹Ich erleuchte und erhelle die ganze Welt› – und doch behalten beide ihre Eigenart. Denn das Feuer wird nicht zu Eisen, und das Eisen wird nicht zu Feuer, wiewohl ihre Verbindung ohne Vermittlung geschieht, denn das Eisen ist in dem Feuer, und das Feuer ist in dem Eisen; ebenso ist die Luft im Sonnenschein, und der Sonnenschein in der Luft. So ist auch Gott im Sein der Seele, und sooft sich die höchsten Kräfte der Seele mit aktiver Liebe nach innen wenden, sind sie mit Gott *ohne Vermittlung* in einer einfachen Erkenntnis der Wahrheit und in einem wesentlichen Empfinden und Schmecken alles Guten verbunden.»

Insofern eine solche direkte und unmittelbare Erfahrung einen Ursprung oder eine Tradition haben kann, wird meist gesagt, daß das Werk des Dionysius Areopagita – eines unbekannten

Mönchs, der möglicherweise Anfang des sechsten Jahrhunderts in Syrien lebte und sich den Namen eines der Anhänger des hl. Paulus gab – die mittelalterlichen Mystiker stark beeinflußt hat. Dies ist gewiß richtig; es könnte indes auch sein, daß alle Mystiker, wenn sie einen gewissen Grad der Erkenntnis erreicht haben, dieselben Wahrnehmungen haben und daß die *Mystische Theologie*, das Schlüsselwerk des Dionysius, nicht nur deshalb mit Freude und Begeisterung begrüßt wurde, weil es etwas Unbekanntes lehrte, sondern auch deshalb, weil es in einer sublimen Sprache etwas ausdrückte, was bereits gut bekannt war.

Dionysius lehrte eine negative Theologie. Er glaubte, daß uns die Wirklichkeit des «absoluten Nichts, das jenseits allen Daseins ist», entgleitet, wenn wir ihm Namen und Attribute beilegen. Unser Geist kann niemals seinen Ursprung erkennen, wenn er bei seinem unruhigen Streben den beschränkten menschlichen Verstand als den Horizont aller Erkenntnis nimmt – wie jemand, der im Hause nach der Sonne sucht, statt es zu verlassen und in den hellen, warmen Tag hinauszutreten. Erst dann, wenn wir uns all unsere selbstgeschaffenen Bilder von Gott und alle Vorstellungen über ihn versagen, werden wir leer genug, daß sich uns die Wirklichkeit Gottes zu erkennen geben kann. Wenn wir schon Symbole gebrauchen müssen, sagt Dionysius, dann sollten wir unsere Gleichnisse aus der gewöhnlichen Welt nehmen, denn selbst eine so unangemessene Repräsentation Gottes wie ein Löwe, ein Bär, ein Leopard oder selbst ein Wurm ist besser als ein abstruses Symbol, weil sie gerade durch ihre Unangemessenheit den Menschen schneller von ihr weg und hin zum transzendenten Sein führt, während diejenigen Bilder, die die Phantasie stärker ansprechen, den Geist eher an das Bild fesseln, statt ihn von ihm zu befreien.

Man heftet sich freilich gerne an eingängige, reiche, befriedigende Symbole. Auf einem *solchen* mystischen Weg zum Gottesgrund kommt aber Gefühlen durchaus kein höherer Stellenwert als Begriffen zu. Der Mensch muß alles Wissen und alle Erfahrungen, auch visionäre und himmlische, fahren lassen, sagt Dionysius. Er muß in Unkenntnis hinausgehen in ein «dunkles Nichtwissen». Dies ist «die wahrhaft mystische Dunkelheit des Nichtwissens, in der er (Moses, der Prototyp des Mystikers) von allem verstandesmäßigen Verstehenwollen Abstand nimmt und ganz im Ungreifbaren und Unsichtbaren bleibt, ganz und gar Ihm angehörend, der über allen Dingen ist, denn er gehört niemandem mehr, weder sich selbst noch einem anderen; weil er auf alles Erkennen verzichtet hat, ist er mit dem Unerkennbaren viel besser verbunden, und weil er nichts weiß, weiß er mit einem Wissen, das den Verstand übersteigt».

Dionysius' negativen Weg – verwandt dem indischen «nicht dieses, nicht jenes» des Brahman – kann man auch den Weg der Freiheit nennen, weil wir alles *Verhaftetsein* an Ideen und Gefühle verwerfen oder hinter uns lassen. Dies führt nicht in ein vages Nichts, sondern in einen Zustand, für den Dionysius interessanterweise den Vergleich mit einer Statue wählt: «Denn dies heißt, wahrhaft sehen und erkennen und das Überwesentliche überwesentlich erkennen; so wie derjenige, der aus dem unbehauenen Stein eine Statue fertigt, zuerst alles überflüssige Material wegnimmt, das die reine Anschauung der verborgenen Form behindert, und die verborgene Schönheit *ausschließlich durch dieses Wegnehmen* zum Vorschein bringt.» Mit anderen Worten, wir geben uns allzuleicht damit zufrieden, daß Gott uns fremd ist, nicht ahnend, daß wir selbst uns fremd sind und daß der Gottesgrund unserer selbst zum Vorschein kommt, wenn wir nur den harten Panzer unseres Selbstbildes absprengen, der uns den Blick auf unsere wahre Natur verwehrt. Somit ist das Ziel des negativen Weges ganz und gar positiv, wie dies ja auch bei anderen «negativen» Religionen wie dem Buddhismus und dem Hinduismus der Fall ist.

Die *Mystische Theologie* des Dionysius wurde im 9. Jahrhundert von Johannes Scotus Eriugena übersetzt, der selbst ein tiefes mystisches Wissen hatte. Die Verbreitung dieses Werks hatte großen Einfluß auf das Denken der mittelalterlichen Mystiker, insbesondere auch deshalb, weil man Dionysius für den gleichnamigen Schüler des hl. Paulus hielt. Einige Passagen in der *Wolke des Nichtwissens* zum Beispiel stehen in ihrem Empfinden der *Mystischen Theologie* sehr nahe: «Erhebe dein Herz zu Gott mit einer blinden Liebesregung und meine ihn selbst und keines seiner Güter. Verfahre mit dir selbst auf diese Weise: Verabscheue und hasse alles, was in deinem Verstand und in deinem Willen wirkt, ausgenommen einzig und allein Gott. Tu dies in dir, bis du alle Geschöpfe vergißt, die Gott jemals schuf, und ihre Werke, damit dein Denken oder dein Begehren zu keinem von ihnen hingelenkt oder hingezogen wird, weder im allgemeinen noch im besonderen.» Die drei Grundüberzeugungen der Mystik – daß das eigene Sein auch das Sein des Gottesgrundes oder der zeitlosen Wirklichkeit ist, daß man dieses unbedingte Sein nur dann finden kann, wenn man seine Abhängigkeit von bedingten Dingen aufgibt, und daß dieses Tun uns die wahre Natur unseres Lebens als Menschen offenbart –, diese drei Überzeugungen sind nicht nur diejenigen des Dionysius und der christlichen Mystiker in seiner Nachfolge, sondern auch die Grundüberzeugungen aller Religionen, insbesondere des Buddhismus. In der Tat bringen mittelalterliche Verfasser immer wieder mit ihren Worten die «Vier Edlen Wahrheiten» zum Ausdruck.

Der mittelalterliche Mystiker, der sich auf diesen weltweit gültigen Pfad begab, wußte also mit Sicherheit, wie er Wirklichkeit von Phantasie unterscheiden konnte. Das Wort «Mystik» benutzt man heute vielfach auch im Zusammenhang mit okkulten und magischen Mächten. Ein solcher Mißbrauch ist freilich nicht hilfreich, denn es handelt sich um völlig verschiedene Dinge. Kontemplative Mystik gilt dem unsagbaren und unauslotbaren Geheimnis des Daseins selbst; Magie ist dagegen die Aufdeckung und Manipulation der Elementarkräfte der Welt. Berdjajew sagt: «Mystik ist die Vereinigung mit Gott, Magie diejenige mit den Naturgeistern ... Mystik ist die Sphäre der Freiheit, Magie diejenige der Notwendigkeit. Mystik ist losgelöst und kontemplativ, Magie aktiv und militant; sie enthüllt die geheimen Kräfte der Menschheit und der Welt, ohne aber an die Tiefen ihres göttlichen Ursprungs gelangen zu können. Die mystische Erfahrung stellt gerade eine spirituelle Erlösung von der Magie der Naturwelt dar, denn wir sind an diese Magie gekettet, ohne dies immer zu erkennen.»

Die Geisteshaltung des Nichtwissens (auch diese ein wesentliches Element der östlichen Religionen) ist die erste Voraussetzung kontemplativer Mystik. Wenn alles als bekannt aufgefaßt wird, dann erscheint die Welt als toter und sogar lebensfeindlicher Ort. Wenn aber aufgezeigt wird, daß solches Wissen seiner Wesensnatur nach beschränkt und oberflächlich ist, tritt ein großes Nichtwissen an seine Stelle, und jeder Gegenstand wird wieder als wesenhaft, geheimnisvoll und ehrfurchtgebietend erlebt. In diesem Nichtwissen werden die Natur der Welt und die Natur des Menschen selbst als Eines erfahren, und es stellt sich eine erschütternde Empfindung des Erstaunens darüber ein, daß das wirkliche Selbst nicht dasjenige ist, wofür man es immer hielt, sondern etwas wesenhaft anderes. «Der Sehende und das Gesehene», sagt Plotin, ein weiterer bedeutender Vorläufer der mittelalterlichen Mystik, «das Subjekt und das Objekt – und dies ist eine kühne Behauptung – sind eins. Der Sehende erblickt sie dann nicht mehr als zwei und unterscheidet sie nicht mehr, und er stellt sie sich nicht mehr als getrennt vor. Er ist völlig verwandelt, nicht mehr er selbst, nicht mehr sich selbst gehörig. Er gehört Gott und ist eins mit ihm wie zwei Kreise, die denselben Mittelpunkt haben: sie sind eins, wenn sie zusammenfallen, und nur dann zwei, wenn sie sich voneinander trennen.»

Der wahre Mystiker ist also jemand, der von der Empfindung der Unterdrückung und Unsicherheit befreit ist, die auftritt, wenn wir die Welt als etwas Fremdes und uns selbst als von außen gesteuert betrachten. In der Mystik wird alles aus einer tiefen Empfindung für das innere Selbst, das als der wunderbare Gottesgrund erkannt wird, erfahren und dargelebt, und der Ausdruck dieser Lebenshaltung ist eine spontane und freudige Selbsthingabe. Wirkliche Liebe fällt nicht schwer, wenn man erkannt hat, daß es nichts außerhalb von einem selbst gibt, nichts Fremdes, Unnahbares oder Undurchdringliches, sondern nur eine Welt, die man letztlich und im Innersten selbst ist. «Wie kann man dasjenige anders als man selbst beschreiben», fragt Plotin, «das, als man es erblickte, sich als eins mit einem selbst erwies?»

Eine solche Einsicht kommt freilich gut ohne offizielle Doktrinen aus, und in der Tat erklärten die Mystiker, insbesondere Eckhart, ohne Umschweife, daß der Urgrund jenseits aller formalen Theologie liegt: «Du sollst ihn bildlos erkennen, unmittelbar und ohne Gleichnis. Soll ich aber Gott auf solche Weise unmittelbar erkennen, so muß *ich* schlechthin *er*, und *er* muß *ich* werden. Genauerhin sage ich: *Gott* muß schlechthin *ich* werden und *ich* schlechthin *Gott*, so völlig eins, daß dieses ‹Er› und dieses ‹Ich› Eines *ist* und in dieser Seinsheit ewig *ein* Werk wirken. Denn, solange dieses ‹Er› und dieses ‹Ich›, das heißt Gott und die Seele, nicht ein einziges Hier und ein einziges Jetzt sind, solange könnte dieses ‹Ich› mit dem ‹Er› nimmer wirken noch eins werden.»

Gott «ohne Vermittlung» erkennen – solche Aussagen trugen Eckhart eine Anklage wegen Häresie ein. Die Haltung der mittelalterlichen Kirche gegenüber ihren Mystikern war im günstigsten Fall eine mißtrauische Duldung; gegenüber so freimütigen Gruppen wie etwa den Gottesfreunden gab es allerdings keinerlei Nachsicht; viele ihrer Schriften wurden vernichtet oder verfälscht abgeschrieben, um sie ketzerisch und skandalös erscheinen zu lassen.

Die Mystiker waren zu einem Leben in ungewisser Spannung verurteilt. Als Johannes Scotus Eriugena im 9. Jahrhundert die Lehren des Dionysius zugänglich machte, traf dies die Kirche völlig unvorbereitet, die zunächst nicht wußte, wie sie sich mit einem Gottesbegriff auseinandersetzen sollte, für den in der westlichen Theologie kein Platz zu sein schien. Sie war eher verunsichert, als daß sie diese Thesen rundweg verurteilt hätte. Johannes Scotus blieb unverstanden, und in den darauffolgenden drei Jahrhunderten geriet er völlig in Vergessenheit, wenn sich auch als schwacher Erinnerungsschimmer die Legende erhalten konnte, daß er die beiden Universitäten in Oxford und Paris gründete und daß er in der Schule von Malmesbury durch die Schreibfedern seiner Schüler den Tod fand.

Gegen Ende des 12. Jahrhunderts begannen sich die Dinge jedoch zum Schlechteren zu wenden. Ein Theologe namens Amaury an der Universität von Paris entdeckte das *Periphyseon*, eine von Johannes Scotus verfaßte Schrift, und hielt Vorlesungen darüber. Dies schlug in Frankreich wie eine Bombe ein. Amaury lehrte, «daß es für jedermann ein Glaubensartikel sein müsse, ohne den es keine Erlösung gibt, daß jeder von uns ein Glied des Christus ist». Ein solcher «Glaubensartikel» forderte unverzüglich schärfste Reaktionen seitens der Kirche heraus. Amaury wurde alsbald von der Universitätsverwaltung wegen Verbreitung gefährlicher neuer Lehren verurteilt, und seine Appellation an den päpstlichen Stuhl wurde abgewiesen. Er soll wenig später an gebrochenem Herzen gestorben sein. Wie es bei allen guten Lehrern der Fall ist, konnte jedoch der Impuls seines Denkens nicht unterdrückt werden, und wenig später fand sich in Paris eine Gruppe intelligenter Männer und Frauen aus dem Laien- wie dem Klerikerstand zusammen, um sich der Pflege seiner Ideen zu widmen. Sie verkündeten, daß Gott nicht in der Ferne ist, sondern sein wirkliches Sein im Leben all derjenigen hat, die sich für seine Gegenwart öffnen können. Wer in sich das Bewußtsein für Gottes Leben in seinem Inneren erwecken konnte, war nicht mehr an die Regeln und Rituale gebunden, die nur für Menschen auf einer niedrigeren geistigen Ebene notwendig sind. Die größte erlebbare Freude, behaupteten sie, bestehe darin, das Einssein mit Gott zu entdecken, und um diese Erfahrung zu erlangen, übten sich die Mitglieder der Gesellschaft in stiller Versenkung und einer gesteigerten Wahrnehmung der inneren Gegenwart.

Nun war für die Kirche das Maß voll. Die Gruppe wurde unterwandert, bespitzelt und denunziert. Als Ketzer verurteilt, wurden ihren Mitgliedern vor dem gaffenden Pöbel die geistlichen Gewänder heruntergerissen, und viele mußten den Scheiterhaufen besteigen. Im Jahre 1209 ordnete ein Konzil die Exhumierung und Verbrennung von Amaurys Gebeinen an. Die Bücher des Aristoteles und anderer wurden geächtet und gingen im allgemeinen Autodafé in Flammen auf. Doch es nützte nichts. Die von Amaury verkündeten Ideen breiteten sich weiter aus, und seine geheimen Schüler betrachteten sich als die Begründer eines neuen spirituellen Zeitalters, das die traditionelle Rolle der Kirche mit all ihren Riten, Zeremonien und ihrer Heiligenverehrung verwarf. Mitleid und Verständnis waren wichtiger als alle Sakramente, lehrten sie.

«Sie leugneten», berichtet Caesarius von Heisterbach, «die Wiederauferstehung des Leibes. Sie lehrten, daß es weder Himmel noch Hölle als Orte gibt, sondern *daß derjenige, der Gott erkennt, den Himmel besitzt,* und daß derjenige, der eine Todsünde begeht, die Hölle in sich trägt, wie ein Mensch einen faulen Zahn in seinem Mund trägt. Die Sitte, Heiligenstatuen zu errichten und vor Bildern Weihrauch zu verbrennen, war ihnen Götzendienst. Sie lachten über diejenigen, die die Gebeine von Märtyrern küßten.»

Diejenigen, derer man habhaft werden konnte, schickte man auf den Scheiterhaufen, wodurch man wiederum die Anhänger der Bewegung nach Deutschland, Südfrankreich und Italien trieb. Es bildeten sich Verbindungen zu anderen Gruppen, und neue Sekten entstanden und verschwanden. Manche, die den Nachdruck auf ekstatische Trancezustände und Praktiken legten, die eine bemerkenswerte Ähnlichkeit mit tantrischen Übungen aufwiesen, waren wohl nicht mehr als eine hysterische Randgruppe, doch kann man den Mut, ein Leben in spiritueller Freiheit zu führen, nur bewundern.

In diesem stürmischen 13. Jahrhundert scheinen der Drang zur Individualität und die Auflehnung gegen die Autorität zu einem Höhepunkt gelangt zu sein. Viele Menschen innerhalb und außerhalb der Kirche gaben ihrer Empfindung Ausdruck, daß die Menschheit in die Irre gegangen war und daß die einfache Lehre Christi unter der Struktur der Kirche verschüttet worden war.

Der Ruf «zurück zu Christus» ertönte immer lauter und fand Ausdruck in einer der idealistischsten Bewegungen, die es je im Christentum gab, der Schwesternschaft der Beginen und der Bruderschaft der Begarden. Die Bewegung hatte mit der Schaffung der Beginengemeinschaft im 12. Jahrhundert ihren stillen Anfang genommen, einer Einrichtung, die sowohl aus der wirtschaftlichen Not wie auch einer Empfindung des Mitleids geboren war. Die Kreuzzüge und die Kriege in Mitteleuropa hatten unter der männlichen Bevölkerung einen so furchtbaren Blutzoll gefordert, daß es in jeder Stadt und in jedem Dorf Scharen verelendeter Frauen gab, die ohne männlichen Schutz und ohne eine andere Möglichkeit des Lebensunterhalts außer der Prostitution sich ihr tägliches Brot am Marktplatz erbettelten. Im Jahre 1180 las ein stotternder (daher sein Name) flandrischer Priester namens Lambert le Beguè einige dieser zerlumpten und hungernden Opfer der Kriegswirren auf, Jungfrauen und Witwen, und brachte sie in einem großen Haus unter. Sie sollten dort ein religiöses Leben führen, jedoch im Laienstand, so daß sie in der Geborgenheit einer klösterlichen Gemeinschaft ohne deren Einschränkungen leben konnten. Bald breitete sich die Schwesternschaft der Beginen aus, wie sie nach le Beguè benannt wurde. Es entstanden immer neue Niederlassungen in Häusern, die man Beginagen (Beginenhöfe) nannte.

Die Frauen, die dort Zuflucht fanden, fanden auch ein neues Leben. Es gab Muße zu Meditation und Gebet; es gab das Gefühl, in einer Familie beheimatet zu sein; es gab soziales Leben, und es gab Arbeiten und Pflichten, die ihre Tage ausfullten. Um die Mitte des 13. Jahrhunderts war die Bewegung so allgemein verbreitet, daß jede größere Stadt eine Beginengemeinschaft hatte. Aus dem Impuls der Bewegung «Zurück zu Christus» folgten bald auch Männer ihrem Beispiel und bildeten Gemeinschaften, die Begarden genannt wurden. Es waren religiöse Laiengruppen, die im ganzen Land nach Kräften Gutes wirkten. Sie kümmerten sich insbesondere um die körperlich und geistig Kranken, predigten in der Sprache des Volkes und begruben die

Toten. Ihren Lebensunterhalt bestritten sie teils mit Betteln, teils aus ihrer Arbeit.

Eine Bewegung, die so viel Gutes leistete, konnte keinen Bestand haben. Schon 1244 war die Kirche in großer Besorgnis über die Freiheit und Unabhängigkeit der Beginen, und gegen Ende des Jahrhunderts betrachteten die kirchlichen Behörden sie als eine regelrechte Plage. Sie waren beim Volk sehr beliebt, weit mehr als die Brüderorden, weshalb sie auch reichlicher mit Almosen bedacht wurden. Ihre Beerdigungen und Messen wurden ohne Klerus durchgeführt, weshalb der Kirche hier auch Spenden entgingen. Sie mußten kein Gehorsamsgelübde ablegen, und doch lebten sie wie im geistlichen Stand; sie trugen besondere Kleider und erkannten Obere nur aus ihren eigenen Reihen an. Sie predigten über tiefe und heilige Themen wie die Heilige Dreifaltigkeit, doch wurde dasjenige, was sie sagten, als Unterminierung des Glaubens in der Kirche und als Gefahr für das Heil vieler Menschen angesehen.

Bei dieser Kombination aus Eifersucht und Pochen auf die «rechte Lehre» war es unausweichlich, daß die Kirche schließlich daranging, die Beginen und Begarden zu unterdrücken. Sie wurden der Ketzerei bezichtigt, und im Jahre 1306 erließ der Erzbischof von Köln ein Edikt gegen sie. Die Drohung der Exkommunikation fruchtete jedoch nicht. Das Edikt bewirkte letztlich sogar das Gegenteil dessen, was erreicht werden sollte. Die Beginen und Begarden, die für etwas bestraft wurden, was in den Augen vieler nichts als das reine und wahre Christentum war, fanden so starken Zulauf, daß dies schließlich für die Franziskaner und Dominikaner zu einem regelrechten Aderlaß wurde.

Die Ideen von Amaury fielen bei ihnen auf fruchtbaren Boden und wurden bald als die Lehre (oder Häresie, je nach Standpunkt) vom Freien Geist bekannt. Die Gemeinschaften der Beginen und Begarden, denen eine Reihe sehr intelligenter Menschen angehörten, bekamen bald den Namen «Brüder und Schwestern vom Freien Geist», und die Kirche sah sich plötzlich einer Bedrohung gegenüber, wie sie sie nie hätte voraussehen können.

Die Kerngedanken der Brüder waren klar. Gott ist alles. Von der Einheit schreitet er fort zu Differenzierung und Vielfalt. In diesem Zustand der Vielfalt ist er in allem Wirklichen zu finden. Ziel aller Dinge ist es, mit ihm in göttlicher Einheit wieder geeint zu werden; der Weg des Menschen ist es, frei von sich selbst zu werden, damit Gott in ihm alles Notwendige wirken kann. Man braucht daher keine Kirche, weil der Mensch selbst die Offenbarung Gottes ist. Gott ist ebensosehr Mensch, wie er die konsekrierten Gestalten von Brot und Wein ist.

Einer solchen Herausforderung des Supremats der Kirche konnte nur mit äußersten Maßnahmen begegnet werden, und diese wurden auch ergriffen. Die Verfolgung der Beginen und Begarden wurde 1311 in einem Dekret besiegelt, doch wurde dieses erst mit Verzögerung in der Praxis wirksam, weil sich sehr viel loyale und angesehene Katholiken in ihren Reihen befanden und es eine fast unlösbare Aufgabe schien, diejenigen herauszufiltern, auf die das Dekret Anwendung finden konnte.

Die Begarden waren hiervon weniger betroffen, weil sie auf niemanden angewiesen waren und in andere Länder ausweichen konnten. Für die Beginen dagegen waren die Folgen verheerend. Ohne ihre Beginagen, ohne Unterstützung, und nachdem auch diejenigen, die bereit gewesen wären, ihnen zu helfen, sich dem Risiko der Verfolgung aussetzten, waren viele von ihnen dem Hungertod preisgegeben. Mit der zunehmenden Macht der Inquisition wurden schließlich auch die Begarden dezimiert. Brüder- und Schwesternschaften außerhalb der Kirche wurden nicht mehr geduldet; viele wurden gefangengesetzt und auf dem Scheiterhaufen verbrannt.

Dies war der Hintergrund der Mystik des 13. und angehenden 14. Jahrhunderts, eine geistige und psychologische Landschaft, die bei Mystikern wie Jan van Ruysbroeck (dessen Brief an eine Beginengruppe zum Schönsten und Tiefsten gehört, was die mystische Literatur hervorgebracht hat) und Meister Eckhart nachhaltige Wirkung hatte. Diese gewiß unruhige Zeit war freilich noch nichts im Vergleich mit der Drangsal und den Heimsuchungen des späteren 14. Jahrhunderts. Unsere eigene Zeit mag uns chaotisch erscheinen, doch wird sich gewiß niemand in das Mittelalter zurückwünschen wollen.

Die Kirche, bei welcher der einfache Mensch geistliche Leitung suchte, war so sehr in miteinander verfeindete Parteien gespalten, daß man ihre bloße Existenz als einen der negativeren Einflüsse dieser Zeit betrachten könnte. Zwischen 1309 und 1377 war die Ära der «Babylonischen Gefangenschaft» der Kirche, als der Heilige Stuhl nach Avignon verlegt wurde und die Päpste zu Marionetten Frankreichs wurden. Für viele war dies ein traumatischer Übelstand, doch sollte ein noch größeres Unglück folgen. Als Papst Gregor XI. 1378 starb, war die Zerstrittenheit innerhalb der Kirche so groß, daß es zwei Wahlen gab, aus der zwei miteinander konkurrierende Päpste hervorgingen, und die Kirche war in den nächsten vierzig Jahren im Großen Abendländischen Schisma gespalten, das bis 1417 anhielt.

Diesem katastrophalen Ereignis ging in Deutschland eine ähnliche Situation auf der politischen Bühne voraus, als 1314 zwei Könige gewählt wurden. Die eine Partei entschied sich für Ludwig den Bayern, die andere für den Habsburger Friedrich den Schönen. Der Papst ergriff für Friedrich Partei, exkommunizierte Ludwig und belegte alle Städte, die ihn unterstützt hatten, mit einem Bann. Durch diesen Bann wurden alle öffentlichen Gottesdienste verboten. Dies führte dazu, daß in vielen Teilen Deutschlands keine Messe gefeiert wurde, Neugeborene nicht getauft wurden und man Sterbenden die Tröstung der Sterbesakramente verweigerte.

Wie wenn es mit den Verstrickungen korrupter Menschen noch nicht genug gewesen wäre, schickte die Natur dazu noch dem ganzen Rheintal schwere Erdbeben. In der Mitte des 14. Jahrhunderts fiel die Stadt Basel in Trümmer, und viele andere Städte wurden ebenfalls in Mitleidenschaft gezogen.

Der größte und furchtbarste Schrecken in diesem zerrissenen und aufgewühlten Jahrhundert war freilich der grausamste Schlag der Natur – der Schwarze Tod. Für die Menschen war er die Geißel Gottes. Er trat erstmals 1347 in Europa auf, wo er zwei Jahre lang wütete, und kehrte in etwas abgeschwächter Form 1358 und 1363 wieder. Die Pest, in ihrem Gefolge der grauenvolle Gestank des Zerfalls, die mit einem Kreuz gekennzeichneten Häuser und die aufgedunsenen Leichen, raffte einen großen Teil der Bevölkerung dahin, von der in manchen Landstrichen nur ein Zehntel überlebte.

Zweihundert Jahre lang war Westeuropa ein Schlachtfeld, rot vom Blut der Opfer von Kriegen, Aufständen, Verfolgungen und Seuchen. Nicht nur Könige und Kaiser lagen in Fehde miteinander, sondern auch die kleinen Fürsten, Herzöge und Adligen des Landes; ihre Herrschaft war oft so grausam, daß unter der Bevölkerung Aufstände ausbrachen. In vielen Gegenden war das Land verödet, und wer nicht durch das Schwert starb, ging am Hunger oder an Seuchen zugrunde. Von der Kirche, die hauptsächlich mit ihren inneren Machtkämpfen beschäftigt war, war wenig Hilfe oder Trost zu erwarten, und sie glitt immer weiter in einen Morast der Unmoral und Korruption ab und erreichte schließlich einen absoluten Tiefpunkt mit Papst Alexander VI. (1492), dem berüchtigten Rodrigo de Borgia, auf dessen Verbrechenskonto unter anderem Meineid, Giftmord und Raub standen.

Gegenüber diesem düsteren Hintergrund hebt sich nun die Klarheit der Mystiker ab, die sich, ohne sich jemals dem Leid und Elend in ihrer Umgebung zu entziehen, auf das innere Leben konzentrierten und damit allen, die sie kannten, eine Perspektive und Frieden des Herzens gaben.

Die Parallelen zu unserer Zeit sind unübersehbar. Es erubrigt sich wohl der Hinweis auf die Verfolgungen, Grausamkeiten und Morde unseres Jahrhunderts, von den Schrecken der Konzentrationslager Nazi-Deutschlands über die Zerstörung Nagasakis bis hin zu den napalmdurchtränkten Wäldern Vietnams. Unser Dasein ist noch durch die tiefe Kluft gespalten, die wir selber zwischen demjenigen aufreißen, was wir tun, und demjenigen, was wir sind. Wir sind noch nicht zu einem Zustand der Selbsterkenntnis gelangt, der uns in der Wirklichkeit verankert und von dem aus wir unmittelbar aus unserem ganzen Selbst handeln könnten. Wir leben zersplittert in unserer eigenen Natur, unvollständig, unfähig zu einer vollständigen und umfassenden Perspektive. Wenn wir uns aus dieser gespaltenen und zerrissenen Perspektive mit unseren Problemen auseinandersetzen, können wir nur zu einer zersplitterten Lösung gelangen, der wir all unsere Aufmerksamkeit und Energie widmen. Nur, diese Unvollständigkeit, diese fehlende Ganzheit führt zum Unglücklichsein. Weil wir aber unsere eigene Zersplitterung nicht erkennen, projizieren wir all unsere Enttäuschungen auf die Welt und geben der Welt die Schuld an unseren Schwierigkeiten. Dann wird ein Rüstungsarsenal aufgebaut (wofür die Welt weit mehr ausgibt als für die Gesundheit), und die Folge sind weitere Verfolgungen, Kriege und erbitterter Haß zwischen Mensch und Mensch.

Man kann wohl auch in unserem Jahrhundert sagen, daß das Christentum von Schismen zerrissen ist. Zwar gibt es keine Ketzerverfolgungen und keine lasterhafte Korruption mehr – wofür wir durchaus dankbar sein müssen –, doch hat eine seltsame Mattigkeit das Christentum befallen. Man könnte von Sand im Getriebe sprechen, vom Stottern eines Motors, dessen Tank leer ist. Es geht nicht mehr so sehr um Gott als – angeblich – um den Menschen. Und doch ist es nicht der Mensch in seiner Ganzheit, dessen sich das heutige Christentum annimmt, sondern seine physischen und sozialen Bedürfnisse. Aber «der Mensch lebt nicht vom Brot allein», und es besteht heute ein starkes Bedürfnis nach wahrer spiritueller Führung, wie es auch im 13. und 14. Jahrhundert bestanden hatte.

Das England des 14. Jahrhunderts stand wie das heutige Großbritannien etwas abseits seiner kontinentalen Nachbarn und wurde nicht in dem Maße von Heimsuchungen und Stürmen erschüttert, wie sie über Mitteleuropa hinwegfegten. Dennoch sah sich England letztlich als Teil Europas und nahm an allen großen Bewegungen teil, die dort entstanden. Es gab ständige Bevölkerungsverschiebungen zwischen den Ländern, und man stellt sich sehr zu Unrecht das England des Mittelalters als träge oder statisch vor. Gelehrte und Handeltreibende kamen und gingen in einem stetigen Strom ohne nationalistisches Denken, wie wir es heute kennen, über den Ärmelkanal, denn es gab *eine* Kirche, der alle angehörten, wie grausam die Unterdrückung durch diese Kirche auch sein mochte.

Die Ausgangssituation der englischen Mystiker ist daher in vielem derjenigen der Mystiker auf dem europäischen Festland vergleichbar. Und doch gibt es Nuancen: Vielleicht die stärkere Betonung der persönlichen Unabhängigkeit und Freiheit, eine Liebe zu Einfachheit und Unmittelbarkeit, eine tiefempfundene Empörung über die kirchlichen Mißstände jener Zeit. In gewisser Weise begann sich die englische Kirche in jener Zeit – wie auch die englische Sprache – bereits aus dem römischen Kokon herauszuarbeiten. Bis zum 14. Jahrhundert war Latein die Verkehrssprache. Dann wurde Englisch durch Parlamentsverordnung zur Landessprache, was zu einem Frühlingserwachen in der Dichtkunst und im politischen und wissenschaftlichen Diskurs führte. In diesem Land der Neuanfänge lebten, arbeiteten und meditierten die englischen Mystiker. Ihre Prosa hatte eine Kraft und Vitalität, wie man sie heute selten noch findet. Trotz des Schwarzen Todes, trotz der rohen Grausamkeit, die es noch auf allen Ebenen gab, trotz allem Schmutz und Elend war das mittelalterliche England «Merry England» und nahm die Dinge insgesamt leichter als seine kontinentalen Vettern. Diesen Geist hat Trevelyan eingefangen:

«Je eingehender wir das mittelalterliche England betrachten, desto mehr sind wir geneigt, es als jung, vorwärtsstrebend und fröhlich darzustellen. Zunächst einmal war das Land voller Farben. Die Kirchen waren bunt vom Glas der Fenster und den Fresken an den Wänden; die Kleidung der Begüterten, Männer wie Frauen, war prächtig und farbenfroh, und wenn die Landbevölkerung zweckdienlichere braune und blaue Kittel trug, gelang es ihnen doch meist, mit ihren Mützen oder Tüchern einen farblichen Akzent zu setzen. Das Land war voller Lieder, und mit den Liedern kamen die Tänze.»

Kommen wir nun zu den Mystikern selbst. Das Kriterium für meine Auswahl bestand darin, daß jeder dieser sechs jene besondere Klarheit der Schau besitzt, welche die Kluft zwischen dem Alltäglichen und dem Unsagbaren überbrückt und uns damit helfen kann, unsere eigene Dualität zu transzendieren und uns eine eigene Erfahrung des numinosen Seins zu vermitteln. Das eigentliche Thema dieses Buches ist daher eine Umformung, ein Versuch, uns im Lichte dieser Lehren anzuschauen.

Das soll nicht heißen, daß jeder dieser Mystiker ein vollkommener Lehrer wäre – man darf wohl eher sagen, daß dies für keinen von ihnen gilt. Jeder von ihnen ist aber einen eigenen Weg gegangen, der vielleicht mit einigen Aspekten unseres eigenen Begreifens und Erkennens zusammenfällt und diese befruchten kann.

So ist zum Beispiel für Juliana von Norwich und Richard Rolle charakteristisch der *religiöse* Hintergrund. Sie lebten und lehrten innerhalb ihres christlichen Glaubens, und ihre Lehre ist – insbesondere bei Juliana – ein fundierter und zutiefst mystischer Kommentar zu den Grundlehren der mittelalterlichen Kirche. So tief reichte ihre Einsicht, daß es ihr nicht schwerfiel zu erkennen, daß Gott nicht nur Vater, sondern auch Mutter ist – ein Gedanke, der viele von uns heute anspricht –, und sie scheute sich nicht, von «Jesus, unserer Mutter» zu sprechen. In großer Schlichtheit sagt sie: «Unser Erlöser ist wahrhaft Mutter, in der wir unaufhörlich geboren werden; und wir werden niemals aus ihm heraustreten.» Und aus einer sehr mittelalterlichen und doch psychologisch klaren und stimmigen Anschauung der Trinität sagt sie:

«Unser Hoher Vater, der allmächtige Gott, der Sein ist, er kannte uns und liebte uns schon vor dem Beginn der Zeiten. Aus diesem Kennen, durch sein gar wunderbar tiefes Mitleid... wollte er, daß die zweite Person unsere Mutter, unser Bruder und unser Erlöser werden sollte. Hieraus folgt, daß Gott, so wahr er unser Vater ist, auch unsere Mutter ist. Unser Vater will, unsere Mutter wirkt, unser guter Herr, der Heilige Geist, bestärkt.»

Wie man sieht, war zumindest sie in ihrem mittelalterlichen

kontemplativen Leben ganz glücklich. Das Symbol ihrer tiefsten Seele war männlich und weiblich zugleich, und alles, was sie schreibt, ist von diesem Gleichgewicht und dieser Reife durchdrungen. Taoistisch gesprochen, waren Yin *und* Yang in ihr ganz verwirklicht, wodurch sie zur Ganzheit gelangt war.

Dies gilt nicht für alle Mystiker. Rolle wie auch Ruysbroeck waren in ihrem eigenen kontemplativen Leben nicht frei von Animositäten und Eifersüchteleien, und selbst der heiter-gelassene Verfasser der *Wolke* macht gelegentlich seinem Unmut Luft über «junge, anmaßende Schüler, die in ihrer aus Einbildungen geborenen Neugier die Planeten durchbohren und den Himmel durchlöchern möchten, um hineinsehen zu können», und er läßt sich auch über die frömmelnden Menschen aus, die ganz in ihren Gefühlen leben und «ihr fleischliches Herz in ihrer Brust über die Maßen schinden, ihrer törichten Seele böse Wunden schlagen und sie in schwülen Dämonenphantasien schwären lassen».

Allen dreien wie auch dem hl. Bernhard gelang es aber, im Laufe ihres Lebens (und hier können wir uns nur nach demjenigen richten, was sich an den Werken des Verfassers der *Wolke* selbst ablesen läßt) solche natürlichen, aber unkonstruktiven Irritationen und negativen Gefühle zu überwinden und diese – wie es ein tibetischer Buddhist sehen würde – als vorzügliche persönliche Lehren zu sehen. «Dein schlimmster Feind ist dein bester Lehrer», sagt daher der Buddhist, «weil er der einzige ist, der dich über deine eigenen Reaktionen aufklärt und dir damit hilft, sie zu überwinden.» Die bewußte Pflege mitleidsvoller Liebe – ein weiteres Band zwischen Mahayana- und christlichen Lehren – war zweifellos das Instrument, durch das die Persönlichkeitsprobleme der Mystiker sublimiert und transmutiert werden konnten. Sie kamen zu einem tiefen Verständnis des Lebens, wie es wirklich ist, und aus diesem Verständnis konnte die Liebe zu allem Seienden erblühen.

Selbst Rolle, der unwirschste von ihnen, beendete sein Leben in Gelassenheit und Würde, auch wenn wir ihm, in allen Ehren, nicht die Ausgeglichenheit und Ruhe von Mutter Juliana zuschreiben können. Er war noch mehr als sie der mittelalterlichen christlichen Tradition verhaftet, auch wenn er so sehr Individualist war, daß er gänzlich außerhalb der Kirche lebte. Es wurde sogar bestritten, ob er überhaupt Mystiker war, und Leute wie Prof. David Knowles vertreten die Auffassung, daß er eigentlich nur ein «Anfänger» war. Wenn wir dem zustimmen wollten, würden wir freilich unsere Auffassung von Mystik auf einen einzigen Standard verengen, denjenigen des dionysischen «Nichtwissens». Manche von uns mögen auch bei der Lektüre von Rolles Schriften dessen Erfahrung von «Wärme, Wohlklang und Süße» und sein Leben in hymnischer Devotion und Liebe im Vergleich mit den ernsthafteren Zuständen der vom Selbst abgelösten Kontemplation erst als den Anfang des Weges betrachten. Aber sollten wir wirklich so enge Maßstäbe anlegen? Müssen wir ganz genau definieren, welchen Vollkommenheitsgrad wir jedem Mystiker zubilligen wollen? Mit allzu kleinlichem Bewerten können wir uns ihren Erfahrungen wohl kaum nähern. Es ist sicherlich genügend Raum und Zeit für Freude, liebende Hinwendung und fröhlichen Lobpreis des Seienden einerseits wie für die Momente des «Nichtwissens» andererseits.

Wenn wir Rolle ablehnen, lehnen wir vielleicht einen wichtigen Teil von uns selbst ab. Gewiß war er eine vielschichtige Persönlichkeit, doch ist seine Botschaft für uns wichtig, weil wir allzuleicht auf Lobpreisung und Anbetung verzichten und glauben, daß die Mystik der Dunkelheit – der negative Weg des Dionysius – die Mystik des Lichts, eine äußere Ekstase, ausschließt. Und doch sind diese beiden Wege einander nicht entgegengesetzt, sondern gehören zusammen, und es geht zu unseren Lasten, wenn wir einen von beiden leugnen. Die Sufis tanzen sich in einen Trance-Zustand der Vereinigung mit dem Göttlichen hinein, die Hindus singen zu demselben Zweck, und die griechisch-orthodoxe Kirche benutzt das Vaterunser (das auch Rolle benutzte) als Mantra mit weitgehend demselben Ziel. Haben wir für diese großartigen Wege nur ein überlegenes Hochziehen der Brauen übrig? Letztlich müssen wir uns doch zu der Einsicht bequemen, daß es, wie Rolle selbst sagt, einen rechten Weg für jeden gibt und daß es unsere Aufgabe ist, ihn zu finden, wobei wir aber niemals die Wege anderer verwerfen dürfen, weil sie uns letztlich eine große Hilfe sein können.

In vielerlei Hinsicht haben gerade die englischen Mystiker die Mystik des Lichts und diejenige des Dunkels miteinander verbunden, denn sie lehrten eine Religion der fröhlichen Einfachheit. Sie starrten nicht gebannt auf Gewalt, Gedankendüsternis und die Flammen der Hölle, denn ihre Liebe zu Christus war größer als ihre Angst vor dem Teufel. Insbesondere Juliana und Rolle begründeten eine Mystik des Erstaunens, des Lobpreises und des Gottesdienstes; sie führten vor, was Thomas Merton, ein Mystiker unseres eigenen Jahrhunderts, eine «Spiritualität des Paradieses» nennt, die die Unschuld und die «Fröhlichkeit» Christi bekräftigt.

Allerdings muß man auch einen Unterschied zwischen Juliana, Rolle und Bernhard und den drei anderen sehen. Die drei Erstgenannten – zu denen doch auch der gewaltige Denker Bernhard gehört, wiewohl bei ihm auch einige Erkenntnisse der drei anderen zu finden sind – vertreten den «Erleuchteten Weg», womit der hl. Johannes vom Kreuz fortgeschrittene mystische Zustände beschreibt. Den Ausdruck «Vereinigender Weg» behält er jedoch denjenigen vor, die eine transformierende Einigung erfahren haben, und hiervon ist zum Beispiel bei Rolle wenig zu finden.

Der Vereinigende Weg ist derjenige von Ruysbroeck, Eckhart und dem Verfasser der *Wolke.* Über sie ist wenig zu sagen, weil sie für sich selbst sprechen. Während Juliana, Rolle und Bernhard uns mystische Einsichten auf einem mittelalterlichen Hintergrund geben, haben die anderen ihren Hintergrund, ja sogar ihre Religion transzendiert – Ruysbroeck spricht bezeichnenderweise vom «weglosen Weg», und Eckhart wurde der Prozeß gemacht, weil er über die Christologie hinausgeraten war. Deshalb ist ihre Mystik weitgehend der Form entbunden, und ihre Lehre ist praktisch und doch sublim, individuell und doch zeitlos.

Dieses Buch will also zwei Aspekte des mystischen Weges aufzeigen (den «Erleuchteten Weg» und den «Vereinigenden Weg»), die freilich keine entgegengesetzten Aspekte sind. Der hl. Bernhard, dem beide Wege sehr wohl bewußt waren, zeigt auf, daß sie einander ergänzen; mit Vorbehalten könnte man sogar sagen, daß der eine in natürlicher Weise in den anderen übergeht – der erste in den zweiten. Denn wirkliche Transzendenz ereignet sich, wie Bernhard ebenfalls darlegt, letztlich in dem Zustand, in dem das Selbst vergessen wird.

Jan van Ruysbroeck

Wenn man jedem der in diesem Buch behandelten Mystiker eine besondere Eigenschaft zuordnen wollte, die ihn gegenüber den anderen auszeichnet, wäre dies im Falle von Jan van Ruysbroeck die Harmonie. Seine den inneren Dingen zugewandte Wesensart wurde früh in seinem Leben geprägt, als er noch ein Knabe war. Er wurde geboren und verbrachte seine Kindheit in dem Dorf Ruuysbroeck in der Nähe von Brüssel, nach dem er sich gemäß der Sitte seiner Zeit nannte. Dieses Dorf, das heute eine geschäftige Stadt ist, war damals von Wald und Sumpfland umgeben. Der Wald reichte fast bis zu den Türen der Hütten des kleinen Weilers und wich nur im Westen jenseits des weidengesäumten Flusses ausgedehnten Sümpfen, die in den herrlichen flandrischen Sonnenuntergängen wie flüssiges Metall glitzerten und glänzten. Für den kleinen Jan waren Wald und Sonne von großen Geheimnissen erfüllt. Die Sonne nahm einen zentralen Platz in seiner Bilderwelt ein, so daß er im späteren Leben die Klarheit des Gottesgrundes oft mit dem Leuchten der Sonne verglich: «Es ist so, wie wenn man in der blendenden Helle der Sonnenstrahlen steht, und wenn man die Augen von allen Farben abwendet, von der Wahrnehmung der verschiedenen ‹Dinge›, die die Sonne beleuchtet, folgt man mit den Augen einfach der Helligkeit der Strahlen und wird so in das Wesenhafte der Sonne selbst hineingeführt.»

Immer aber zog es ihn zu den Wäldern hin, in denen er schließlich auch seine Bleibe nahm. Die mächtigen, zum Licht emporstrebenden Buchen, das Grün und das Schweigen, das inspirierende Spiel von Schatten und Sonnenlicht, das Raunen des Windes in den Zweigen – all dies beinhaltete für ihn Zauber und numinoses

Mysterium, und in seinen späteren Werken wird deutlich, mit welchem ehrfürchtigen Staunen ihn dieses Schauspiel erfüllte. Er liebte überhaupt alles Natürliche im gewöhnlichen Sinne, weshalb auch seine Schriften reich an ländlichen Bezügen sind – die Lehren, die er aus dem Verhalten von Ameisen und Bienen zieht, der Vergleich der hingegebenen Seele mit der Sonnenblume («eines der wunderbarsten Werke der Natur»). Die Christen sind für ihn wie drei Arten von Vögeln, diejenigen, die auf der Erde umherhüpfen, diejenigen, die weit auf das Wasser hinausschwimmen, und diejenigen, die zum Himmel auffliegen. Die jubilierenden Vögel, die er im Sumpfland sah, müssen seine Phantasie mehr als jedes andere Geschöpf beflügelt haben – «vielgefiedert» ist der Ausdruck, mit dem er den Kontemplativen auf seinem Weg zu Gott am besten beschreiben zu können glaubt.

Jan war ein Einzelkind und wuchs ohne Vater auf. Man nimmt an, daß sein Vater starb, als er noch klein war; man weiß jedenfalls nichts von ihm. Jans Mutter soll eine gute Frau gewesen sein, die sich mit Ernst ihrer Erziehungsaufgabe widmete, ihr aber wohl nicht ganz gewachsen war und sie daher übermäßig besorgt und besitzergreifend erfüllte. Der Augustiner-Kanonikus Pomerius, Ruysbroecks Biograph, schreibt, daß sie ihren Sohn verzärtelte und von etwas beschränkter Intelligenz war. Das Landleben zu jener Zeit – Ruysbroeck wurde 1293 geboren – war von lärmender Ausgelassenheit, und Pomerius berichtet, daß Jan die rohen Spiele der anderen Kinder, die wüsten Biergelage der Erwachsenen und das kleinliche Gezänk der engen dörflichen Welt recht zuwider waren. Er war zu jung, als daß man ihm dies als affektierte Hochnäsigkeit hätte anrechnen können, und seine sensible Abscheu gegenüber der Trunkenheit und Völlerei, die er um sich sah, war zutiefst aufrichtig empfunden.

Im Alter von elf Jahren lief er von zu Hause fort. Man hat nie herausgefunden, was der Anlaß war, doch brauchen wir wohl kaum mehr als ein wenig Einfühlungsvermögen aufzubringen, um uns den Grund hierfür vorstellen zu können. Kinder leben oft sehr intensiv. Das Mysterium des Daseins steht ihnen mit überwältigender Deutlichkeit vor Augen. Ihre Ehrfurcht und ihr Staunen über das Wunder der Dinge schaffen ein tiefempfundenes inneres Leben, das um jeden Preis vor dem Spott anderer Kinder oder der aufdringlichen Neugierde der Erwachsenen geheimgehalten werden muß.

Vielleicht konnte Jan ein Leben in solcher Eingeengtheit nicht mehr ertragen. Was immer seine Gründe waren – wir können sicher sein, daß es sehr tiefliegende Gründe waren, denn sein ganzes restliches Leben verlief friedlich, harmonisch und geordnet. Er ging auch nicht weit von zu Hause fort, nämlich in das nur wenige Kilometer entfernte Brüssel. Dort begab er sich zu seinem Vetter Jan Hinckaert, der als Chorherr an der Brüsseler St.-Gundula-Kirche Dienst tat.

Er wurde freudig aufgenommen. Bald entwickelte sich eine tiefe Zuneigung zwischen dem gütigen Priester und dem mystischen Knaben. Vielleicht äußerte sich Jan ihm gegenüber über seine innere Welt und sein Bedürfnis, den Weisungen seines Geistes zu folgen. Jedenfalls nahm ihn Hinckaert wie ein eigenes Kind an und kümmerte sich um seine Erziehung.

Die ersten vier Jahre verbrachte Jan an der Brüsseler Lateinschule, wo er nach den Berichten, die uns überliefert sind, Grammatik, Dialektik, Rhetorik, Musik, Arithmetik, Geometrie und Astronomie studierte. Insbesondere die Astronomie scheint er geliebt zu haben, denn die Bewegungen der Planeten bilden einen wichtigen Teil seiner Lehren. Im 14. Jahrhundert war die aus dem griechischen Denken stammende Vorstellung gültig, daß die Planeten den Charakter formten; man glaubte absolut an ihre vorgeburtliche Wirksamkeit. Jan entwickelte auch ein leidenschaftliches Interesse für alle anderen natürlichen Formen der Welt. Er beschäftigte sich mit allem – Mineralogie, Botanik, Zoologie, den Gezeitenbewegungen, dem Veredeln von Bäumen, dem Verhalten von Ameisen und Bienen. Durch die Gestalten und das Wirken der natürlichen Welt hoffte er Analogien aufzufinden, die sich auf das spirituelle Leben anwenden ließen. Am stärksten fesselten ihn dabei die Tierkreiszeichen.

Für ihn besaß die Sonne (in der er ein Gleichnis für die Wiederkunft Christi erblickte) in ihrem Glanz und ihrer Herrlichkeit bei ihrem Aufgang im Zeichen der Zwillinge – «das heißt einem Zweifachen von einer einzigen Natur» – eine doppelte Fähigkeit, alles rascher sprießen zu lassen, was aus der Erde herauswächst, so wie die natürliche Güte doppelt wächst, wenn die Sonne Christi im Herzen aufgeht. Im Krebs – «der seinen Namen davon hat, daß er nicht weitergehen kann, sondern rückwärts zu gehen beginnt» – saugt die Sonne alle Feuchtigkeit auf, die Erde wird trocken, und die Früchte reifen schnell, «so zieht Christus, die göttliche Sonne, wenn er in den Zenit unserer Herzen aufgestiegen ist – das heißt über alle Geschenke und Tröstungen und alle Süße hinaus, die wir von ihm empfangen können ... alle Dinge, das heißt all unsere Kräfte an sich ... auf daß das Herz zur allerhöchsten Einheit Gottes hingezwungen und hingezogen wird.»

Wenn nun «die äußere Sonne in das Zeichen des *Leo* oder Löwen [eintritt], der eine furchtbare Art hat, denn er ist der Herr aller Tiere, ... [dann ist es] dasselbe, wenn des Menschen inneres Dasein hier anlangt. Christus, die helle Sonne, steht dann im Zeichen des Löwen, denn die Strahlen seiner Hitze sind dann so heiß, daß in dem liebefiebernden Menschen das Herzblut zu verdampfen anfängt. Und wenn dieser wütende Zustand herrscht, meistert und unterjocht er jederlei andere Weise, denn er will ... wertelos sein und an nichts Vorhandenes sich anlehnen. ... Und manchmal gestattet Gott solchen Menschen rasche Geistesblicke, vergleichbar dem Aufzucken des Blitzes am Himmel. Es kommt wie ein rasches Blitzen von ungewöhnlicher Klarheit ...: Dadurch wird der Geist einen Wimpernschlag lang hinausgehoben über sich selbst, aber schon ist das Licht wieder vorbei, und der Mensch kommt wieder zu sich. Dies tut Gott selber; und es ist etwas sehr Kostbares, denn hiervon werden solche Menschen manchmal zu Erleuchteten.»

Der liebefiebernde Mensch – für manchen von uns scheint eine Zeit zu kommen, in der eine große Anstrengung unternommen werden muß, in der man sich mit nichts anderem mehr zufrieden geben kann als einer neuen Daseinsebene, die nur intuitiv erspürt, nicht aber vom Verstand vorhergesagt werden kann. Dann stellt sich eine heftige Ungeduld ein, ein Gefühl, daß alles im Leben eitel ist im Vergleich zur Sehnsucht nach der Wirklichkeit des Geistes. Keine schematische Übungsmethode scheint dann mehr angemessen zu sein. Der Sprung muß weiselos sein. Dann läßt die klare Schau die Natur aller Dinge in hellem Licht aufscheinen. «Tiefe Ehrfurcht hat Dein Gesicht meinem Blick entzogen; doch fühle ich, wie Du in wunderbarer und ekstatischer Gnade meinen innersten Grund berührst», sagt Al-Junaid, der mittelalterliche Sufi-Mystiker.

Der Knabe Jan konnte solche Einsichten während seiner Schulzeit noch nicht gehabt haben, und er schrieb erst viel später in seinem Leben in seinem Werk *Die Zierde der geistlichen Hochzeit* über den Tierkreis. Seine schulische Ausbildung gab ihm aber das Wissen, das er später in seiner Analogienlehre so wirkungsvoll einsetzte.

Noch während seiner Studienzeit kam seine Mutter, um wieder bei ihm zu sein. Die Nachricht von seiner Gelehrsamkeit war bis zu ihr gedrungen und ließ ihr ein Leben ohne ihn unerträglich erscheinen. So kam sie, nachdem sie ihre wenige Habe verkauft hatte, nach Brüssel, wo sie freilich feststellen mußte, daß sie nicht bei Jan leben konnte, da keine Frau das Haus eines Priesters teilen durfte. Hinckaert fand für sie einen Platz in einer Beginage, und dort blieb sie. Ihr Temperament milderte sich in dieser neuen Umgebung, und sie sah Jan oft. Das Band zwischen Mutter und Sohn wurde wiederhergestellt, wozu wohl auch die wachsende Hochachtung der Mutter vor der Gelehrsamkeit und dem Kenntnisreichtum ihres Sohns beigetragen haben mag.

Nach Abschluß der Studienzeit findet sich in Ruysbroecks Leben eine Lücke von einigen Jahren, über die wir nichts wissen. Möglicherweise schloß er sich einer Gruppe von Scholaren an, die jeden Herbst an eine andere Universität zog. Vieles spricht auch dafür, daß er einige Zeit in Köln bei Tauler und Suso, Schülern von Meister Eckhart, zubrachte, denn sein Denken war sehr von demjenigen dieses mächtigen und tiefschürfenden Meisters beeinflußt.

Wir hören wieder von ihm im Alter von 24 Jahren, als er 1317, eher später, zum Priester geweiht und Kaplan seines Onkels wurde. Etwa um diese Zeit hatte sein Onkel, der ein guter Mensch, aber wohlhabend und weltzugewandt war, eine transformierende Erfahrung, die beider Leben verändern sollte.

Wie berichtet wird, vernahm er eine innere Stimme, die ihn zu seiner Pfarrkirche St. Gudula gehen hieß. Dort traf er einen Missionspriester an, der einen Sprachfehler hatte und dessen Gehemmtheit bekannt war, der sich aber jetzt anschickte, eine Predigt zu halten. Kaum hatte er Hinckaert erblickt, als er mit einer Beredsamkeit zu sprechen begann, wie er sie noch nie besessen hatte. Nachdem er geendet hatte, schloß er: «Ich glaube, daß mir diese Leichtigkeit, mit der ich spreche, deshalb widerfuhr, weil einer in Eurer Mitte ist, der seinen Sinn ändern und sich eines besseren Lebenswandels befleißigen sollte.» Hinckaert bezog diese Äußerung auf sich und änderte seinen Lebenswandel. Sein Hauswesen wurde einfach und bescheiden. Hinckaerts Bekehrung entzündete andere, so daß sich bald ein kleiner Kreis um ihn bildete. Zu denjenigen, die am stärksten berührt waren, gehörte ein anderer Priester, Franco van Coudenberg, und der gemeinsame Wunsch nach einem Leben in schlichter Entsagung, in Liebe und Glauben, ließ in den beiden Priestern den Wunsch reifen, ihre Kräfte zu verbinden, all ihre Habe den Armen zu geben und für sich selbst nur das unbedingt Lebensnotwendige zu behalten. So lebten und arbeiteten sie mit Ruysbroeck zusammen, und dieser Bund hatte bis zum Ende ihres Lebens Bestand.

Die nächsten 26 Jahre, das heißt bis zu seinem fünfzigsten Lebensjahr, arbeitete Ruysbroeck als vielbeschäftigter Priester in Brüssel. Er war Pfarrvikar in einer aufstrebenden Hauptstadt, und ihm dürfte nur wenig Zeit für die Kontemplation verblieben sein. Trotzdem gibt es keine Zweifel, daß er während dieser Zeit einige hohe mystische Zustände durchlebte; der äußeren Welt machte er den Eindruck, wie es heißt, eines schäbig gekleideten, verträumten Priesters, «der mit zu Gott erhobenem Herzen durch die Straßen von Brüssel wandelte».

Welches waren seine Gedanken während dieser Jahre? Zweifellos ergab sich ihm die wesentlichste Erkenntnis schon sehr früh. Die Überzeugung Ruysbroecks gliedert sich in zwei Teile, die ihre unmittelbaren Wurzeln in seiner tiefen Wahrnehmung haben, daß die letzte Wirklichkeit sowohl Sein als auch Werden ist: einfach und veränderungslos in der Essenz, aktiv und vielfältig im Ausdruck, unpersönlich und persönlich, undifferenziert und differenziert, transzendent und immanent, «ohne Unterlaß wirkend, denn Er ist reines Handeln». Es geht also im ersten Teil von Ruysbroecks zweifachem Verständnis darum, den unendlichen Gottesgrund zu *finden,* im zweiten darum, ihn als Mensch in der Vielfalt der Welt zu *erfahren.*

Im ersten Teil führt uns Ruysbroeck in vier Stufen geistigen Wachstums ein, die alle «die Gabe Gottes» empfangen. Die erste Stufe ist der gemietete Knecht Gottes – man hat den Eindruck, in Ruysbroecks Augen ein ziemlich niedriger Zustand.

«Nun beachtet: Alle Menschen, die sich selber so triebhaft lieben, daß sie nur des eigenen Nutzens und eigenen Lohns wegen Gott dienen wollen, die scheiden von Gott und beharren in Unfreiheit und im Gefängnis des Selbst; denn sie suchen und lieben nur sich selber und ihr eigenes Tun. Sie suchen also mit all ihren Gebeten und all ihren guten Werken nur zeitliche Dinge; streben sie nach ewigen Dingen, so nur ihres Vorteils und Eigennutzes wegen. Diese Menschen sind trübe und triebhaft nur sich selber zugetan, darum bleiben sie für allezeit mit sich allein; ihnen gebricht es an der echten Liebe, die sie mit Gott und all seinen Erwählten vereinigen sollte. Scheinen diese Menschen auch das Gesetz und das Gebot Gottes wie der heiligen Kirche einzuhalten – das Gesetz der Liebe halten sie nicht. Alles, was sie tun, tun sie nämlich der Not, nicht der Liebe gehorchend, und nur damit sie nicht verdammt werden. Und weil sie derart in ihrem Innern ungetreu sind, so wagen sie nicht, auf Gott zu vertrauen; sondern all ihr inneres Leben ist Zweifel und Angst, Arbeit und Elend ...

Die Seligkeit fürchtet ein solcher zu verlieren, da er ja sich selber mehr als Gott liebt; und auch die Seligkeit liebt er rein aus Eigennutz. Darum wagt er nicht, auf Gott zu vertrauen ...

Im Augenblick aber, wo er unter dem Beistand Gottes seine Eigenliebe überwindet, nämlich daß er sein Selbst von sich wirft und Gott ganz anzuvertrauen wagt, was ihm nottut – mit diesem Schritt und durch diese Tat wird er Gott so wohlgefällig, daß dieser ihm seine Gnade gibt; und vermöge dieser Gnade fühlt er alsbald die echte und wahre Liebe. Diese Liebe vertreibt Furcht und Zweifel und läßt den Menschen hoffen und vertrauen. So wird er ein getreuer Knecht Gottes, und liebt Gott und denkt an ihn bei all seinen Werken. Seht, dies ist der Unterschied zwischen dem gemieteten und dem getreuen Knecht.»

Man darf sicher annehmen, daß die Menschen im 14. Jahrhundert den materiellen Dingen weit weniger zugewandt waren als wir heute. Deshalb weist uns Ruysbroeck nur in einem oder zwei Sätzen eher beiläufig darauf hin, was wirkliche Liebe bedeutet – nämlich die Loslösung von demjenigen, was uns umgibt. Die Lösung von unserer Abhängigkeit von der äußeren Welt hat für Nichtmystiker oft etwas Schwieriges, Beängstigendes und sogar Selbstsüchtiges. Sie ist aber die Grundlage jeglicher spirituellen Schulung. Die Mystiker aller Zeiten bekräftigen immer wieder, daß man nur dann Menschen und Dinge unbedingt und um ihrer selbst willen lieben kann – und nur dies ist die wahre Liebe –, wenn wir unsere Bindungen an sie aufgeben. Ruysbroeck betrachtet das Aufhören solcher Bindungen als einen Willensakt unsererseits – «wenn der Mensch so sehr von sich selbst losgelöst ist, daß er in der Obhut Gottes alles hingeben kann, dessen er bedarf». Wir müssen lernen, uns auf Gott zu verlassen – den göttlichen Grund alles Seienden – statt auf uns selbst. Dies kann man auch so formulieren, daß für unsere wahren Bedürfnisse – die geistigen, emotionalen und spirituellen – gesorgt sein wird, wenn wir Vertrauen zum Leben fassen und dasjenige akzeptieren, was es für uns bereit hält.

Man könnte sagen, daß sich der «getreue Knecht» auf dieser

Stufe des Wachstums befindet, wenn auch vielleicht mit einer Einschränkung. Er geht den aktiven Weg der guten Werke, und als Ruysbroeck einmal gefragt wurde, was der Unterschied zwischen dem gemieteten und dem getreuen Knecht sei, antwortete er, daß es ganz von der *Absicht* abhinge. Der gemietete Knecht gehorcht den Geboten, weil er glaubt, daß dies zu seinem Besten ist, während der getreue Knecht dies aus Liebe zu Gott tut, wobei er aber immer noch weitgehend seinen eigenen Gedanken und Empfindungen ausgeliefert ist. Auch der getreue Knecht war in Ruysbroecks Augen Gott noch nirgendwo so nahe wie die «trauten Freunde» Gottes auf der dritten Stufe des Wachstums; die leichte Schärfe, mit der Ruysbroeck von den getreuen Knechten spricht, läßt vermuten, daß ihm einige von ihnen unter seinen Pfarrkindern und geistlichen Mitbrüdern zu schaffen machten. Kritisch äußert er sich aber auch über diejenigen, die allzu «traut» sind, womit er diejenigen gemeint haben dürfte, die ihre Zeit nur in Gebet und Meditation zubringen.

«Wir müssen aber beachten, daß noch ein großer Unterschied ist zwischen den getreuen Knechten Gottes und seinen trauten Freunden. Die getreuen Knechte sind nur bereit, vermittels der Gnade und Gottes Hilfe Gottes Gebote zu halten, also Gott und der heiligen Kirche mit jeder Art Tugend und guter Sitte Gehorsam zu erweisen: und dies nennt man das äußere oder tätige Leben. Die trauten Freunde Gottes hingegen sind bereit, mitsamt dem Gebot Gottes auch dessen lebendigen Ratschlag zu befolgen. Und dies ist ein liebendes Anhangen an Gott zu seiner ewigen Ehre voll willigen Verzichts auf alles, das man außerhalb Gottes mit Lust und Liebe besitzen könnte.

Alle solche Freunde ruft und nötigt Gott nach innen und lehrt sie die inneren Übungen und manche geheime Weise geistlichen Lebens. Seine getreuen Knechte hingegen sendet er nach außen, auf daß sie ihm und seiner Familie mit allen Diensten und mit allen Arten von äußerlich guten Werken die Treue erweisen sollen.

Wie ihr seht, schenkt also Gott seine Gnade und seine Hilfe jedem entsprechend seiner Tauglichkeit, nämlich je nachdem, wie der Mensch eins mit Gott ist in äußeren guten Werken oder in inneren Liebesübungen. Niemand aber kann innere Übungen erleben oder sie pflegen, er sei denn gänzlich und ein für allemal zu Gott eingekehrt. Solange der Mensch in seinem Herzen geteilt ist, schweift sein Blick nach außen, und sein Gemüt ist unbeständig; er wird von der Lust und vom Leid zeitlicher Dinge allzu leicht erregt, denn sie leben noch in ihm. Und ob er auch gemäß den Geboten Gottes lebt, bleibt er im Inneren doch unbelehrt und unerleuchtet darüber, was innerliche Übung ist und wie man sie pflegen soll. Es genügt ihm, zu wissen und zu fühlen, daß er Gott im Sinne hat und bei all seinen Werken Gottes äußeren Willen auszuführen trachtet. Denn er fühlt seine Gedanken frei von Heuchelei und sich selbst treu im Dienen. Kraft dieser zwei Tatsachen behagt er sich selber, und es scheint ihm, daß äußere, voll frommer Gedanken verrichtete gute Werke heiliger und nützlicher seien als irgendwelche innere gute Übung; er hat ja, unter dem Beistand Gottes, für sich einen äußeren Lebengang erkoren. Er übt sich lieber in der Auszeichnung durch äußere gute Werke als in innerer Liebe zu demjenigen, für den er die Werke tut. Daher kommt es, daß ihn mehr die Vorstellungen der Werke erfüllen, die er verrichtet, als die Vorstellung Gottes, für den er sie tut. Weil er aber hingegeben ist an die Vorstellung von seinen Werken, bleibt er ein nach außen gekehrter Mensch und ist nicht fähig, sich dem Ratschlag Gottes anheimzugeben; seine Übungen sind mehr nach außen als nach innen gerichtet, mehr sinnlich als geistlich. Dabei ist er sehr wohl ein getreuer Knecht Gottes im äußeren Dienen, nur bleibt ihm, was die trauten Freunde Gottes fühlen, verborgen und unbekannt. So geschieht es, daß derart ins Grobäußerliche gekehrte Menschen allzeit die eingekehrten Menschen verurteilen und tadeln, weil es ihnen scheint, diese seien müßig und leer...

Man findet nun aber gewisse törichte Menschen, die derart verinnerlicht und untätig sein wollen, daß sie ablehnen zu handeln und zu dienen, wenn ihre Mitchristen in Not sind. Seht, derlei Menschen sind weder traute Freunde noch getreue Knechte

Gottes; sie sind vielmehr gänzlich falsch und betrogen. Niemand kann dem Ratschlag Gottes nachkommen, der seine Gebote nicht halten will. Weshalb denn all die trauten Freunde Gottes immer, wo es not tut, auch getreue Knechte sind, obschon die getreuen Knechte nicht alle traute Freunde sind: die Übungen, deren es hierfür bedarf, die sind ihnen unbekannt.»

Nachdem Ruysbroeck so die Schafe säuberlich von den Böcken geschieden hat, nimmt er noch eine subtilere Differenzierung zwischen den Freunden Gottes und seinen «geborgenen Söhnen» vor, der letzten Stufe des Wachstums. Seine überschwenglichste Sprache ist diesen geborgenen Söhnen vorbehalten, und hier führt er uns zum Kernpunkt des gesamten spirituellen Lebens – dem Unterschied zwischen Gott haben und Er sein.

«Es gibt aber eine noch feinere und innerlichere Abstufung, das ist der Unterschied zwischen den trauten Freunden Gottes und seinen geborgenen Söhnen; immerhin stehen beide Gruppen in ihren inneren Andachtserlebnissen gleichberechtigt vor der Gegenwart Gottes.

Indessen besitzen die Freunde Gottes ihre Verinnerlichung nur als Eigenschaft; für das beste und höchste, was sie erreichen können und erreichen wollen, halten sie nämlich das innere Anhangen an Gott; eben deswegen können sie mit sich und ihrem Tun nicht vorwärtsdringen bis in die bilderlose Bloßheit; sie sind ja bildererfüllt und verquickt mit sich selber und mit ihrem Tun. Wenngleich sie bei ihrem liebenden Anhangen an Gott die Vereinigung mit ihm fühlen, so bleibt in dieser Vereinigung doch dauernd zwischen ihnen und Gott Abstand und Andersheit. Ihnen ist der schlichte Eintritt in Bloßheit und Nichtwissen fremd und unerwünscht; ihr höchstes inneres Leben spielt sich immer mit der Vernunft und dem Wissen ab. So viel klare Kenntnis und Urteil über alle erfahrbaren Tugenden sie haben, das einfältige Harren des weit erschlossenen Gemüts bleibt ihnen versagt. So sehr sie der starke Liebesbrand emporreißt zu Gott, so bewahren sie doch die Selbsteigenheit und werden nicht verzehrt noch vernichtet in die Liebeseinung. Wie beständig sie sich auch

Gott zu Diensten halten und darin ihr Glück finden, mit all ihren Eigenschaften in Gott sterben und mit Gott ein gleichförmiges Leben teilen wollen sie nicht. Wenn sie auch allen Trost und alle Ruhe, die von außen kommen, geringschätzen mögen, so ist ihre Schätzung der Gaben Gottes, des verinnerlichten Lebens, der innerlich gefühlten, tröstlichen Süßigkeit derart groß, daß sie auf dem Wege verweilen oder ausruhen, und, um die höchste Segnung der bloßen, wissenslosen Liebe zu erlangen, nicht gänzlich genug absterben. Erkennen und üben sie auch alle Grade des liebenden Gottanhangens und all die inneren, zu Gott hinführenden Gebetswege, die man vor Gottes Gegenwart darbringen kann: jener wissenslose Eintritt und das selige Gleiten in die überwesentliche Liebe, wo man niemals auf Anfang noch Ende, auf Form noch Artung trifft, dies bleibt ihnen verborgen und unbekannt.

Darum ist denn ein großer Unterschied zwischen den trauten Freunden Gottes und seinen geborgenen Söhnen. Die Freunde fühlen in ihrem Inneren lediglich eine liebend-lebendige Steigerung in einer gewissen Weise, darüber hinaus aber fühlen die Söhne einen sterbend-einfaltsvollen Übergang ohne Weise.»

Dieser ‹sterbend-einfaltslose Übergang ohne Weise› ist das Ziel aller Religionen. Es ist das *Moksha* des Hinduismus und das Nirwana des Buddhismus. Es ist der Augenblick des äußersten und vollständigen Übergangs von der Dualität in die Einheit, in dem eine so tiefe innere Integration eintritt, daß die Empfindung der getrennten Selbstheit stirbt. Die tatsächliche Erfahrung dieses Zustands kann rasch vorübergehen oder eine Weile anhalten, doch zeigt sich danach immer mehr, daß anschließend das eigene Handeln harmonischer und spontaner wird. Es entspringt mehr aus einer Empfindung des wahren Seins und weniger aus einem Wunschdenken, was sein sollte. Wenn wir nämlich eine getrennte Selbstheit wahrnehmen, verrichten wir unsere Werke bewußt um Gottes – oder des Selbst oder des Dharma – willen. Wenn wir aber jene Getrenntheit nicht mehr empfinden, wird unser Wirken ein spontanes Handeln aus uns selbst – «ein einziges Leben mit uns», wie Ruysbroeck sagt. In einer seiner schönsten Passagen beschreibt er das Leben der Söhne Gottes:

«Nun hätte ich gerne gewußt, wie wir zu Gottes geborenen Söhnen werden und ein schauendes Leben erlangen könnten. Mein Forschen ergab folgendes. ... Bei unserem Emporsteigen zu Gott müssen wir uns selber und all unsere Werke vor uns hertragen als ein immerwährend dargebotenes Opfer für Gott. Vor Gott angelangt aber sollen wir von uns selber und von allen unseren Werken lassen, in Liebe ersterben und unsere ganze zeitliche Erschaffenheit vergehen lassen in den überwesentlichen Reichtum Gottes: Alsbald werden wir in einem ewigen Gestorbensein unseres Selbst Gott besitzen. ... In jenem wissenden Augenblick, wo wir aus Gott in ein Leben geistlichen Wandels geboren werden, tragen wir, wie ein immerwährend Gott dargebrachtes Opfer, unsere Werke vor uns her; aber in dem Augenblick des Nichtwissens, wo wir durch Gott wieder in ein ewiges und seliges Leben zurücksterben, da folgen unsere guten Werke uns nach, denn sie sind eines Lebens mit uns. Bei unserem Emporsteigen zu Gott mittels der Tugenden, da wohnt Gott in uns; im Vergehen aber unseres Selbst und aller Dinge, da wohnen wir in Gott. Damit, daß wir Glaube, Hoffnung und Liebe haben, haben wir Gott empfangen, und er wohnt in uns mit seiner Gnade, und er sendet uns hinaus als seine getreuen Knechte, um seine Gebote zu halten; und er ruft uns wieder hinein als seine trauten Freunde, sobald wir seinen Ratschlägen nachfolgen; und hiermit bezeichnet er uns als seine unzweifelhaften Söhne, denn wir leben ja im Gegensatz zur Welt. Wollen wir freilich über allen Dingen Gott schmecken und in uns ewiges Leben fühlen, so müssen wir mittels unseres Glaubens, über die Vernunft hinaus, in Gott hineingehen, wo wir von Bildern entleert bleiben und durch die Liebe entrückt werden aus unserem Denken. Und hier, wo wir durch die Liebe aller Dinge uns entledigen und allem Beobachten absterben in Nichtwissen, da werden wir durchrüttelt und umgeformt vom ewigen Wort, welches der Ausdruck des Vaters ist. In diesem Ledigsein unseres Geistes empfangen wir die unfaßbare

Klarheit, die uns in Besitz nimmt und durchdringt, ähnlich wie die Luft durchdrungen wird von der Klarheit der Sonne. Und diese Klarheit ist nichts anderes als ein grenzenloses Schauen. Was wir sind, das schauen wir an; und was wir anschauen, das sind wir. Denn unser Denken, unser Leben und unser Wesen ist geeint und erhöht in die Wahrheit, welche Gott ist. Darum bilden wir mit Gott in diesem schlichten Schauen ein einziges Leben und einen einzigen Geist: Dies nenne ich das schauende Leben.

Indem wir liebend Gott anhangen, vollbringen wir den besten Teil; Gott insgesamt besitzen wir, wenn wir derart ins Überwesentliche schauen ...

Dieses Besitzen ist ein einfacher, abgründiger Wohlgeschmack alles Guten und ewigen Lebens; in diesem Schmecken sind wir über die Vernunft hinaus und, von ihr befreit, eingesaugt in die tiefe Stille der Gottheit, die niemals bewegt wird. Daß dies wahr ist, kann man nur durch das Gefühl wissen, anders nicht; Vernunft oder gewollte Vorbereitung werden nie erfahren, wie das ist, wer, wo und was es ist. Deswegen bleibt die begleitende Andachtsübung stets unwissend, nämlich ohne Handhabe. Das grundlose Gut, welches wir schmecken und besitzen, können wir nicht begreifen noch verstehen, können auch von uns aus durch gewollte Vorbereitung niemals dahinterkommen. So sind wir arm in uns selber, in Gott reich; in uns hungrig und durstig, in Gott getränkt und gesättigt; in uns tätig, in Gott aber müßig. Und so sollen wir ewig bleiben; denn ohne uns ständig der Liebe zu weihen, können wir Gott nicht besitzen. Wer anders denkt und glaubt, ist betrogen. So leben wir vollständig in Gott, in welchem wir unsere Seligkeit besitzen; leben aber auch vollständig in uns selbst, wo wir uns Gott voll Liebe weihen. Wenn wir aber zugleich ganz in Gott und ganz in uns selber leben, so ist dies ein einziges Leben.»

Hier kommt nun Ruysbroeck zum zweiten Teil seiner Lehre, die sich mit der Beziehung des Menschen zu Gott und zur Welt befaßt. Ganz in Gott leben und *gleichzeitig* ganz in uns selbst leben – genau dies war der Gedanke Ruysbroecks: «Wir können nicht ganz Gott werden und unser geschöpfliches Dasein verlieren; dies ist unmöglich, und wenn wir ganz in uns selbst blieben, von Gott abgeschnitten, wären wir elend und unglücklich.» So kam er zu der Anschauung, daß es notwendig sei, in beiden Zuständen gleichzeitig zu leben.

«Ich habe gesagt, daß wir eins mit Gott sind; gleichwohl sage ich jetzt, daß wir ewig anders als Gott und von ihm unterschieden sein müssen ... Und wir müssen beides verstehen und in uns fühlen, wenn es uns wohl ergehen soll.»

Ruysbroeck war vor allen Dingen ein praktischer Mystiker. Er wußte, daß wir das Ziel verfehlen, wenn unsere gewöhnliche alltägliche Welt nicht an der Wirklichkeit orientiert ist, wie viele heilige Bücher wir auch lesen oder wie viele mystischen Gedanken wir auch pflegen. Wiewohl es also wichtig ist, diese klare Einheit in der Kontemplation zu erkennen, wenn das Selbst transzendiert wird, ist es *nicht weniger wichtig,* sich mit seinem ganzen Menschsein voll in diese Welt hineinzustellen.

Genau hier liegt nun die Schnittstelle und der Berührungspunkt zwischen mittelalterlicher Mystik und Zen-Buddhismus. In seinem Buch *The Center of Gravity* weist der Zen-Meister Joshu Sasaki darauf hin, daß es zwei Seinsarten gibt, die wir erkennen müssen, wenn wir richtig leben wollen. Die eine Art ist das unbedingte Sein, in dem wir die Abwesenheit des «Ich» erfahren – wenn zum Beispiel die Empfindung des begrenzten Selbst durch die Schönheit einer Landschaft oder eines Klangs überwunden wird und es nichts mehr gibt außer dem Mondlicht auf dem Meer, dem Spiel der Schatten der Bäume oder dem sanften Rauschen des Regens. Viele Menschen des Westens kennen diesen Seinszustand nicht, wie Sasaki meint. Die andere Art besteht darin, daß das «Ich» anwesend ist (unser üblicher Zustand), und deren wichtigste Ausdrucksformen «ich» und «mein» sind. Wir müssen, wie Sasaki sagt, beide Zustände erfahren lernen, sie uns ganz bewußtmachen. Wir dürfen nicht immer im selben Zustand bleiben und uns dies auch nicht wünschen, weil wir Menschen sind mit all den Beschränkungen an Leib und Seele, die mit dem Menschsein verbunden sind. Unser Los ist es, zwischen beiden Zuständen hin- und herzupendeln; wenn wir uns aber beider Zustände bewußt sind, können wir unser Gleichgewicht wahren und uns freiwillig in den einen oder anderen Zustand begeben. Wenn uns dieses Bewußtsein fehlt, können wir zum Beispiel in den unbedingten Zustand eintreten, doch kann uns eine Störung rasch aus diesem Zustand werfen, den wir dann nicht wiedererlangen können. Deshalb sagt Ruysbroeck, daß «wir beides verstehen und in uns fühlen müssen, wenn es uns wohlergehen soll».

Im Westen besteht eine starke Tendenz, sich über die Natur unseres Menschseins zu täuschen oder sie beiseite zu schieben, insbesondere bei denjenigen, die transzendente Zustände erstreben. Wir sehnen uns so sehr nach dem Gottesgrund, daß uns unser bedingtes Menschsein minderwertig erscheint und wir uns in gewisser Weise von ihm distanzieren. Der wahre Mystiker aber entdeckt, daß dieses Menschsein ganz und gar akzeptabel und in Ordnung ist. Gerade der Versuch, unserem Menschsein zu entfliehen, kann uns in die Irre führen. In der Art, wie mittelalterliche Mystik und der nördliche Buddhismus die Welt selbst als heilig betrachten und die Aufgabe des Menschen darin sehen, ihre heilige Natur widerzuspiegeln, besteht ein weiteres starkes Band zwischen beiden Geisteshaltungen.

Ruysbroeck, der bezeichnenderweise von «Untätigkeit» spricht, womit er die innere Ruhe ohne Gedanken meint, lehrt die Schritte, auf denen man zum Gottesgrund gelangt, und wie man nach Erlangung des Ziels unausweichlich und in angemessener Weise zum bedingten Menschsein zurückkehrt.

«Ich sagte also, daß in unser inneres Antlitz aus dem Antlitz Gottes oder aus unseren obersten Gefühlen eine Klarheit einstrahlt, die uns die Wahrheit der Liebe und aller Tugend lehrt.... Wünschen wir nun Gott zu fühlen und soll das Feuer seiner Liebe ewig in uns brennen, so müssen wir ihm freien Willens das Feuer schüren helfen in vielerlei Sinne. Nämlich: Wir müssen in uns mit dem Feuer innig vereint bleiben; wir müssen aus uns selber zu allen Menschen heraustreten mit Treue und brüderlicher

Liebe; wir müssen unter uns steigen mit Bußübungen, frommen Werken und mit Widerstand gegen unsere triebhaften Gelüste; wir müssen mittels dieser Feuerflamme schließlich über uns emporsteigen mit Demut, Dank, Lob, innigem Gebet und müssen allzeit an Gott hangen mit innigem Sehnen und wahrhafter Liebe. Alsdann bleibt Gott mit seiner Gnade in uns wohnen, denn in diesen vier Betätigungen ist alle Übung enthalten, die wir mit wissendem Verstand pflegen können; ohne diese Übung aber kann keiner Gott wohlgefallen. Wer in diesen Übungen sich am meisten vervollkommnet, der ist Gott am nächsten; jedem Menschen sind sie nötig; über sie hinaus aber kann nur der schauende Mensch gelangen. Wenn wir Gott angehören wollen, so fühlen wir ihn also zum ersten auf dem Weg seiner Gnade.

Haben wir das schauende Leben, so fühlen wir zweitens uns in Gott lebend. Aus diesem Gefühl, in Gott zu leben, erstrahlt eine Klarheit in unser inneres Antlitz, die unseren Verstand erleuchtet und zwischen uns und Gott vermittelt. Indem wir mit unserem erleuchteten Verstand, erfüllt von dieser Klarheit in unserem Selbst stehenbleiben, fühlen wir, wie unser erschaffenes Leben fortwährend von sich selber in sein ewiges Leben wegsinkt. Folgen wir aber der Klarheit mit schlichtem Hinsehen und sehnender Gewilltheit unseres Selbst bis über die Vernunft hinaus nach in unser oberstes Leben, so widerfährt uns die göttliche Umformung in die Allheit unseres Selbst; dadurch fühlen wir uns gänzlich von Gott umfangen.

Hiernach folgt der dritte Grad des Fühlens, nämlich daß wir uns ganz mit Gott eins empfinden. Infolge der göttlichen Umformung fühlen wir uns in einen unergründlichen Strudel von Seligkeit verschlungen, worin wir zwischen Gott und uns keinerlei Unterschied mehr entdecken können. Dies ist unser höchstes Fühlen – wir können es anders nicht als nur in der Entsunkenheit der Liebe empfinden. Wenn wir darum entrückt und hineingezogen werden in unser höchstes Fühlen, so stehen hier all unsere Kräfte untätig in einem wesentlichen Genußglück; sie werden aber nicht zunichte; denn dann verlören wir unsere Geschaffenheit. Solange wir nun mit hingegebenem Geist und mit offenen Augen unbeobachtend müßig stehen, solange können wir schauen und genießen. Im Augenblick, wo wir aber prüfen und beobachten wollen, was es ist, das wir fühlen, verfallen wir dem Verstand und entdecken Unterschied und Andersheit zwischen uns und Gott und finden Gott fern und außerhalb unserer Unbegreiflichkeiten.

Nun der vierte Grad, wo wir Gott fühlen und uns. Hier befinden wir uns vor der Allgegenwart Gottes; und die Wahrheit, die wir aus dem Antlitz Gottes empfangen, lehrt uns, daß Gott gänzlich unser sein will und daß er will, wir sollen gänzlich ihm sein.»

In dieser Weise sah Ruysbroeck die Möglichkeit der «Gottähnlichkeit» des Menschen. Er sollte «immer tätig und immer ruhend» sein, das Absolute und das Relative gleichzeitig erkennen. Er sollte nicht aus dem aktiven Leben ausscheiden, sondern seine Aktivität in seiner Kontemplation vervollkommnen. Dann könnten die beiden Aspekte der Menschennatur, wenn sie richtig gelebt werden, in eine einzige, geschlossene Lebensgestaltung münden. Vielleicht können wir dies besser verstehen, wenn wir uns vorstellen, daß statt unserer üblichen Vorstellung von zwei statischen Zuständen, Gott einerseits und Mensch andererseits, die Wirklichkeit des Gottesgrundes eine geheimnisvolle dynamische Ganzheit ist, die alle Aspekte von uns selbst umfaßt. Wir neigen dazu, Gott und den Menschen als zeitlich und räumlich festgelegt zu betrachten; wenn wir sie jedoch als denselben *Prozeß* erfassen, dann heißt Menschsein auch Einssein mit dem Gottesgrund.

Gottähnlich zu sein, wie Ruysbroeck es meinte, ist jedoch für die meisten von uns eine Lebensaufgabe, und Ruysbroeck selbst hatte während seines Lebens in Brüssel Zeiten, in denen er durchaus nicht gottähnlich war. Als junger Mann, vermutlich in seinem dritten Lebensjahrzehnt, griff er in heftigen und leidenschaftlichen verbalen Attacken eine ältere Dame an, eine gewisse Madame Bloemardinne, die an der Spitze eines Zweiges der Brüder und Schwestern des Freien Geistes (siehe Einführung) stand.

Es war damals eine eigenartige und unruhige Zeit in Belgien.

Der Handwerkeraufstand, der 1306 blutig niedergeschlagen wurde, hatte einen schwelenden Zorn und Haß hinterlassen, der sich immer wieder in gewalttätigen Auseinandersetzungen entlud, die Brüssel in einem Zustand ständiger Spannung hielten. Dann strömten große Zahlen von Begarden beständig aus Deutschland in die Hauptstadt und brachten unorthodoxe und «häretische» Überzeugungen mit. Die Brüsseler Bevölkerung verbündete sich erbittert mit diesen gegen die Kirche; die Menschen betrachteten die Begarden als Zeugen des wahren Evangeliumsgeistes, im Gegensatz zu der zur Schau getragenen Frömmigkeit der Priester, die die Korruption und den Niedergang innerhalb der Kirche nicht verbergen konnte. Zweifellos waren die meisten der Begarden von dem schlichten Wunsch erfüllt, Jesus nachzufolgen, so wie viele der «Blumenkinder» unseres eigenen Jahrhunderts aufrichtig davon überzeugt waren, daß sie einen neueren und wahrhaftigeren Lebensstil kreierten. Aber ebenso wie es liederliche Hippies gab, die sich mit Nichtstun und Aussteigertum zufriedengaben, so gab es auch Begarden, die als frömmelnde Landstreicher lebten, alles erbettelten und nichts gaben.

Da nun die Kraft der Kirche von innen durch ihre eigenen Schändlichkeiten und von außen durch alternative Glaubensvorstellungen unterhöhlt war, war die Zeit reif für das Aufkommen einer Reihe von Kulten und Sekten. Eine davon, die Brüder des Freien Geistes, hatte sich von Anfang an in viele verschiedene Zweige gespalten, von denen die einen mehr asketisch, die anderen im Denken und in der Moral freier waren. Dieser freiere Zweig glaubte, daß jeder dringliche Impuls von gottlicher Natur war, weil alles göttlich war. Der treibende und belebende Geist war Bloemardinne, die man ob ihrer Unbedingtheit wohl eine mittelalterliche Madame Blavatsky nennen könnte.

Dieser Zweig der Brüder trat erstmals zu Beginn des 14. Jahrhunderts unter dem Namen Porrettisten auf, so genannt nach der Begine Marguerite Porrette. Sie hatte eine kleine Schrift verfaßt, in der sich die «häretische» Aussage fand: «Die Seele, die sich in der Liebe zum Schöpfer ausgelöscht hat, darf der Natur alles gewähren, was diese begehrt.» Diese Auffassung büßte sie 1310 in Greve mit dem Tod auf dem Scheiterhaufen. Ihre Lehre aber lebte fort und wurde später von Bloermardinne aufgegriffen, einer recht geheimnisvollen Gestalt. Alles, was man wirklich von ihr weiß, ist, daß sie beim Lehren oder Schreiben auf einem silbernen Thron saß (ihr Name wird manchmal mit demjenigen einer reichen Witwe gleichgesetzt) und daß sie angeblich stets von zwei Seraphim begleitet wurde, wenn sie die heilige Kommunion empfing. Sie schrieb sehr viel über die seraphische Liebe, wobei sie Porrettes Aussage als die Freiheit auffaßte, allen seinen Begierden nachzugeben, solange man im Einklang mit Gott stand. Sie behauptete, übernatürliche Kräfte zu besitzen, predigte einen extremen Quietismus (die Vermeidung eines aktiven Sicheinlassens mit der Welt) und verbreitete überhaupt einen solchen Dunst okkulter Faszination, daß bei ihrem Tod Hunderte von Kranken und Krüppeln in der Hoffnung, durch das Berühren ihres Körpers gesund zu werden, an ihr Todeslager eilten.

Von solcher Statur war die Gegnerin, der sich Ruysbroeck gegenübersah. Leider sind seine Schriften gegen sie verloren, und wir wissen nur von Pomerius, daß er sie in seinen Predigten angriff. Im Grunde richtete sich Ruysbroecks Aversion nicht gegen sie persönlich, sondern gegen dasjenige, was sie repräsentierte und veröffentlichte. Er war der Auffassung, daß ihre Lehren von verderbten Brüdern verzerrt und mißbraucht wurden und daß ihr schwache und törichte Schüler anhingen.

Welches waren seine Einwände gegen ihre Auffassungen, die zwar oft einfältig und alles andere als spirituell waren, aber doch den geistigen Horizont vieler Menschen erweiterten? Selbst Pomerius konnte sagen: «Ich bestätige aus meiner persönlichen Erfahrung, daß die Schriften der Bloemardinne, wie stumpfsinnig sie auch sein mögen, doch auch etwas Wahrhaftiges und Frommes haben, so daß niemand in ihnen den Keim der Ketzerei sehen könnte ...»

Vielleicht liegt hier der Schlüssel. Pomerius konnte keine Häresie erkennen, wohl aber Ruysbroeck mit seiner klareren Vorstellung vom spirituellen Leben. Vielleicht war der Grat zwischen Wahrheit und Irrtum so schmal, daß viele ihn nicht erkennen konnten und Ruysbroeck deshalb zum leidenschaftlichen Verfechter desjenigen werden mußte, was er für die richtige Auffassung hielt. Trotzdem bleibt dies eine bizarre Episode in seinem Leben, denn er selbst sagt einmal, daß es nicht viele Brüder waren, die dem Extrem und der Sünde verfallen waren.

Ob es nun Bloemardinnes esoterische und magnetische Auslegung der Schriften oder ihre Lehre selbst war, die ihm schädlich erschien – fest steht, daß dies das einzige Mal in Ruysbroecks friedvollem Leben war, daß ihn der blanke Zorn übermannte. Auslösend hierfür waren vielleicht die schweren Ausschreitungen gegen die Juden, welche die Menschen für alle Spannungen und Schwierigkeiten verantwortlich machten, die die offene Opposition der Begarden und Lollarden gegenüber den kirchlichen Behörden ausgelöst hatte. Als Knabe muß Ruysbroeck von dem Massaker an Juden im Jahre 1308 gehört haben; er war ein erwachsener Mann, als sich 1315 das Schauspiel wiederholte – diesmal wegen der hohen Lebensmittelpreise nach einer Viehseuche.

Es kann keinen Zweifel daran geben, daß die rohe, entmenschlichende Grausamkeit dieser Ereignisse in Ruysbroeck einen nachhaltigen Eindruck hinterlassen hat. Für ihn bestand ein Zusammenhang zwischen den chaotischen Zuständen in Brüssel und dem Geist der Libertinage unter den Anhängern von Bloemardinne, überhaupt dem ganzen Geist des religiösen Individualismus, der antisakramental, antitraditionell und antiautoritär war. Als er sah, wie viele Anhänger Bloemardinne gewann, griff er sie von der Kanzel aus an und kritisierte schonungslos ihre Schriften, ohne Rücksicht darauf, daß er sich damit selbst Feinde schuf. Ganz Brüssel spaltete sich in zwei Lager. Spottlieder wurden auf Ruysbroeck verfaßt, und die Menschen verhöhnten ihn auf der Straße. Leider wurden die Flugschriften von Bloemardinne und Ruysbroecks Gegenschriften niemals aufgefunden, und man nimmt an, daß Ruysbroeck das meiste davon vernichtet hat. Im Gefolge dieser Auseinandersetzung schrieb er jedoch sein erstes Buch, in dem er seine Auffassungen ausführlich niedergelegt hat. Bloemardinne war so klug, ihre Schriften in der Sprache des Volkes, nicht lateinisch zu veröffentlichen. Ruysbroeck tat dies ebenfalls, beschloß aber, ein positives und konstruktives Buch über wahre Mystik und nicht nur eine negative Widerlegung der Auffassung der Brüder zu schreiben. So entstand das Buch *Von dem Reich der Liebenden,* mit dem jedoch Ruysbroeck nicht zufrieden war und das er erst später erscheinen ließ. Schließlich trat an dessen Stelle die *Zierde der geistlichen Hochzeit,* sein Hauptwerk, das er etwa um 1335 verfaßte.

In beiden Büchern findet sich dennoch scharfe Kritik an den falschen Mystikern. In den Büchern prangert Ruysbroeck dasjenige an, was ihm an ihren Lehren ein besonderer Dorn im Auge war. Ein Kritikpunkt war ihr Mangel an Demut, der sie dazu verführte, sich *in einer falschen Weise* für Gott zu halten. Er zitiert eine ihrer Auffassungen wie folgt: «Während ich in meiner ewigen Essenz war, hatte ich keinen Gott. Aber was ich war, das wollte ich, und was ich wollte, war ich. Aus meinem eigenen Willen bin ich geworden. ... Ohne mich hätte Gott weder Wissen noch Willen, denn ich bin es, der mit Gott meine eigene Persönlichkeit und alle Dinge geschaffen hat. An meiner Hand hängen Himmel, Erde und alle Geschöpfe. Und wie immer man Gott verehrt, so verehrt man mich, denn in meinem wesentlichen Sein bin ich von Natur aus Gott. Für mich selbst hoffe und liebe ich nicht, und ich habe keinen Glauben, kein Vertrauen in Gott. Nichts will ich erbitten, nichts erflehen, denn ich ehre Gott nicht höher als mich selbst. Denn in Gott gibt es keine Unterscheidung, weder Vater noch Sohn noch Heiligen Geist. ... Mit diesem Gott bin ich eins, und ich bin sogar, was Er ist ... und was Er ohne mich nicht ist.»

Solche Aussagen konnten natürlich das Blut eines jeden in Wallung bringen, der sich ernsthaft mit ihnen auseinandersetzte. Wenn die Brüder sagten, daß sie Gott seien, verzerrten sie die wahre mystische Auffassung von Gott, die keine solche Behauptungen zulassen kann. Martin Buber, ein jüdischer Mystiker unseres Jahrhunderts, wies einmal darauf hin, daß die «Person» die unbedingte Wirklichkeit erfährt, während das Ego zu dem bedingten selbstbewußten «Ich» wird.

«Die Person sagt: ‹Ich bin›; das Ego sagt: ‹So bin ich.› ‹Erkenne dich selbst› bedeutet für die Person: Erkenne dich selbst als Seiendes. Für das Ich bedeutet es: Erkenne dein Sosein.»

Die Brüder machten zweifellos keinen Unterschied zwischen diesen beiden Zuständen und glaubten, daß jede Handlung des Ichs, wie unsinnig und verderbt sie auch sein mochte, Gottes Handeln und deshalb richtig war, während Ruysbroeck aus seiner höheren Warte eine solche Verzerrung nicht hinnehmen konnte.

«Sie sind», sagt er in *Samuel oder das Buch der höchsten Wahrheit,* «eine Ausgeburt der Hölle, und sie sind um so gefährlicher, als sie die wahre Frucht des Geistes Gottes verfälschen.»

Er fährt fort, daß die Seele auf die Erfahrung des Unendlichen unausweichlich mit Demut reagieren muß, während die «Pantheisten» voller Dünkel und Selbstgewißheit sind. «Sie wähnen sich in inneren Frieden versenkt; in Wirklichkeit aber stecken sie tief im Irrtum.»

Dieser letztere Vorwurf (derjenige des Quietismus) war vielleicht Ruysbroecks stärkster Kritikpunkt. Ihm war die Faulheit und mangelnde Selbstdisziplin und Anstrengung zuwider, die die Brüder «in Kontemplation» herumsitzen oder herumliegen ließ. Für ihn war es «nichts als Leerheit und innere Hohlheit, der sie durch Natur und Gewohnheit zugetan sind».

Auch hier stellt man wieder Parallelen zu anderen Religionen fest. Als Dogen, ein japanischer Buddhist, im 13. Jahrhundert nach China ging, um sich von dem großen Ch'an-Meister Ju Ching unterweisen zu lassen, wurde er angehalten, unablässig Zazen (sitzende Kontemplation) zu üben. Er verfiel dem «quietistischen» Irrtum, untätig dazusitzen und auf irgendeine Erleuchtung zu warten, bis er eines Tages den Meister, als er am frühen Morgen durch die Reihen der Übenden ging, einen anderen

Mönch tadeln hörte, weil dieser nur döse. Der Meister sagte: «Die Praxis des Zazen besteht darin, Körper und Geist abzuwerfen. Was glaubst du, was du mit Dösen erreichst?» Als Dogen diese Worte vernahm, erkannte er plötzlich, daß Zazen kein bloßes Stillsitzen war: es war die dynamische Öffnung des Selbst zu seiner eigenen Wirklichkeit durch ein Loslassen aller Vorstellungen über das Leben.

In derselben Weise muß Meister Ruysbroeck gespürt haben, daß den Brüdern ein solches wirklich intensives Bemühen abging. «Wenn ihre Natur», sagt er, «demjenigen zuneigt, was ihr Befriedigung verschafft, und wenn hierzu die geistige Untätigkeit, und sei es noch so geringfügig, beeinträchtigt oder abgelenkt werden muß, folgen sie den Instinkten der Natur.»

Vielleicht hat Ruysbroeck zu viel Zeit auf die Anprangerung von Irrlehren verwandt. Diese Geisteshaltung hatte er freilich ganz und gar abgestreift, als er in die leuchtendste, mystischste und froheste Phase seines Lebens eintrat. Er war 50 Jahre alt, als die drei Gefährten beschlossen, dem Leben in Brüssel Lebewohl zu sagen und sich in eine Waldeinsiedelei zurückzuziehen.

Die drei hatten in Brüssel kein leichtes Leben. Die Achtung vor der Kirche war so weit gesunken, daß man ihren Priestern vielfach nur noch Hohn entgegenbrachte. In den Gottesdiensten wurde lautstark gestritten und gezankt, und die Predigten wurden oft von den erbosten Gläubigen unterbrochen. «Wenn ihr sündigt und unflätige Worte sprecht und niemand *euch* zurechtweist», wurde einem Prediger zugerufen, «dann haben die Menschen eine Redeweise: Laßt Gott und mich in Ruhe!»

Auch die Geistlichen lagen untereinander im Streit, und es war keine Seltenheit, daß Kirchen der Schauplatz von Prügeleien zwischen betrunkenen Geistlichen waren. In einer solchen Atmosphäre kämpften die drei Freunde gegen Feindschaft, Unwissenheit und Dummheit. Dann brachte ein Tropfen das Faß zum Überlaufen, trat ein Ereignis ein, das sie Brüssel endgültig Lebewohl sagen und sich in die Wälder zurückziehen ließ. Van Coudenberg wurde wegen Verrats angeklagt, weil er angeblich Bestechungsgelder vom französischen König angenommen hatte. Obwohl seine Schuld niemals erwiesen wurde, erschien sein Name auf den Bannlisten, die Johann III. nach der gescheiterten Belagerung von Tournai (1340) unterzeichnete, und er mußte die Stadt verlassen.

Van Coudenbergs Einfluß beim Herzog von Brabant war es zu verdanken, daß die drei eine Bleibe fanden. Der Herzog überließ ihnen die alte Einsiedelei von Groenendael im Wald von Soignes, unweit von Brüssel. Sie war ideal für ihre Zwecke, denn der Wald war schon seit langem Zufluchtsort für Eremiten und Einsiedler. Sieben herrliche Seen sowie die großartigen stillen Waldsümpfe machten Groenendael zu einem friedvollen Refugium von wunderbarer Schönheit.

Die ersten fünf Jahre lebten die drei dort in freier Gemeinschaft, von keiner anderen Regel gebunden als ihrem eigenen Verlangen nach Gebet und Kontemplation. Als sich jedoch im Laufe der Zeit die Kunde von ihrem heiteren und heiligmäßigen Dasein verbreitete, setzte ein Ansturm von Pilgern und Büßern ein. Viele wollten sich ihnen im Wald anschließen, während andere aus Brüssel kamen, um geistliche Hilfe und Tröstung zu erbitten. Noch störender freilich war das ständige Kommen und Gehen von Jägern vom Schloß von Brabant. Der Wald war ein beliebtes Jagdrevier, und die Klause schien sich zu Rast und Erquickung geradezu anzubieten. Die ständige Anwesenheit lärmender Männer und Hunde sowie die Ausflugsgesellschaften aus der Stadt beanspruchten die Gastfreundschaft der Einsiedelei aufs äußerste, doch war es nicht ratsam, sich dem Herzog gegenüber zu beklagen; zudem konnte man sich auf keine klösterlichen Privilegien berufen, da die drei keine reguläre Gemeinschaft bildeten.

So kam eine Aufforderung aus Paris nicht ungelegen, daß sie einen regulierten Status annehmen sollten. Die Kirche sah Gemeinschaften nicht gern, die außerhalb der bestehenden Mönchsorden lebten. Die drei beschlossen, sich der Aufforderung zu fügen. Sie baten darum, sich der Regel der Augustiner-

Chorherren unterwerfen zu dürfen, was ihnen sofort gewährt wurde. Der Konvent wurde formell als Priorat von Groenendael gegründet; van Coudenberg wurde Probst, Ruysbroeck Prior. Hinckaert, der jetzt in hohem Alter stand und bei schlechter Gesundheit war, fühlte, daß er der strengen Regel nicht mehr gewachsen war; da er der kleinen Gemeinschaft nicht zur Last fallen wollte, legte er die Gelübde nicht ab. Für ihn wurde eine Zelle etwas außerhalb des Klosters errichtet, in der er die Tage bis zu seinem Tod in Frieden zubrachte.

Als Prior von Groenendael fand Ruysbroeck nun zu seiner Bestimmung. Hier hatte er Zeit für die Betrachtung und für jene innere Verwirklichung des Gottesgrundes, die in Brüssel so schwer zu praktizieren war. Das Leben der ihn umgebenden Waldnatur erzeugte in Ruysbroeck eine große innere Harmonie, und bald verbreitete sich der Ruhm seines heiligmäßigen und erleuchteten Lebens. Seine tief in ihm verwurzelte Demut bewahrte ihn jedoch davor, sich irgendwelchen Aufgaben zu entziehen, wie sehr diese auch seine Zeit in Anspruch nahmen, und er ließ sich zu allem herbei, auch zu schwerer körperlicher Arbeit.

Ruysbroeck verbrachte 38 Jahre in Groenendael, zweifellos die heiterste und glücklichste Zeit seines Lebens. Er war überzeugt, daß alle Bücher, die er zu jener Zeit schrieb, direkt vom Heiligen Geist inspiriert waren, und er hatte einen Lieblingsbaum im Wald, unter dem er diese Lehren empfing und niederschrieb. Eine der bekanntesten Ruysbroeck-Legenden hat diesen Baum zum Gegenstand: Eines Tages war er so lange ausgeblieben, daß einige Brüder sich auf die Suche nach ihm machten. Sie fanden ihn schreibend noch immer unter dem Baum sitzend, von so hellem Licht umgeben, als ob die Zweige in Flammen stünden. Das Gedenken an dieses Wunder blieb in der Gemeinschaft unvergessen, und generationenlang wurde der Baum als Ruysbroeck-Baum verehrt. Dieser Bericht liegt den traditionellen Ruysbroeck-Darstellungen zugrunde, die ihn unter einem Baum zeigen, den Griffel in der Hand und eine Schreibtafel auf den Knien, wobei er und der Baum von hellen Lichtstrahlen umgeben sind.

Er brachte seine Lehre auf immer einfachere Begriffe. Eines Tages kamen zwei junge Priester aus Brüssel zu ihm, die wissen wollten, wie sie ihr geistliches Leben intensivieren könnten. Ruysbroeck antwortete ihnen mit einem einzigen umfassenden, tiefen Satz: «Ihr seid so heilig, wie ihr sein wollt.» Die beiden Priester waren über diese schlichte Antwort einigermaßen fassungslos – zweifellos hatten sie eine lange und schwierige Darlegung erwartet. Sie empfanden Ruysbroecks Äußerung als Sarkasmus, führten bei der Brüsseler Geistlichkeit beredte Klage über ihn und stilisierten den ganzen Vorfall in grotesker Weise zu einem Skandal. Als man in Ruysbroecks Gemeinschaft hiervon hörte, holte man die Priester zurück und bat Ruysbroeck, eine Erklärung zu geben. «Ist es denn nicht einfach?» fragte er. «Ist es nicht wahr? Ihr seid gerade so heilig, wie ihr sein wollt. Euer guter Wille ist das Maß eurer Gesinnung. Blickt in euch und seht, welchen guten Willen ihr habt, und ihr werdet sehen, wie es um eure Heiligkeit steht.» Daraufhin waren die beiden Priester zufrieden.

Ein andermal sandte eine Frau nach Ruysbroeck, damit er sie besuche. Sie war der Verzweiflung nahe und glaubte, daß Gott sie verlassen habe, weil ihre Gesundheit so schwach war, daß sie nicht die Kraft zu wohltätigen Werken besaß, und durch körperliches Leiden war ihr alle Freude am Gebet genommen. Was sollte sie tun? «Du kannst Gott nichts Wohlgefälligeres tun, mein liebes Kind», antwortete Ruysbroeck, «als in schlichter und völliger Unterwerfung Seinen heiligen Willen anzunehmen. Strebe danach, deine eigenen Wünsche aufzugeben, und danke Ihm dafür, daß alles so ist.»

Mag sein, daß manchen Menschen seine Antworten allzu einfach waren. Gerard Groot, der sein Schüler und der treue Freund seines Alters werden sollte, machte ihm bei der ersten Begegnung das grenzenlose Vertrauen zum Vorwurf, das er in die Gnade Gottes zu haben schien, ein Vertrauen, das in Groots Augen etwas Anmaßendes und Überhebliches hatte. Er rief Ruysbroeck einige der schrecklichsten Bibelstellen über die Strafen in Erinnerung, die den Gottlosen zugedacht sind. Ruysbroeck antwortete in aller Gelassenheit: «Sei gewiß, daß du mir hiermit keine Angst einflößen kannst. Ich bin bereit, alles hinzunehmen, was mir im Leben oder im Tode vorbestimmt ist. Ich wüßte nichts Besseres, nichts Sichereres, nichts Süßeres. All mein Verlangen richtet sich nur darauf, daß Gott mich immer bereit finden möge, dasjenige zu tun, was Er von mir verlangt.»

In Ruysbroecks Augen war die größte Tugend diejenige, die direkt zur Wahrnehmung des Gottesgrundes führte, die Demut. Er stellte sie über alle anderen (wie auch der hl. Bernhard) und sah sie als direkte Frucht der Selbstbewußtheit. Je mehr man sich seines eigenen Seins bewußt wird, desto mehr wird man sich auch bewußt, wie unendlich und geheimnisvoll dieses Sein ist, und ein solches Bewußt-Sein erzeugt wahre Demut. Selbsterkenntnis setzt die Perspektive, schafft den Raum, die Dinge so zu sehen, wie sie sind, und läßt den Menschen seinen rechten Platz im Da-Sein entdecken. Ruysbroeck nannte diese Erkenntnis das «feste Fundament des Königreichs der Seele». In unserer eigenen Zeit wurde das Gleichgewicht der Persönlichkeit, das aus einer solchen Selbstbewußtheit entsteht, mit demjenigen eines Stehauf-Männchens verglichen. Das Selbst gelangt zu einer solchen Geschlossenheit, daß es niemals seine Mitte verliert, was auch immer ihm begegnen mag: «So geht der Mensch hinaus und erkennt und findet, daß er durch dieses schlichte Licht, das ihm eingegeben ist, in der Einheit seines Geistes und seiner Seele geeint und gefestigt, durchdrungen und bekräftigt ist. Dadurch wird der Mensch erhoben, in einen neuen Zustand versetzt, und er wendet sich nach innen und heftet seine Gedanken auf die Nacktheit jenseits aller Zerstreuungen sinnenhafter Bilder und jenseits der Vielfalt. Hier besitzt der Mensch die wesentliche und übernatürliche Einheit seines Geistes als seine eigene Wohnstatt und als sein ewiges persönliches Erbe.»

Ruysbroeck beschloß sein Leben im Alter von 88 Jahren in Frieden und heiterer Gelassenheit. Er wurde in seinem Leben zum Urheber einer Tradition mystischer Erfahrung, die Gott und den Menschen als einen ganzheitlichen und lebenden Prozeß sah. Diese Tradition sollte Gerard Groot und dessen Schüler Thomas von Kempen fortführen, der Verfasser der berühmten *Nachfolge Christi.*

Wenn wir Ruysbroecks Leben aus unserer geschichtlichen Distanz betrachten, ist das Markanteste vielleicht gerade seine Nähe zu uns. Seine «friedliche und heitere Wesensart, seine bescheidene, gutmütige Rede» sind uns in aller Klarheit gegenwärtig und werden nicht durch seine offensichtlichen menschlichen Schwächen getrübt. Er selbst lebte so wahrhaftig, wie er es vermochte, den «göttlichen Menschen»; er atmete, wie er es ausdrückte, die Liebe Gottes ein und atmete dieselbe Liebe wieder zu allen Geschöpfen aus. «Geben und empfangen zugleich ist das Wesentliche der Einheit», sagte er. Trotz seines Rückzugs nach Groenendael und seiner Schriftstellerei war er stets für jeden da, der seine Hilfe begehrte. Wir sehen, daß er getreu seinem eigenen Ideal des «wirklich demütigen Menschen ohne Pose und Anmaßung» lebte, und wir erkennen in ihm auch einen Menschen, der, soweit er es vermochte, alles im Leben aufgab, das seine Mitte nicht in Gott hatte.

Ruysbroeck war kein Theologe. Er war gelehrt, doch war er als Mensch zu aufrichtig, um von irgendetwas zu reden, das ihm nicht selbst von äußerster Wichtigkeit war und das er nicht selbst innerlich erfahren hatte. Es entsprach seinem Wesen, daß er des öfteren bekannte, nichts zu sagen zu haben, wenn man ihn bat, eine Predigt zu halten. In der Einsamkeit der Wälder wurde sein Wesen immer einfacher und integrierter, bis er die Stufe der Gottesschau erreichte, in der er die göttliche Wirklichkeit in allem erkannte.

Für ihn war dies die Erfahrung des Gottesgrundes als transzendent und immanent, als unendlich und im Hier und Jetzt vorhanden. «Sich selbst erkennen heißt, sich selbst vergessen», sagte Dogen, «und sich selbst vergessen heißt, von allem in der Welt erleuchtet zu werden.» Ruysbroeck «erkannte», daß er selbst, sein wahres Selbst, in der Mitte des Gottesgrundes «war». Und als er wirklich «war», dann «war» auch alles, was er sah.

Trotz der Angriffe seitens der Kirche wegen seines «Pantheismus» blieb er ihr getreuer Sohn; er glaubte, daß dasjenige, was er lehrte, wahres Christentum war, und er konnte schließlich auch die kirchlichen Behörden hiervon überzeugen. «Die Sprache Gottes ist wesentlich und persönlich in allen Menschen zu finden», schrieb er. «Jeder besitzt sie ganz, völlig und ungeteilt... Gott empfängt in unseren Tiefen Gott, der zu uns kommt; Gott ist es, der Gott anschaut... Er tritt ein, doch war dies schon immer seine Wohnstatt; worin er wohnt, dorthin tritt er ein. Wohin er kommt, dort wohnte er schon, denn er geht niemals von sich weg. Er kennt weder Zufall noch Wechsel. So besitzt also der Geist Gott in der Nacktheit seiner Substanz und Gott den Geist; er lebt in Gott und Gott in ihm.»

Er verglich dieses Wirken (was ihm innerhalb der Kirche half) mit der Heiligen Trinität: «[Die Seele] ist wie ein ewiger und lebendiger Spiegel Gottes, und unaufhörlich und ununterbrochen empfängt sie die ewige Geburt des Sohnes... So kommt es, daß die Substanz unserer Seele drei Eigenschaften besitzt, die von Natur aus nur eine sind. Die erste Eigenschaft der Seele ist eine wesentliche bilderlose Bloßheit: hierdurch ähneln wir dem Vater und seiner göttlichen Natur und sind wir eins mit ihm. Die zweite Eigenschaft können wir die höhere Vernunft der Seele nennen: es ist eine spiegelähnliche Klarheit, in der wir den Sohn Gottes, die ewige Wahrheit empfangen. Aufgrund dieser Klarheit sind wir ihm gleich. Die dritte Eigenschaft nennen wir das Seelenfünklein: es ist ein intimes und natürliches Hinstreben der Seele zu ihrer Quelle, und dort empfangen wir den Heiligen Geist.»

Man kann eine solche Lehre mißverstehen und zu der Meinung gelangen, daß die ganze Persönlichkeit ausgelöscht werden muß, bevor man die Letzte Wirklichkeit erkennen kann. Dies war jedoch durchaus nicht Ruysbroecks Auffassung. Unsere Individualität, sagt er, ist das Muster, anhand dessen wir die Wirklichkeit erkennen, und wenn wir lernen, die falschen Bilder und Schleier wegzunehmen, die uns vor uns selbst verbergen, tritt unsere individuelle Persönlichkeit klar zutage. Dann sehen wir mit «einem schlichten Auge», und alle unsere Attribute der Liebe, des Willens und des Denkens brechen zur Reise nach innen auf, verlassen die oberflächlichen Ebenen der Spekulation und der Begierde und wenden sich immer mehr jenem inneren Gottesgrund zu, der uns wie ein Magnet zu sich hinzieht. Wenn wir diese Reise zu «Gott in den Tiefen von uns» antreten, sagt Ruysbroeck, treten wir in einen neuen Bewußtseinszustand ein, den er «die Schau Gottes jenseits und oberhalb der Vernunft» nannte.

Wie beginnt man diese Reise? Prinzipiell geschieht sie durch Kontemplation und wird dann durch Handeln ausgedrückt, wie die unaufhörliche Ebbe und Flut des Meeres. Die Kontemplation aber kommt zuerst:

«Kontemplation ist ein Erkennen ohne Weise,
das seinen Sitz immer über der Vernunft hat.
Niemals kann die Kontemplation in die Vernunft herabsteigen,
und niemals kann diese über jene hinausgelangen.
Das Leuchten desjenigen, das keine Weise hat, ist wie ein blanker Spiegel,
in dem das immerwährende Licht Gottes aufscheint.
Es ist ohne Attribute,
und in ihm versagt alles Wirken der Vernunft.
Es ist nicht Gott;
aber es ist das Licht, in dem wir ihn erblicken.
Wer in diesem göttlichen Licht wandelt,
entdeckt in sich das Grenzenlose.
Das Weiselose ist über der Vernunft, nicht ohne sie;
und es nimmt alle Dinge ohne Neugier wahr.
Neugier ist weit unter ihm,
und das Leben der Kontemplation ist ohne Neugier.
Das Weiselose sieht, weiß aber nicht, was gesehen wird,
denn es ist über allem, und es ist weder dieses noch jenes.»

(Ruysbroeck, *Das Buch von den zwölf Beginen*)

Juliana von Norwich

Juliana nimmt unter den Mystikerinnen einen besonderen Platz ein. Sie hat eine ganz eigene schlichte Aufrichtigkeit, eine ausdauernde Hartnäckigkeit bei der Suche nach Antworten auf ihre Fragen und zugleich eine bemerkenswert tröstliche, freundliche Güte. Sie spricht den Leser ebenso unmittelbar an, wie sie mit ihren Freunden und Besuchern gesprochen haben muß, wenn sie Gott, «der ungeschaffen ist», und die Dreifaltigkeit in einem einfachen, anspruchslosen Stil beschreibt, denn die Dinge, die sie gesehen, gehört und erlebt hat, waren so überzeugend, daß sie für sie objektive Wahrheit waren, über die sie ganz frei sprechen wollte. Sie war nicht im mindesten leichtgläubig, doch stießen ihr gewisse ungewöhnliche Dinge zu, die sie mit der größten Genauigkeit und Aufmerksamkeit (und manchmal auch mit Zweifel) beobachtete, und mittels dieser Erfahrungen gelangte sie zu einem Verständnis der Wirklichkeit ihres Lebens.

Juliana gilt manchen als die größte englische Mystikerin, weil sie ihre bemerkenswerten und geheimnisvollen Offenbarungen mit einem ebenbürtigen gedankentiefen kontemplativen Verstand zu bewerten vermochte. Sie empfing leibliche und geistige Visionen Christi und der Dreifaltigkeit und drang durch diese intuitiv in viele der Grundgeheimnisse des Christentums und überhaupt jeglicher Religion ein. Ihre Offenbarungen stehen denjenigen der hl. Theresa von Avila nicht nach, und wie die hl. Theresa ist sie, wiewohl sie ganz und gar persönlich schreibt, hinsichtlich der Erfahrungen selbst nicht weniger objektiv. Und doch sind ihre Berichte keine bloße Aufzählung interessanter Zustände. Sie bilden eine vollwertige Theologie und geben uns wohlerwogene Antworten auf ehrfurchtgebietende Visionen einer Frau, der alle

Schwärmerei fremd war und die darüber hinaus hochintelligent, klug und aufgeschlossen war.

Das Thema ihrer Theologie ist die Allumfassendheit sowohl der empfangenen wie der gegebenen göttlichen Liebe. Im Lichte dieser Liebe, die für sie die Letzte Wirklichkeit war, wurde jegliches Problem bedeutungslos, und sie sah alles Geschaffene in einer neuen Dimension. Sie sah, daß die Natur der Welt und des einzelnen im Vergleich zur Unendlichkeit und Zeitlosigkeit des Gottesgrundes eine Nichtigkeit ist; und doch ist in einem anderen Sinne alles unendlich kostbar, weil es aus dieser Wirklichkeit selbst hervorgeht und von ihr erhalten wird. «Er ist unser Kleid, das uns aus Liebe einhüllt und umschlingt; er umarmt uns, umgibt uns gänzlich und umkleidet uns aus zärtlicher Liebe, so daß er uns nimmer verlassen kann.»

Ihre ganze Theologie ist durchdrungen von fester Gewißheit, von Freude und Glück über die einmalige Tatsache, daß sie und alle Wesen überhaupt geschaffen sind. Sie sieht gerade in unserem Dasein die erstaunliche Möglichkeit, über das Unbedeutende hinauszugelangen und dasjenige zu werden, was der Sinn unseres Lebens überhaupt ist. Für sie war dieses «Dasjenige» Gottvater, denn sie war doch auch ein Kind ihres Jahrhunderts und ganz in der religiösen Tradition und Sprache ihrer Epoche verwurzelt (wiewohl sie uns auch immer wieder mit nicht so sehr katholischen als vielmehr nicht einzuordnenden und zeitlosen Interpretationen erfreut). Jedes Geschöpf, das ein neues Sein fühlen konnte, war des Vaters «freundliches» Geschenk an seinen Sohn; «denn wir sind Seine Freunde, wir sind Sein Ruhm, wir sind Seine Verehrung, wir sind Seine Krone».

Über ihr Leben ist wenig bekannt, weil sie selber ihre äußeren Umstände für wenig wichtig hielt und kaum darüber spricht. Aus Berichten über sie weiß man immerhin, daß sie als Klausnerin in einer Zelle an der Wand der Kirche zu Norwich lebte und daß sie um 1343 geboren wurde. Ihre Klause wurde im 16. Jahrhundert zerstört, doch sind die Fundamente noch erhalten. Die Kirche selbst wurde im Zweiten Weltkrieg ebenfalls zerstört, doch wurden eine Kapelle und eine Grabstätte wiederaufgebaut und ihr 1953 geweiht. Wir wissen auch, daß sie ein hohes Alter erreichte, denn Margery Kempe, eine andere englische Mystikerin eigenen Ranges, besuchte Juliana 1413 und wurde von der rüstigen Dame mit vorzüglichen Ratschlägen belohnt.

Ihre Zelle hatte mindestens zwei Fenster. Eines davon lag zur Kirche, so daß sie an allen Gottesdiensten teilnehmen konnte, das andere zur äußeren Welt. Menschen, die Rat oder Trost suchten, kamen zu diesem äußeren Fenster, so daß sie über die Ereignisse in der Stadt auf dem laufenden blieb. Wenn sie meditierte und nicht gestört werden wollte, zog sie einen mit einem Kreuz bestickten Vorgang vor das Fenster. Daß sie viele Besucher hatte, steht außer Zweifel. Norwich war damals die zweitgrößte Stadt nach London. Es gab flämische Weber, die zwischen Belgien und Ostanglien hin- und herreisten, die lehrenden Mönche, die zweifellos mit ihr religiöse Dinge erörterten, wenn ihre Reisen sie nach Norwich führten, und schließlich gab es ja auch noch die ganze Bevölkerung der Stadt.

Eigentlich dürfen wir sie nur als «Lady Juliana» titulieren, denn auf diesen Titel hatte sie als *Domna* wie die Benediktinerinnen von Carrow Anspruch, zu denen ihre Klause vermutlich gehörte. Da sie aber im Umgang mit Menschen immer einfühlsam und mütterlich war, wäre «Mutter Juliana» gewiß angemessener, und dies dürfte, soviel man weiß, auch die Anrede gewesen sein, die die meisten ihr gegenüber gebrauchten.

Juliana war vermutlich eine Dame von gebildetem Stand, auch wenn sie sich in einem ihrer Bücher als des Lesens unkundig bezeichnet. Sie hat zwei außerordentlich schöne und individuelle Bücher geschrieben, und die Gelehrsamkeit, die sich in ihnen ausdrückt, paßt nicht recht zu einer angeblich ungebildeten Verfasserin. Noch vor relativ kurzer Zeit hielt man das längere Buch, *Die Offenbarungen der göttlichen Liebe*, für eine erweiterte Fassung des kürzeren, *Die Enthüllungen der göttlichen Liebe.* Heute glaubt man dagegen, daß *Die Enthüllungen* zu der Zeit oder wenig später nach den Ereignissen entstanden, die dort beschrieben sind, während *Die Offenbarungen* etwa zwanzig Jahre später verfaßt wurden und ihre Ansichten über diese Ereignisse enthalten, zu denen sie durch Meditation, Betrachtung und weitere Einsichten gelangt war. Sie besaß eine außergewöhnliche Beobachtungsgabe, einem geschulten Wissenschaftler vergleichbar, entschlossen, das Ereignis mit so großer Ausführlichkeit und Genauigkeit zu beschreiben, daß sie sogar dann noch, als sie selbst und ihre Umgebung sie dem Tode nahe glaubten, noch genau die Reaktionen des Priesters wahrnahm, der ihr die Sterbesakramente spendete.

Das einzige autobiographische Fragment, das sie uns gewährt hat, findet sich zu Beginn des zweiten Kapitels der *Offenbarungen:* «Diese Offenbarungen wurden einem einfachen, ungelehrten Geschöpf, das in diesem sterblichen Fleisch lebt, im Jahre unseres Herrn eintausenddreihundertdreiundsiebzig am dreizehnten Tage des Monats Mai zuteil.» In demselben klaren und leidenschaftslosen Stil, durch den sie vor allem die Aufmerksamkeit von sich ablenken wollte, damit sich alles auf Gott konzentrierte, spricht sie von sich selbst als dem «Geschöpf»: «Vor dieser Zeit erbat das Geschöpf drei Gaben von Gott. Die erste war das Verständnis der Passion; die zweite leibliche Krankheit im Alter von dreißig Jahren; die dritte war, von Gottes Gnaden drei Wunden zu empfangen.»

Sie erklärt genau, was sie hiermit meinte: «Über die erste Gnade dachte ich, daß ich (schon) ein großes Empfinden für das Leiden Christi hätte, doch sehnte ich mich danach, es durch die Gnade Gottes noch mehr zu haben. Ich wünschte, ich wäre damals bei Maria Magdalena und den anderen gewesen, die Jesus liebten, daß ich mit meinen leiblichen Augen das Leiden hätte sehen können, das unser Herr für mich litt, und mit ihm hätte leiden können, wie die anderen taten, die ihn liebten. ... Ein anderes Gesicht von Gott oder eine andere Schau begehrte ich nicht eher, als bis meine Seele meinen Leib verlassen hätte ..., ich dachte, daß ich danach ein tieferes Verständnis der Passion haben würde, wenn ich die körperlichen Schmerzen unseres Herrn und das Mitleid unserer Lieben Frau und aller wahren Liebenden hätte erfahren können, die damals lebten und seine Schmerzen sahen, denn ich wollte eine von ihnen sein und mit ihnen leiden.»

«Die zweite Gnade wurde meinem Geist ohne mein Zutun und ohne Suchen verliehen, ein sehnlicher Wunsch, als Gabe Gottes ein leibliches Siechtum zu empfangen. Ich wollte, daß dieses Siechtum schmerzlich bis zum Tode werden sollte, so daß ich glaubte, sterben zu müssen, und alle anderen, die mich sähen, dasselbe dächten. Ich wünschte, in diesem irdischen Leben keinen Trost zu haben. In diesem Siechtum wollte ich alle Arten von leiblicher und geistiger Pein erdulden, die ich beim Tode erdulden müßte – alle bis auf das wirkliche Aushauchen der Seele. Ich hoffte, daß mir dies hilfreich sein würde, wenn ich wirklich sterben müßte, denn ich sehnte mich danach, bald bei Gott zu sein.»

«Diese beiden Wünsche, das Leiden Christi und das Siechtum, begehrte ich unter einer Bedingung, denn ich dachte, daß dies kein Gebet war, wie sonst ein Gebet ist. Deshalb sagte ich: ‹Herr, Du weißt, was ich will, und ob es Dein Wille ist, daß ich es erlange; wenn es nicht Dein Wille ist, guter Herr, dann sei nicht ungehalten, denn ich will nur, was Du willst.› Dieses Siechtum, nach dem ich in meiner Jugend trachtete, wollte ich erleiden, wenn ich dreißig Jahre alt wäre.»

«Was nun die dritte Gnade angeht, so hörte ich einen Priester die Geschichte der heiligen Cäcilia erzählen, wie man ihr mit einem Schwert drei Wunden am Hals schlug, durch welche sie zu Tode kam. Hierüber zutiefst bewegt, wurde ich von einem mächtigen Wunsch ergriffen, daß mir Gott zu meinen Lebzeiten drei Wunden gewähren möge, und zwar die Wunde der Zerknirschung, die Wunde des Mitleids und die Wunde des ernsten Verlangens nach Gott. Während ich die beiden anderen (Gnaden) mit einer Bedingung erbeten hatte, bat ich um die dritte ohne jede Bedingung.»

Niemals waren wohl drei Wünsche so ausgefallen wie diese: Jesus im Todeskampf am Kreuz zu sehen, sich eine Krankheit zuzuziehen, die an den Rand des Todes führte, und drei Wunden am Geiste zu empfangen. Solche heißen und todessehnsüchtigen Wünsche gehören dem Jugendalter an, und Juliana war sicherlich ein junges Mädchen, als sie hierum betete, und vermutlich war dreißig für sie noch ein fernes Alter. Sagt sie uns doch: «Die ersten beiden Wünsche verlor ich aus dem Sinn, doch blieb der dritte allzeit bei mir.» Um zwei so ungewöhnliche Wünsche zu vergessen, so daß sie sie völlig aus dem Sinn verlor, muß eine gute Weile verstrichen sein, bevor sie sich erfüllten.

Julianas drei Wünsche wurden nämlich wahr. Nach allen Regeln des Karmas befiel sie im Alter von dreißig Jahren eine scheinbar tödliche Krankheit, die sie erst an den unteren, dann an den oberen Gliedmaßen lähmte, so daß ihre Augen starr wurden und ihr Atem zum Stillstand kam. Sie glaubte sich an der Schwelle des Todes und wurde mit den heiligen Sakramenten versehen. Nach fünf oder sechs Tagen wich aber die Krankheit plötzlich von ihr: «Ich war so heil wie je zuvor und wie jemals danach, insbesondere am oberen Teil meines Leibes. Ich war verwundert ob dieser plötzlichen Veränderung und glaubte, dies müsse ein geheimes Wirken Gottes, nicht der Natur, sein. Und doch vertraute ich nicht darauf, daß ich leben würde, (nur) weil ich mich wohler fühlte, und die Empfindung dieses Wohlseins war mir kein wirkliches Wohlsein. Ich dachte, ich wäre lieber von dieser Welt befreit gewesen – mein Herz war mit Willen darauf gerichtet.»

Nun erinnerte sie sich wieder an den anderen Wunsch, das Leiden Jesu so teilen zu dürfen, wie wenn sie sowohl den Schmerz empfände als auch gleichzeitig ihr ganzes Mitleid auf diesen Schmerz richtete. Sie sagt uns ausdrücklich, daß sie niemals eine «körperliche Schau» oder andere Offenbarungen von Gott erbat, sondern nur Mitleid, «wie es eine gütige Seele gegenüber unserem Herrn Jesus empfinden könnte, der aus Liebe ein sterblicher Mensch werden wollte».

Wider all ihre Erwartungen aber sah sie, während sie ihren Blick auf das Kreuz heftete, das man ihr in ihrer Krankheit zeigte, «das rote Blut unter der Dornenkrone hervorquellen, warm und frisch, reichlich und lebhaft, ganz so, wie ich dachte, daß es damals gewesen sein müsse, als man die Dornenkrone auf sein gesegnetes Haupt drückte..., da wurde mir wahrhaftig klar, daß Gott selbst es war, der es mich unmittelbar schauen ließ, und ich sagte ‹Herr, segne uns!› mit ganz lauter Stimme und voller Ehrfurcht. Groß war mein Verwundern und Erstaunen, daß Er, der Hochwürdigste, so traulich mit einem sündigen Geschöpf sein wollte, das noch in seinem sterblichen Fleisch lebte.»

«Und zu gleicher Zeit, als ich diese leibliche Erscheinung seines blutenden Hauptes hatte, ließ mich unser Herr... ein kleines Ding von der Größe einer Haselnuß sehen, das in meiner Handfläche zu liegen schien, und es war rund wie irgendeine Kugel. Ich sah es an und dachte: ‹Was mag dies wohl sein?› Und ich erhielt die allgemeine Antwort: ‹Es ist alles, was geschaffen ist.› Ich fragte mich, wie lange es Bestand haben könne, denn ich meinte, daß es vor lauter Winzigkeit zu nichts zerfallen müßte. Und meinem Verstand wurde die Antwort zuteil: ‹Es hat Bestand und wird immer Bestand haben, denn Gott liebt es, und in eben derselben Weise hat alles sein Sein durch die Liebe Gottes.›»

«Drei Dinge sah ich in diesem kleinen Ding. Das erste ist, daß Gott es geschaffen hat; das zweite, daß er es liebt, und das dritte, daß er es erhält. Und was fand ich hierin? Wahrlich, den Schöpfer, den Liebhaber und den Erhalter. Solange ich nicht wesenhaft mit ihm geeint bin, kann ich niemals ganze Ruhe noch wahre Seligkeit haben, bis ich nicht so an ihn geheftet bin, daß durchaus nichts Geschaffenes (mehr) zwischen meinem Gott und mir ist. Und dieses kleine Ding – so klein war es, daß es zu nichts zu zerfallen schien –, wir müssen wissen, was es zu bedeuten hat. Wir müssen alles Geschaffene für nichts erachten, so daß wir Gott lieben und besitzen können, der ungeschaffen ist. Dies ist nämlich der Grund, warum wir im Herzen und in der Seele keine Ruhe haben: daß wir hier in diesem Ding Ruhe suchen, das so klein ist und in dem es keine Ruhe geben kann, und unseren Gott nicht kennen, der die wahre Ruhe ist. Er will, daß wir ihn erkennen, und er möchte gerne, daß wir in ihm ruhen. Alles, was weniger als dies ist, kann uns nicht genügen. Dies ist der Grund, warum keine Seele in Ruhe sein kann, bis ihr nicht alles zunichte geworden ist, was geschaffen ist. Wenn die Seele willentlich aus Liebe zu nichts gemacht ist, um Ihn zu besitzen, der alles ist, dann wird sie in wirklicher Ruhe sein.»

«Und unser guter Herr ließ mich auch sehen, daß es Ihm eine überaus große Freude ist, wenn eine einfache Seele nackt, schlicht und traulich zu ihm kommt. Solcher Art ist das Verlangen der Seele, wenn Gott sie berührt, wie mir diese Schau deutlich gemacht hat.» – «Gott, gib Dich mir in Deiner Güte, denn (nur) Du bist mir genug, und ich kann um nichts anderes bitten als um volle Andacht zu Dir. Wenn ich um etwas Geringeres bitte, werde ich (diese) doch immer begehren, denn nur in Dir habe ich alles.»

Insgesamt hatte Juliana sechzehn verschiedene Gesichte. Während sie das «kleine Ding» von der Größe einer Haselnuß in ihrer Hand hielt, beobachtete sie «die großen Blutstropfen, die wie Perlen von der Dornenkrone herabfielen und aus den Adern zu kommen schienen; sie quollen rötlich-braun hervor, und das Blut war überaus dick. Als die Tropfen aber verliefen, waren sie hellrot. Als sie die Augenbrauen erreichten, verschwanden sie dort.» – «Das Blut floß weiter, bis ich viele Dinge sah und verstand. Dabei hielt auch die Schönheit und die Lebensechtheit die ganze Zeit über an. Das Blut strömte so reichlich wie die Wassertropfen, die nach einem starken Regenschauer so zahlreich vom Dach eines Hauses rinnen, daß kein Mensch sie zählen kann. So rund waren sie wie die Schuppen eines Herings. Diese drei Vergleiche kamen mir also in den Sinn: Perlen für die Rundheit der Tropfen bei ihrem Hervorquellen; Heringsschuppen für ihre Rundheit, als sie verliefen; und die Zahl der Regentropfen vom Dach eines Hauses für ihre unermeßliche Menge.» – «Dieses Gesicht war lebhaft, lebensecht, grauenvoll, schrecklich und süß und lieblich. Aber bei all den Gesichten, die ich hatte, war mir dies die größte Tröstung: daß unser guter Herr, der so erhaben und ehrfurchtgebietend ist, zugleich so traulich und freundlich ist. Und dies erfüllte meine Seele mit Zuneigung und Zuversicht.»

Bei diesem letzten Gedanken verweilt sie mit immer neuer Zärtlichkeit. Für sie war Gott so traulich und aufmerksam, daß er alles mit seiner Liebe umhüllte, selbst noch die intimsten Körperfunktionen: «Der Mensch geht aufrecht; er nimmt seine Nahrung auf und birgt sie in seinem Körper wie in einem überaus schönen Beutel. Und wenn es notwendig ist, wird der Beutel geöffnet und anschließend wieder geschlossen – alles in geziemender Weise. Daß Gott es ist, der dies wirkt, sehen wir daran, daß es heißt: ‹Er kommt zu uns, zu den niedrigsten unserer Bedürfnisse.› Er verachtet ja nichts, was er geschaffen hat. Um der Liebe unserer Seele willen, die nach seinem eigenen Gleichnis geschaffen ist, verschmäht er es nicht, uns in den einfachsten Verrichtungen zu dienen, die der Natur und unserem Leib angehören. Wie der Leib mit Kleidern umkleidet ist, das Fleisch mit Haut und das Herz mit der Brust, so sind wir, Leib und Seele, mit der Güte Gottes umkleidet und umhüllt.»

So löste Juliana in einfacher Weise das Problem der Dualität, des Widerstreits zwischen Geist und Fleisch, ein Problem, das dem Christentum immer Schwierigkeiten bereitet hat. Sie erkannte ganz klar, daß alles geschaffen ist, daß nichts weggelassen werden kann. Was ist, ist Gott. Diese tiefinnere Zugehörigkeit erfüllte sie mit größter Freude, als wenn Gott ihr große Gaben verliehen hätte und ihr dabei doch fern und fremd geblieben wäre.

Als jene erste gewaltige Schau von Christi Blut aufhörte und verlosch, hatte sie immer noch das Gefühl, daß sie sterben müsse, und glaubte, daß die Vision für diejenigen bestimmt gewesen sei, die am Leben bleiben würden. Sie wollte sie ihren Mitchristen mitteilen, «damit sie alle sehen und erkennen könnten, was ich sah, denn ich wollte, daß sie daraus Trost schöpften». – Sie unterbricht indes ihren Bericht, um ihre Leser zu ermahnen, ihre Aufmerksamkeit «nicht auf die Erbärmliche zu richten, der dies gezeigt wurde», sondern auf Gott, «der es in seiner freundlichen

Liebe und endlosen Güte allen zum allgemeinen Trost zeigen wollte. Denn es ist Gottes Wille, daß ihr es mit ebensolcher Freude und ebensolchem Entzücken annehmt, wie wenn Jesus es euch allen gezeigt hätte.» – In ihrer klarsichtigen Art wollte sie aber auch darauf aufmerksam machen, daß eine solche Schau *an sich* sie nicht schon zu einem besseren Menschen machte. «Ich bin nicht gut wegen der Schau, sondern erst dann, wenn ich Gott deshalb um so mehr liebe. Denn sie wurde mir gewiß nicht deswegen gegeben, weil Gott mich mehr liebte als eine andere Seele, die in geringerer Gnade stand. Ich bin gewiß, daß es viele gibt, die außer den allgemeinen Lehren der Kirche niemals eine Schau oder ein Gesicht hatten und die Gott besser lieben als ich.»

Ihr zweites Gesicht folgte bald auf das erste, denn sie sehnte sich danach, weitere Dinge «körperlich» zu sehen. Was sie empfing, war jedoch unvollständig – «ein Spucken, Besudeln, Schlagen und viele quälende Schmerzen, mehr als ich beschreiben kann, und oft ein Wechseln der Farbe. Einmal sah ich Sein Antlitz vom Ohr bis zur Mitte zur Hälfte mit getrocknetem Blut bedeckt und danach, wie auch die andere Hälfte in derselben Weise bedeckt war. Dies sah ich körperlich, aber verschwommen und undeutlich, und ich ersehnte mehr körperliches Licht, um deutlicher sehen zu können.» – Sie war im Zweifel, ob eine solche dunkle Schau, «so niedrig, so gering und so einfach», überhaupt eine wirkliche Vision war. «Und mein Verstand erhielt die Antwort: ‹Wenn Gott dir mehr zeigen will, wird er dein Licht sein; du brauchst nichts außer ihm.› »

Ihre dritte Schau war nicht körperlich, sondern geschah in ihrem Geist. Sie selbst gliedert ihre Visionen in drei Kategorien: «Durch körperliche Schau, durch Worte, die sich in meinem Denken bildeten, und durch geistige Schau.» Die dritte Schau vollzog sich nun in ihrem Denken, und sie sah Gott als Punkt: «Dieses Gesicht zeigte mir, daß er in allen Dingen ist. Ich heftete meine Augen fest darauf und erkannte und nahm in diesem Schauen wahr, daß Er alles tut, was getan wird. In einer Regung der Verwunderung und des Erschreckens dachte ich: ‹Was ist aber dann die Sünde?› Denn ich sah wahrhaftig, daß Gott alles tut, und sei es noch so gering. Ich sah, daß nichts durch bloßen Zufall geschieht, sondern vielmehr alles durch die zeitlose vorsehende Weisheit Gottes. Wenn etwas nach dem Urteil des Menschen durch Zufall zu geschehen scheint, dann ist es nur wegen unserer eigenen Blindheit und wegen unseres mangelnden Wissens. Denn jene Dinge, die in der weisen Vorsehung Gottes seit anfangslosen Zeiten bestehen und die er richtig und allzeit zu ihrem besten Abschluß bringt – diese Dinge scheinen unserem Wahrnehmen plötzlich und unerwartet einzutreten. Deshalb sagen wir in unserer Blindheit und Unwissenheit, daß diese Dinge zufällig sind. In dieser Schau der Liebe erkannte ich und verstand ich aber wahrhaftig, daß es bei allem, was Gott tut, keinen Zufall gibt. Deshalb muß ich zugeben, daß alles, was getan wird, wohlgetan ist, denn Gott tut dies alles.»

Wie schön hier Juliana das ganze Geheimnis unseres Lebens darstellt! Aus einem «Anfangslosen» existieren die Dinge, und ihr Dasein ist jenseits unseres Fassungsvermögens. In unserer anmaßenden Unkenntnis aber leugnen wir ihr Geheimnis und weisen ihnen eine Ursache zu – den Zufall. Indem wir dies tun, begeben wir uns in eine alptraumhafte Welt der Unsicherheit, in der uns der Zufall tagtäglich ein schlimmes Geschick bereiten kann, und selbst wenn er uns hoch emporhebt, wissen wir nie, wann wir wieder fallen werden. Die rechte Anschauung haben wir aber nur dann, sagt Juliana, wenn wir erkennen, daß alle Geschehnisse ihren eigenen Grund haben, den wir niemals wissen können. Wir müssen das Vertrauen haben, daß wir umsorgt sind und daß jeder Augenblick, was immer er bringen mag, für uns der rechte Augenblick ist.

Sie fährt fort: «Er ist der Mittelpunkt aller Dinge, und Er tut alles; doch war ich gewiß, daß Er keine Sünde begeht. Dann sah ich wahrhaftig, daß die Sünde eine Nicht-Tat ist; denn bei alledem wurde mir die Sünde nicht gezeigt. Ich verwunderte mich aber darüber nicht länger, sondern achtete einfach auf unseren Herrn und dasjenige, was er mir zeigen wollte.» – Welch ein wunderbarer Gedanke! Die Sünde ist eine «Nicht-Tat», eine Un-Tat im wörtlichen Sinne, ein Fehlen von Verständnis und Gutheit. Statt endloser Spekulationen über die Natur der Sünde und darüber, wie Gott ihr Dasein dulden kann, zerbricht sie sich nicht den Kopf, sondern «schaut unseren Herrn» an und vertraut absolut ihrem Anschauen. Damit überflügelt sie mit Leichtigkeit die Theologen mit ihrer quälenden Obsession, eine Deutung, einen Sinn zu finden. Sie hatte verstanden, daß wir den Dingen keinen Sinn mehr zu verleihen und sie nicht mehr zu interpretieren brauchen, wenn wir einmal die Wirklichkeit unseres Lebens entdeckt haben. Die Dinge *sind* einfach, und jeder Anblick ist ein neues Sehen. Die Sucht des Analysierens und Etikettierens ist eine bloß menschliche Beschäftigung, die an kein letztes Ziel führt, nichts Absolutes enthüllt und die Bedeutung des Hier und Jetzt hinter einem Nebel des Zweifels und der Spekulation verschleiert. Was ist, ist.

Juliana war von dieser Beurteilung der Sünde sehr überrascht, vor allem auch deshalb, weil dies nicht recht zur Lehre der Kirche paßte. Zunächst löste sie das Dilemma mit der ihr eigenen warmen Weisheit, indem sie darauf hinwies, daß die Sünde verwandelt werden und dem Menschen zum Mittel seiner Erweckung werden kann. Sie sah, daß die Sünde eine dynamische Qualität hat und schon den Keim zur Umwandlung in ihr Gegenteil in sich trägt – während gedankenlose Trägheit, eine Krankheit, an der wir heute nicht wenig leiden, ein viel schwerwiegenderes Problem ist und die Welt viel eher zugrunde richten wird.

«Gott zeigte (mir), daß die Sünde dem Menschen nicht zur Schande, sondern vielmehr zur Hinwendung zu Gott gereichen soll. Denn wie jede Sünde mit einem entsprechenden Schmerz verbunden ist, so empfängt dieselbe Seele für jede Sünde auch Wonne durch Liebe..., die Sünde ist die schärfste Geißel, mit der eine Seele geschlagen werden kann, eine Geißel, die größte Wirkung auf den Menschen hat. Sie zerbricht ihn in Stücke und reinigt ihn so sehr von all seiner Selbstliebe, daß er manchmal glaubt, er könne nur noch in die Hölle versinken – bis ihn der

Heilige Geist anrührt und ihn Zerknirschung befällt, die seine Bitternis in Hoffnung und Gottesliebe verwandelt. Wenn er Trauer und Scham durchlitten hat, wird er geheilt und von der zuvorkommenden Liebe Gottes belohnt werden..., der die Sünde als die Trauer und den Schmerz derer sieht, die ihn lieben; diese tadelt er nicht, denn er liebt sie.»

Juliana sah Gott als all-verzeihend – nicht von außen, sondern aus unserem Inneren, so daß unser Selbsthaß in Selbst-Mitleid verwandelt wird, in eine zärtliche und liebevolle Transmutation all unserer Fehler. Es war ihr eine köstliche Freude, daß «Gott aus Liebe nicht tadelt». Sie konnte für sich selbst erkennen, daß Heilige gewöhnliche Menschen sind, die oft Fehler und Sünden begangen haben, deren verwandelte Unvollkommenheiten aber «nicht Wunden, sondern Ehren» wurden. «Mein Verstand wurde in den Himmel erhoben», sagt sie, «und Gott ließ freudig in meinem Geist David und andere aus dem Alten Testament ohne Zahl erscheinen. Aus dem Neuen Testament zeigt er zuerst Magdalena, dann Petrus und Paulus, Thomas und Judas...» Wie Underhill bemerkt, war es «für Juliana eine große Freude wahrzunehmen, daß der Himmel so weit und tolerant war wie ihr eigenes Herz.»

Freilich hatte sie niemals eine verharmlosende oder sentimentale Auffassung von der Sünde. Sie sah «Teufel» (hier war sie ganz ein Kind des Mittelalters, denn dies war zu jener Zeit im Schwange) und doch war ihre Persönlichkeit so originell, daß sie auch in bezug auf den Teufel ihren Humor nicht verlor. «Danach kehrte der Böse mit seiner Hitze und seinem Gestank wieder und machte mich ganze ruhelos... Ich vernahm auch ein körperliches Geklimper und Sprechen, wie von zwei Menschen (und beide, schien mir, schwatzten zugleich mit großem Ernst, wie wenn sie ein Parlament abhielten) – es war ein gedämpftes Gemurmel, und ich verstand nicht, was sie redeten...» – Die Macht des Bösen unterschätzte sie allerdings nicht. «Unser Versagen ist furchtbar, unser Sturz schändlich und unser Tod schmerzlich. Doch bei all dem wendet sich das milde Auge der Barmherzigkeit und Liebe niemals von uns ab, noch hört das Wirken der Gnade jemals auf.»

Sie sah das Wirken der Liebe und des Mitleids auch in den schrecklichsten Situationen gegenwärtig, doch für den Fall, daß sie vielleicht ein zu erfreuliches Bild von den Freuden gezeichnet hätte, die den bekehrten Sünder erwarteten, fügt sie eine Warnung hinzu: «Wenn nun jemand wegen all der Tröstungen, von denen ich gesprochen habe, so töricht sein sollte zu glauben, daß es gut sei zu sündigen, um einen um so größeren Lohn zu empfangen, der hüte sich vor diesem Irrtum. Dies ist gewiß falsch, denn eben jene wahre Liebe, die uns alle mit ihrer gesegneten Kräftigung versieht, eben diese gesegnete Liebe lehrt uns, um der Liebe willen die Sünde zu hassen.»

Wie wahr ist dies! Keine Macht vermöchte es mehr als die Macht der selbstlosen Liebe, die Sünde töricht und abscheulich erscheinen zu lassen. Humanistisches Begründen, moralische Verbote – nichts wirkt so tief wie mitleidsvolle Liebe. «Liebe und tue, was du willst», sagt der hl. Augustinus aus der vollen Einsicht, daß man das Rechte tun wird, wenn man wahrhaft liebt.

Trotzdem machte Juliana das Problem der Sünde weiterhin zu schaffen, und in ihrem späteren Leben bereitete ihr die Erkenntnis Unbehagen, daß ihre Aussagen nicht im Einklang mit der Lehre der Kirche standen. Sie dachte also weiter darüber nach und brachte die Diskrepanz zwischen der uneingeschränkten Verurteilung der Sünde, wie sie die Kirche praktizierte, mit ihrer eigenen Auffassung, daß es jenseits dieser Lehre etwas gibt, das niemals offenbart wurde, zur Versöhnung.

«Einmal sagte unser guter Herr: ‹Alle Dinge werden gut sein›, und ein andermal: ‹Du wirst selbst erkennen, daß alles gut sein wird.› In diesen beiden Aussagen erkannte ich Verschiedenes. Eines davon war dieses: Er möchte uns zu verstehen geben, daß er nicht nur auf Edles und Großes sieht, sondern auch auf Kleines und Geringes, Niedriges und Einfaches, auf das eine wie auf das andere. Dies meint Er, wenn Er sagt: Alles wird gut sein, denn Er will uns zu verstehen geben, daß (auch) die geringsten Dinge nicht vergessen werden dürfen. Eine andere Erkenntnis war diese: Es werden so viele böse Dinge vor unseren Augen getan, und soviel Schaden geschieht, daß es uns unmöglich erscheint, daß die Dinge jemals einen guten Ausgang nehmen könnten. Dies zu sehen, macht uns traurig und betrübt, weshalb wir unfähig sind, im schlichten Anschauen Gottes zu verharren, wie wir es tun sollten. Es liegt daran, daß wir nur unseren Verstand gebrauchen und daher so blind, so niedrig und so töricht sind, daß wir die überaus wunderbare Weisheit, die Macht und die Güte der gesegneten Dreifaltigkeit nicht zu erkennen vermögen. Dies meinte Er, als Er sagte: ‹Du wirst selbst erkennen, daß alles gut sein wird›, wie wenn Er gesagt hätte: ‹Nimm die Dinge nur gläubig und vertrauensvoll hin, damit du am Ende in Wahrheit und Freude vollständig erkennen wirst.› »

«Deshalb enthalten für mich jene sechs Worte ‹Ich kann alle Dinge gut machen› eine große Tröstung hinsichtlich aller Dinge, die noch kommen werden. Am letzten Tage (wenn ich es recht sehe) wird die selige Dreifaltigkeit eine Tat vollbringen; welcher Art diese Tat aber sein wird und wie sie geschehen wird, ist allen Geschöpfen unbekannt, die unter Christus stehen, und dies wird bis zu der Zeit so bleiben, zu der sie geschehen soll. Gott läßt uns in seiner Güte und Liebe wissen, daß sie geschehen *wird.* Durch die nämliche Liebe aber hält uns Seine Weisheit verborgen, worin sie bestehen und wie sie geschehen wird. Der Grund, warum er uns davon wissen läßt, liegt darin, daß er unsere Seelen ruhiger und unsere Liebe friedlicher machen möchte, so daß wir über alle Mühsal in der Welt hinwegsehen können, die unsere wahrhaftige Freude an ihm beeinträchtigen könnte.» – «Dies ist die große Tat, die unser Herr seit anfangslosen Zeiten vorausbestimmt hat, die er in Seinem seligen Busen hütet und verborgen hält, nur Ihm allein bekannt, durch die Er alle Dinge gut machen wird. Gerade so, wie die selige Dreifaltigkeit alle Dinge aus dem Nichts geschaffen hat, so wird eben jene selige Dreifaltigkeit alles gut machen, was nicht gut ist.»

«Dieses Gesicht verwunderte mich sehr, und ich blickte auf

unseren Glauben. Ich meine folgendes: Unser Glaube ist auf Gottes Wort gegründet, und zu unserem Glauben gehört, daß Gottes Wort in allen Punkten gelten wird. *Ein* Punkt unseres Glaubens ist, daß viele Geschöpfe verdammt sein werden, zum Beispiel die Engel, die wegen ihres Hochmuts vom Himmel stürzen ... und Menschen, deren Glauben an die Heilige Kirche erloschen ist ... wie auch die Menschen, die die Taufe empfangen haben, aber ein unchristliches Leben führen – all diese (Geschöpfe) werden für ewige Zeiten zur Hölle verdammt sein, wie mich die Heilige Kirche zu glauben lehrt. Daher erschien es mir nun unmöglich, daß alle Dinge gut sein würden, wie es mir unser Herr in dieser Zeit gezeigt hatte. Hierauf empfing ich aber keine andere Antwort als diese: ‹Was für dich unmöglich ist, ist nicht unmöglich für mich; ich werde mein Versprechen in allen Dingen halten – ich werde alle Dinge gut machen.›»

«Da war also eine Lehre, die besagte, daß ich dem Glauben unerschütterlich treu bleiben sollte, so wie ich ihn ursprünglich verstanden hatte, während ich zugleich auch auf dasjenige vertrauen und dasjenige aufrichtig glauben sollte, was unser Herr mir zu jener Zeit zeigte, daß ‹alle Dinge gut sein werden›. Denn dies ist die große Tat, die unser Herr vollbringen wird, durch die Er Sein Wort in allen Dingen halten wird – Er wird alles gut machen, was nicht gut ist. Worin aber die Tat bestehen wird und wie sie geschehen wird, kann kein Geschöpf wissen, bis es geschehen wird –, so verstand ich dasjenige, was mich unser Herr zu jener Zeit wissen lassen wollte.»

Man muß wissen, daß für Juliana die Sünde etwas viel Schrecklicheres war als Schmerz oder Unglücklichsein. Thouless führt hierzu aus: «Hierin liegt wohl ein grundsätzlicher Unterschied zwischen der mittelalterlichen Auffassung und unserer eigenen. Wir haben die Überzeugung im Hinterkopf, daß die Welt geschaffen wurde, damit wir in ihr glücklich sind, und die Tatsache, daß wir in ihr leiden, ist für uns schwer mit unserem Glauben an die Güte Gottes vereinbar. Das mittelalterliche Denken war dem menschlichen Leiden gegenüber viel weniger empfindsam. Mittelalterliche Institutionen hatten nicht das Glück des Menschen zum Ziel, und die Gefühllosigkeit, mit der sie unnötiges Leid verursachten, zeigt, wie sehr die damalige Grundeinstellung gegenüber der Welt vom heutigen Humanitätsgedanken entfernt war. Fromme Denker wie Juliana betrachteten die Welt als eine Schöpfung zum Zweck der Mehrung des Ruhmes Gottes, und die Menschen waren das Werkzeug, das seinen Willen ausführen sollte. Für sie lag das Problem eher in der Schwierigkeit, die Unfähigkeit des Menschen, Gottes Willen zu tun, mit ihrem Glauben an die Allmacht Gottes in Einklang zu bringen. Das Problem des Schmerzes (das uns so nahesteht, daß jeder Prediger die Kirchen mühelos füllt, der hierzu etwas Neues zu sagen verspricht) erschien ihnen belanglos, während ihre Sündenproblematik dem typisch modernen Denken immer weniger Beschwerden macht.»

Juliana beschließt ihre Kapitel über die Sünde mit der Bitte, die sehr schwierige Unterscheidung zwischen dem Menschen und seinen Taten zu treffen: «Gott will, daß wir die Sünde als solche hassen, die Seele des Sünders aber ebenso lieben, wie Gott sie liebt ... diese Worte, die Gott dann zu mir sprach – ‹ich werde gewiß niemals von dir lassen› –, sind mir ein unaufhörlicher Trost.»

An anderer Stelle sagt sie: «Dadurch ließ Er mich die rechten Eigenschaften eines fröhlich Schenkenden erkennen. Ein fröhlich Schenkender achtet stets nur wenig auf dasjenige, was er gibt; all sein Verlangen und Wünschen ist darauf abgerichtet, denjenigen zu erfreuen und zu trösten, dem er gibt. Wenn der Beschenkte die Gabe froh und dankbar annimmt, dann achtet der höflich Schenkende all seine Mühe und seinen Aufwand für nichts im Vergleich zu der Freude und Wonne, die er empfangen hat, denn er hat denjenigen erfreut und getröstet, den er liebt.» «Betrachtet auch mit Klugheit und Großartigkeit des Wörtlein *stets.* Denn in ihm zeigte sich ein tiefes Begreifen der Liebe, die Christus zu unserer Erlösung empfindet, und der Wonnen, die aus seinem Leiden hervorgehen werden. Die eine ist seine Freude darüber, daß er die Tat vollbracht hat und nicht mehr leiden wird. Eine andere ist, daß er uns dadurch vom endlosen Leid unseres Nichtwissens befreit hat. Wieder eine andere ist, daß er uns in den Himmel geführt und uns zu seiner Krone und seiner endlosen Freude gemacht hat.»

Solche Betrachtungen waren zwischen ihre Gesichte eingestreut. Bei ihrer achten Offenbarung sah sie die Veränderungen am Leib Christi, als der Tod eintrat. Es ist eine plastisch-drastische Darstellung, die sie mit der ihr eigenen klinischen Objektivität gibt: «Ich sah sein liebes Antlitz ausgetrocknet und blutleer vom bleichen Sterben, dann bleicher noch, todhaft, dahinwelkend; dann nahm es einen bläulichen Farbton an, und das Fleisch wurde bräunlich-blau, noch todhafter... diese Veränderung der Farbe war mitleiderregend anzusehen. Auch die innere Flüssigkeit verklumpte und vertrocknete, verstopfte seine Nasenlöcher, und sein lieber Leib war braun und dann schwarz. Die schöne, frische, lebendige Farbe veränderte sich und verwandelte sich in diese tödliche Austrocknung. Es erhob sich ein scharfer trockener Wind von schrecklicher Kälte..., und der Blutverlust und Schmerz von innen und die Kälte von außen kamen in dem lieben Leib Christi zusammen. Und diese vier – zwei von innen und zwei von außen – trockneten langsam das Fleisch aus. Und wiewohl der Schmerz heftig und scharf war, dauerte er für mein Schauen sehr lange und trocknete qualvoll allen Lebensgeist von Christi Fleisch aus. So sah ich das liebe Fleisch Teil um Teil mit unfaßbaren Schmerzen austrocknen. Und solange noch ein Empfinden in Christi Fleisch war, litt Er. ... Der liebe Leib war so verfärbt, so ausgetrocknet, so geschrumpft, so todhaft und so mitleiderregend, daß es mir schien, als hätte der Todeskampf sieben Nächte gedauert. Und ich glaubte, daß das Austrocknen von Christi Fleisch Seine größte Qual und die letzte Seines Leidens war.»

Bei dieser Version dachte sie an die Worte, die Jesus am Kreuz sprach: «Mich dürstet.» Sie sah hierin zwei Bedeutungen, eine spirituelle und eine physische. Sie sah, daß er danach verlangte, die Menschen aus ihrer Unkenntnis zu reißen und in seine Freude zu erheben, und sie sah auch – was ihr damals wichtiger war – den körperlichen Durstschmerz, den er beim Flüssigkeitsverlust litt. Sie beschreibt die Qual des reißenden Fleisches, das durch das Gewicht des Körpers von den Nägeln und Dornen abgerissen wurde; dann sah sie, wie der Körper austrocknete und an Gewicht verlor.

Sie berichtet uns, wie der Schmerz ihres Mitleidens an dieser Todesqual sie beinahe ihren Wunsch bereuen ließ, an seinem Tod teilzunehmen: «Die Schau von Christi Qualen erfüllte mich mit Schmerzen. Ich wußte, daß er nur einmal gelitten hatte; aber er wollte mir nun sein Leiden zeigen und meine Seele mit ihm erfüllen, wie ich es einst von ihm erbeten hatte. Während der ganzen Zeit von Christi Gegenwart fühlte ich keinen Schmerz außer dem seinigen. Dann schien mir, daß ich sehr wenig von seinen Schmerzen gewußt hatte, als ich hierum bat, und wie eine Närrin bedauerte ich mich selbst. Ich dachte, daß ich wohl nicht hierum gebeten hätte, wenn ich sie hätte ermessen können. Mein Schmerz schien mir über alles leibliche Sterben hinauszugehen, und ich dachte: ‹Sind dies die Qualen der Hölle?› Und ich empfing in meinem Verstand die Antwort: ‹In der Hölle ist eine andere Qual, denn dort ist Verzweiflung.› Von allen Schmerzen, die zur Erlösung führen, ist dies der größte – den, der dich liebt, leiden zu sehen. Wie könnte je ein Schmerz schlimmer sein, als denjenigen leiden zu sehen, der all mein Leben, all meine Freude und all meine Wonne ist? Hier fühlte ich mit größter Gewißheit, daß kein Schmerz mit jenem Schmerz zu vergleichen war, den ich empfand, als ich ihn in Schmerzen sah.»

Der gnadenlose Realismus dieser Beschreibungen Julianas mag uns in unserem zarter besaiteten Zeitalter abstoßen, so daß wir es vorziehen, Juliana als kränkelnde Hysterikerin abzutun. Hiermit täten wir ihr freilich unrecht. Ihre Visionen enthalten eine grundlegende Wahrheit, die die konventionelle, unverbindlich-neutrale Religion oft umgeht. Es ist die Wahrheit des Leidens, des großen Leidens, das unser grundlegender Zustand ist. «Ich lehre nichts als das Leiden und den Weg aus dem Leiden», sagte der Buddha, der erkannte, daß der Schmerz an der Wurzel unseres Lebens haust.

Es ist zudem, wie Thouless sagt, «zweifelhaft, ob wir etwas damit gewinnen, wenn wir das ‹Kränkeln› ablehnen. Tod, Scheitern und Elend werden um nichts weniger wirklich, wenn uns die Empfindung für ihre Realität abhanden gekommen ist. Wir mögen uns mit ‹gesundem Verstand› dagegen wehren, doch bleibt es eine Tatsache, daß am Ende unseres irdischen Kämpfens, Hoffens und Liebens der Tod und der körperliche Verfall steht. Wir haben uns ein ‹gesundes Denken› angeeignet, indem wir diese Tatsachen aus dem Bereich der bewußten Wahrnehmung verdrängt haben. In den seltenen Augenblicken, in denen sie gewaltsam ins Bewußtsein dringen, erweisen sie sich als ungelöster Schrecken, vor dem wir zittern, bis wir wieder zu unserem Selbstvertrauen finden, indem wir unsere Energie wieder auf unsere alltäglichen Geschäfte ausrichten.»

Letztlich ist gerade diese Ablehnungshaltung für den größten Teil unseres Leidens verantwortlich. Wir möchten immer lieber dasjenige, was wir wollen, als dasjenige, was wir nicht wollen, und dies führt zu unablässigen und heftigen Anstrengungen, Situationen zu verändern, statt sie bis zum Ende durchzustehen. Wenn wir aber Dinge ablehnen, beiseite schieben oder für uns passend machen wollen, haben wir uns solche Situationen nicht immer auch schon vom Hals geschafft. Unser Festhalten an demjenigen, was wir möchten, statt an demjenigen, was wir haben, kann dasjenige, was wir haben, in einen verleugneten, dadurch aber unverdauten Kloß in unserem Inneren verwandeln.

Der robuste Realismus des Mittelalters wich dem Unerfreulichen nicht aus und beschönigte es nicht. Juliana bekannte sich zu ihrem Bild des leidenden Christus, statt vor ihm zurückzuschaudern. Die physischen Realitäten des Lebens und des Todes waren Teil der Religion, nicht von ihr geschieden. In einer solchen Haltung lag Mut, Aufrichtigkeit und echte Empfindungstiefe.

Wie viele von uns haben in unserem heutigen Leben noch wirkliche Empfindungen? Wir haben so viele Fluchtwege vor der schmerzlichen und doch so unendlich lohnenden Aufgabe eines wirklichen Lebens ersonnen, daß wir dabei sind, ein Planet von Nicht-Menschen zu werden. Unser rastloses Bemühen, Geist und Seele einen angenehmen Dauerkitzel durch die Berieselung mit Radio, Fernsehen und Walkman zu verschaffen, hat unser Leben in einen 24-Stunden-Zirkus verwandelt, den wir wie seelenlose Tiere an uns vorüberziehen lassen, ohne selbst eine Rolle zu übernehmen.

Julianas Leben ging in die entgegengesetzte Richtung. Sie wollte sich zumindest mit *einem* identifizieren, mit Christi Leiden und Tod, und damit bis an die Grenzen ihrer Natur gehen. Dies mag uns heute als ein seltsamer Wunsch erscheinen, doch war es in ihrer Kultur durchaus nicht seltsam. Überhaupt ist dies in der religiösen Praxis keineswegs ungewöhnlich, sondern gilt oft im Gegenteil als einer der «Wege». Im tibetischen Buddhismus zum Beispiel (dessen Ziel darin besteht, eins mit dem Ursprung zu werden und in der Soheit sich selbst zu erkennen) gilt es als notwendig, alles ans Licht des Tages zu bringen, damit es erkannt werden kann, denn wenn wir nicht wissen, wie wir «funktionieren», nutzen wir die Energien, aus denen wir zusammengesetzt sind, nur für die Befriedigung unmittelbarer Wünsche. Deshalb muß man auch den Tod und die Zerstörung des Leibes sehen und akzeptieren, und hierzu wird dem Übenden geraten, an einem Leichenplatz zu sitzen, auf dem die unbegrabenen Toten liegen (in Tibet werden Leichen Tieren und Vögeln mitleidsvoll zur Speise angeboten) und dort über die Vergänglichkeit des Lebens und die Gleichheit und Selbheit aller geschaffenen Dinge zu meditieren. Von faulendem Fleisch umgeben, soll er darüber nachdenken, daß kein Wesensunterschied zwischen einem reizvollen und einem abstoßenden Objekt besteht. Sie sind sämtlich Manifestationen dieser Welt, und es ist nur der Geist, der einen Unterschied macht und Empfindungen der Begierde oder des Ekels hervorbringt. Von *allen* weltlichen Anblicken unbeeindruckt zu sein, führt zu einer gelassenen Furchtlosigkeit, und es gibt keinen Zweifel, daß Juliana, nachdem sie das faulende Fleisch Christi wirklich geschaut hatte, eine Tiefe der Gelassenheit und des Nichtverhaftetseins entwickelte, die sie anders nicht gefunden hätte. Ihre «Meditation» erfüllte ihren Geist mit den Einzelheiten des Todes, so daß er in höchstmöglichem Maße in ihrem Bewußtsein gegenwärtig war. Dort konnte sie wie mit der tibetischen Leichenplatz-Methode eine Haltung gegenüber dem Leben entwickeln, die den Tod nicht ausschloß, aber ihm seinen Stachel nahm.

Ruysbroeck wie Eckhart sprechen vom «Geschmack» Gottes. Dies ist die Wirklichkeit, die sich nicht definieren läßt, weil sie über jede Definition hinausgeht. Wir können uns dies ganz einfach klarmachen. Wir können in Worten von einer Zitrone sprechen – gelb, oval, kühl, glatt –, doch um zu wissen, was eine Zitrone wirklich ist, müssen wir den Saft trinken und das Fleisch schmecken. Wenn man nur einmal am Meer genippt hat, sagt der Zen-Meister Dogen, kennt man den Geschmack aller Ozeane der Welt. Der wirkliche Geschmack des Lebens stellt sich ein, wenn wir uns nicht mehr bloß mit Gedanken und Vorstellungen über es zufriedengeben, sondern die direkte, unmittelbare Erfahrung haben wollen. Juliana wollte über alle Gedanken über Christus hinausgehen und ihn «körperlich» erkennen, seinen Geschmack. Deshalb nahm sie all seine Schmerzen und Qualen an, identifizierte sich mit ihnen und kostete sie bis an die Grenzen ihrer Möglichkeiten aus.

«Deshalb erwählte ich Jesus zu meinem Himmel, den ich zu jener Zeit nur in Schmerzen sah. Ich wollte keinen anderen Himmel als Jesus, der meine Wonne sein wird, wenn ich dort sein werde. Dies war immer mein Trost: daß ich Jesus in all dieser Zeit der Todesqual und der Trauer zu meinem Himmel erwählt hatte. Es war mir eine Lehre, daß ich dies immer tun und nur ihn zu meinem Himmel erwählen müsse, im Wohlergehen wie im Leid.»

Sie beschreibt, wie sie von ihrem Schmerz befreit wurde: «Plötzlich, während ich noch das Kreuz betrachtete, trat ein freudiger Ausdruck auf sein Antlitz. Dieser Wandel seines Ausdrucks änderte auch den meinigen, und ich war so heiter und froh, wie man sich nur denken kann. Dann ließ unser Herr mich froh erkennen: ‹Was liegt nun an deinem Schmerz und deinem Leid?› Und ich war überaus fröhlich... und dann sprach er: ‹Mein Liebes, ich bin froh, daß du zu mir gekommen bist; in all deinem Leid war ich immer bei dir. Nun siehst du mich in meiner Liebe, und wir sind in Wonne vereint.› – Dann fragte er sie: ‹Bist du gut entlohnt, daß ich für dich gelitten habe?› Ich sagte: ‹Ja, guter Herr, gesegnet seist Du.› Dann sprach Jesus, unser guter Herr: ‹Wenn du entlohnt bist, bin ich auch entlohnt. Es ist mir eine Freude, eine Wonne und ein endloses Wohlgefallen, daß ich das Leiden für dich ertrug. Und wenn ich mehr leiden könnte, würde ich noch mehr leiden.›»

In diesem Gespräch wird eine tiefe und erhellende Frage gestellt: «Bist du gut entlohnt?» Bist du zufrieden? Ist der Gottesgrund dir genug? Dies ist die Frage, die wir uns alle in tiefer Aufrichtigkeit stellen sollten. Ist er uns genug? Ist unsere religiöse Intuition gehaltvoll genug, um uns äußerste Zufriedenheit zu geben? Wenn nicht, wo wollen wir dann solche Zufriedenheit finden? Juliana zögert nicht mit ihrer Antwort – *«ja, guter Herr»*.

In ihrer einfachen, naiven Art (die manchen Lesern vielleicht kindisch erscheinen mag, anderen wiederum nicht) stellt sie Gott weitere Fragen. Sie sinnt über die Frage nach, daß «wir alle rein und unserem Gott ähnlich wären, wie er uns geschaffen hat, wenn es keine Sünde gäbe.» Sie fragt sich, warum die Weisheit Gottes die Sünde nicht verhindert habe, denn dann, so meint sie, «wäre *alles* gut.»

Jesus antwortet ihr und sagt: «Die Sünde muß sein.» Dies faßt sie so auf, daß er damit alles meinte, was nicht gut ist. Er fügt hinzu: «Aber alle Dinge werden gut sein, und alles wird gut sein, und alle Arten von Dingen werden gut sein.» Diese Worte, sagt sie, «wurden voller Sanftmut gesprochen, ohne Tadel gegenüber mir oder jemand anderem».

Hier kommen wir zu Julianas persönlichster Offenbarung.

Ihre Auffassung der Sünde und der Liebe Gottes war realistisch. Sie sah die Sünde, wie sie war, in all ihrem Leid und ihrer Tragödie, symbolisiert in Jesu Todeskampf am Kreuz. Und nicht nur dies: Sie sah auch, daß das Böse immer in der Welt sein wird – «die Sünde muß sein» –, und sie sah sogar eine Zeit voraus, in der «die Heilige Kirche von Trauer, Kummer und Betrübnis in dieser Welt erschüttert werden wird, wie man ein Tuch im Winde schüttelt». Hierauf aber antwortet ihr Gott: «‹Etwas Großes werde ich hieraus im Himmel machen, eine ewige Anbetung und unaufhörliche Freude›, so sehr, daß unser Herr, wie ich sah, sich über die Kümmernisse seiner Knechte freut, freilich mit Erbarmen und Mitleid. Allen Menschen, die er liebt, erlegt er etwas auf, um sie zu seiner eigenen Wonne zu führen, etwas, wodurch sie in seinen Augen keineswegs abstoßend sind, wodurch sie aber in dieser Welt gedemütigt und verachtet, geschmäht, verspottet und ausgestoßen sind. Dies tut er, um sie vor Schaden durch falsche Hochfahrendheit zu bewahren, vor Eitelkeit und übermäßigem Schwelgen in irdischer Macht, und um ihnen zu helfen, den Weg zu einer wirklichen und unendlichen Wonne zu finden. Denn er sagt: ‹Ich will euch eure eitle Anmaßung und eure zerstörerische Einbildung gänzlich nehmen, und dann will ich euch versammeln und Demut in euch wachrufen, Gesundheit und Heiligkeit, indem ich euch mit mir eine.› Und da sah ich, daß alle gütige Nächstenliebe, die ein Mensch für einen Mitchristen aufbringt, der Christus in ihm ist.»

«Dasselbe Zunichtewerden, das Er in seinem Leiden offenbarte, offenbarte sich nun auch hier in dieser Nächstenliebe, denn es gibt nach der Meinung unseres Herrn zwei Arten, dies zu verstehen. Die eine ist, durch die Wonne, die uns zuteil wird und die wir nach Seinem Willen genießen sollen; die andere, durch die Tröstung in unserem Schmerz – daß wir wissen dürfen, daß sich dies durch sein Leiden zu unserem Besten wenden wird; daß wir wissen dürfen, daß wir durchaus nichts alleine erleiden, sondern mit ihm; daß wir ihn sehen dürfen, unseren Grund; und daß wir sehen dürfen, daß seine Sühne und sein Leiden soweit alles übersteigt, was wir leiden könnten, daß man es nicht wirklich begreifen kann.»

«Die Betrachtung dieser Tatsache wird uns aus Unglück und Verzweiflung in unserem Schmerz erretten. Und wiewohl wir klar erkennen, daß der Schmerz durch unsere eigene Selbstliebe und unsere Begierden entsteht und wir ihn verdient haben, entschuldet uns seine Liebe. In seinem großen Wohlwollen tilgt er all unsere Schuld und blickt uns verzeihend und mitleidsvoll an, wie unschuldige und liebenswerte Kinder.»

Zwar wird uns berichtet, daß Juliana eine gebildete Frau war, doch waren ihre Kontakte zur Außenwelt, die sie durch ihr kleines Fenster hatte, weitgehend auf einfache, ungebildete Menschen beschränkt, die wohl so schlichte Fragen stellten wie: «Was nützt es zu beten, wenn Gott nicht antwortet?» oder «Weiß er nicht schon, was wir wollen, bevor wir beten?» Wie simpel solche Fragen auch sein mochten, sie antwortete stets auf einer tieferen Ebene, um den Fragesteller von seiner Selbstbezogenheit auf eine umfassendere Sichtweise hinzulenken. Einmal, berichtet sie uns, verfehlte sie sich und wurde dafür sanft getadelt. Sie hatte Gott danach gefragt, wie es einer Person ergehen werde, die ihr teuer war. «Und in dieser Wißbegierde behinderte ich mich selbst, denn ich erhielt diesmal keine Aufklärung. Ich erhielt statt dessen in meinem Verstand wie von einem freundlichen Menschen die Antwort: ‹Betrachte es im allgemeinen und sieh auf die Freundlichkeit deines Herrgotts, die er dir erzeigt. Denn Gott ehrst du besser, wenn du ihn in *allem* erblickst, als wenn du ihn in etwas Bestimmtem sehen möchtest.› Wenn ich also klug wäre, würde ich mich gemäß dieser Belehrung nicht über etwas Bestimmtes freuen noch über etwas Bestimmtes bekümmern: denn *alles* wird gut sein.»

Sie lehrte zweifellos so, daß sie laut sagte, was sie in ihren Büchern schrieb. Sie könnte zum Beispiel diese Offenbarung gelehrt haben, die sie von Gott vernahm: «Ich bin es, die Größe und Gutheit des Vaters, ich bin es, die Weisheit und Güte der Mutter; ich bin es; das Licht und die Gnade aller gesegneten Liebe; ich bin es, die Dreifaltigkeit; ich bin es, die Einheit; ich bin es, die höchste Gutheit aller Dinge. Ich bin es, was dich liebend macht. Ich bin es, was dich sehnen macht. Ich bin es, die endlose Erfüllung aller wahren Sehnsüchte.»

Ein andermal gab sie vielleicht Ratschläge aus ihrer eigenen Erfahrung. Bei ihrer vierzehnten Offenbarung sah sie zwei Bedingungen für das Gebet: «Das eine ist rechtes [um das Rechte bittend], das andere sicheres Vertrauen. Denn oft vertrauen wir nicht ganz und gar; wir sind uns nicht sicher, daß Gott uns hört, weil wir (wie wir uns einbilden) unwürdig sind, und weil wir gar nichts fühlen – wir sind nach unseren Gebeten oft noch so dürr und trocken wie zuvor. Daher ist unsere Einbildung und unsere Torheit die Ursache dieser unserer Schwäche; dies weiß ich aus eigener Erfahrung.»

Als sie dies ihrem Herrn vortrug, antwortete er ihr: «Ich bin der Grund deines Flehens. Erstens ist es mein Wille, daß du es haben sollst – da ich bewirkt habe, daß du es begehrst, und da ich bewirkt habe, daß du es erflehst und du es daher auch erflehst; wie könnte es dann sein, daß du nicht bekommst, was du erflehst?» Da sah sie, daß Gott selbst möchte, daß wir Gottes begehren. «Unser Herr», sagte sie, «ist voller Wonne und Freude wegen unseres Gebetes. Denn es macht uns ihm in unserem Bewußtsein so ähnlich, wie wir es in unserer Seele sind ... Er sprach wie folgt zu mir: ‹Bete innerlich, auch wenn kein Geschmack daran zu sein scheint, denn es ist doch nütze. Bete innerlich, auch wenn du meinst, daß du nicht kannst, denn in aller Trockenheit und Unfruchtbarkeit, in Krankheit und in Schwäche erfreut mich dein Gebet überaus (auch wenn du wenig Geschmack daran hast!). Und so verhält es sich mit allem wirklichen Gebet in meinen Augen.›»

«Manche von uns glauben, daß er allmächtig ist und alles tun *könnte*», fügte Juliana hinzu, «daß er allweise ist und alles tun kann. Daß er aber all-liebend ist und alles tun *wird, dies* haben wir nicht verstanden.» – «Gott ist uns näher als unsere eigene Seele. Er ist der Grund, in dem unsere Seele ruht. Er ist das Mittel, das den Stoff und die Sinne zusammenhält, so daß sie niemals voneinander scheiden. Unsere Seele ruht in Gott in völliger Ruhe; unsere Seele steht in Gott in unerschütterlicher Kraft; und unsere Seele ist in Gott gütig verwurzelt in endloser Liebe. Wenn wir daher Wissen um unsere Seele haben wollen und Gemeinschaft und Liebe mit ihr, müssen wir in unserem Gott suchen, in dem sie beschlossen ist.»

Juliana hatte zweifellos bei der Kontemplation die Empfindung des Nicht-Selbst, des tiefen Geeintseins in transzendenter Vereinigung jenseits aller Schranken. Sie beschreibt, wie die Seele zu einem großen Verlangen hingeführt wird, mit Gott, mit dem Unbedingten geeint zu sein: «Dann werden wir durch seine süße Gnade in unserem hingebungsvollen beständigen Gebet jetzt in diesem Leben zu ihm gelangen durch viele persönliche Berührungen mit süßen spirituellen Gesichten und Empfindungen, die uns entsprechend unserer eigenen Schlichtheit zugemessen sind. Und dies wird durch den Heiligen Geist gewirkt, bis wir in Liebessehnsucht vergehen. Dann werden wir zu unserem Herrn eingehen, ihn selbst klar erkennen, und Gott wird uns ganz besitzen. Ewig wird uns Gott besitzen; wir werden ihn schauen und gänzlich fühlen, ihm im Geiste lauschen und wonniglich ihn einsaugen, und wir werden uns seiner erlaben. – Dann werden wir Gott von Angesicht zu Angesicht schauen, traulich und gänzlich. Die geschaffene Kreatur wird den Schöpfergott erblicken und ewiglich schauen. Denn niemand kann Gott in dieser Weise schauen und doch weiter in diesem todgeweihten Leben verharren. Wenn sich aber Gott in seiner besonderen Gnade hienieden zeigt, stärkt er das Geschöpf über seine Kräfte hinaus, damit es Ihn erfahren kann, und er bemißt die Schau, wie es für den Anlaß gut ist.»

Mit solchen Einsichten lebte Juliana in der Gemeinschaft Gottes. Eine solche sehr persönliche spirituelle Gemeinschaft sagt vielleicht nicht allen von uns zu. Und doch erlebte Juliana niemals jene fatale Beschränkung und Vereinnahmung des Gottesgrundes, die so oft die Folge einer starken Personalisierung des

Gottesgrundes ist. Ihr «guter Herr» war unendlich flexibel und anpassungsfähig, vereinte Traulichkeit und Majestät, Zeit und Zeitlosigkeit, Körper und Geist in *einer* Wirklichkeit. – «Die Natur wurde im Feuer der Betrübnis erprobt, und kein Fehler oder Mangel wurde an ihr gefunden. So sind Natur und Gnade im Einklang. Denn Gnade ist Gott, und ungeschaffene Natur ist ebenfalls Gott. Seinem Wirken nach ist er beides, aber eins in der Liebe; keines von beiden wirkt ohne das andere – sie können nicht voneinander getrennt werden.»

In dieser Weise verband Juliana das Größte mit dem Kleinsten – und vielleicht war es gerade das Kleine, das ihre ländlichen Freunde am meisten liebten und in dem sich Julianas Freude an ihrem Herrn am schönsten ausdrückte.

«Ganz vergnügt», schrieb sie – und sagte sie vielleicht auch zu jemandem, der niedergedrückt und ratlos war – «und froh blickte unser Herr auf seine Seite, betrachtete sie und sprach diese Worte: ‹Siehe, wie sehr ich dich liebte!›, wie wenn er gesagt hätte: ‹Mein Kind, wenn du es nicht vermagst, meine Gottheit anzuschauen – siehe, wie ich es zuließ, daß man meine Seite öffnete und mein Herz spaltete, so daß alles Blut und Wasser herausfloß. Dies gibt mir Freude, und ich möchte, daß es auch dir Freude gibt.› Dies war es, was unser Herr mir zeigte, um uns vergnügt zu machen.»

Sie sah Jesus als Vater wie als Mutter – «denn er wollte in allen Dingen ganz unsere Mutter werden» –, und sie beschrieb die Mutterschaft als den gütigsten, bereitwilligsten und liebevollsten Zustand. Und doch «wissen wir, daß alle unsere Mütter uns zu Schmerzen und Tod gebären: Wie seltsam ist dies doch!», fügt sie hinzu. «Unsere wahre Mutter Jesus aber, er allein, gebiert uns zu Freude und endlosem Leben; gepriesen sei er!»

Wenn wir fallen, brauchen wir, wie sie sagt, das Mitleid der Mutter Jesus: «Oft aber, wenn uns unsere Gefallenheit und Verworfenheit vor Augen geführt wird, sind wir so sehr erschrocken und über uns selbst beschämt, daß wir kaum mehr wissen, wohin wir uns wenden sollen. Aber selbst dann möchte unsere zuvorkommende Mutter nicht, daß wir fliehen; nichts könnte ihm mehr mißfallen. Er möchte vielmehr, daß wir wie ein Kind sind. Denn wenn ein Kind geängstigt und in Not ist, flüchtet es sich zu seiner Mutter. Wenn es gar nichts anderes mehr tun kann, ruft es mit all seiner Kraft um Hilfe. So sollen wir uns wie das schwache Kind verhalten, das sagt: ‹Meine gütige Mutter, meine gnädige Mutter, meine liebste Mutter, erbarme dich meiner. Ich habe mich beschmutzt und dir unähnlich gemacht, und ich kann dies nur mit deiner Hilfe wiedergutmachen.› Und wenn wir uns nicht sofort erleichtert fühlen, dürfen wir gewiß sein, daß er so verfahren wird, wie eine kluge Mutter verfährt. Denn wenn er sieht, daß es gut ist, um der Liebe willen zu trauern und zu weinen, wird er dies mitfühlend und mitleidsvoll ertragen, bis die rechte Zeit gekommen ist.»

Wieviel Stärkung und Tröstung muß sie doch ihren Besuchern gegeben haben, und wie sehr müssen sie sie ob ihrer inneren Kraft geliebt haben! Was sie empfing, schenkte sie fort, und wenn Gott zu ihr sprach, gab sie seine Worte so an jeden weiter, wie er sie zu ihr gesprochen hatte: «Siehe, ich bin Gott; siehe, ich bin in allen Dingen; siehe, ich tue alle Dinge; siehe, niemals nehme ich meine Hände von meinem Werk, noch werde ich dies jemals tun; siehe, ich führe jedes Ding dem Zweck zu, den ich ihm gegeben habe, vom Anfangslosen und mit derselben Kraft, Weisheit und Liebe, mit der ich es geschaffen habe. Wie sollte nicht alles seine Ordnung haben?»

Durch den Imperativ *siehe* zeigte Juliana den Menschen, wie sie sich durch aufmerksames Hinsehen und durch Vertrauen der Betrachtung widmen sollten. Es waren gewiß viele, die wieder von Vertrauen erfüllt waren, die sich gestärkt und aufgerichtet fühlten, wenn Juliana zu ihnen Worte wie diese sprach: «Unser guter Herr beantwortete alle Fragen und Zweifel, die ich vorbrachte, und er sprach überaus tröstlich in dieser Weise: ‹Ich werde alle Dinge gut machen. Ich vermag es, alle Dinge gutzumachen, und ich kann alle Dinge gut machen; so wirst du für dich selbst sehen, daß alle Dinge gut sein werden.›»

Vor allen Dingen hatte Juliana ihre *Freude* in Jesus. Mit ihm geeint zu sein und sich in ihm zu erfreuen, war ihr Ziel. Ihre Freude führte sie in jenes wunderbare Land der Bewußtheit, in die neue Welt innerhalb der bekannten Welt, in der selbst die Luft noch von Sinn erfüllt ist und alle Dinge eine ausstrahlende Innerlichkeit besitzen. «Die Wahrheit sieht Gott, und die Weisheit schaut Gott an, und aus diesen beiden entspringt ein Drittes, und dies ist eine heilige, wundervolle Wonne in Gott, der die Liebe ist.»

Welche Absicht stand hinter all ihren Offenbarungen, fragt sie am Ende Ihres Buches. Ihr wurde eine Antwort zuteil. «Nun also, du willst deines Herrn Absicht in diesen Offenbarungen wissen? So wisse sie. Liebe war seine Absicht. Wer offenbarte es dir? Liebe. Warum offenbarte Er es dir? Aus Liebe. Halte dies fest in deinem Inneren. Du wirst mehr von dieser Art erfahren, aber du wirst niemals etwas anderes erfahren als Liebe ohne Ende.»

«So wurde ich gelehrt», sagt sie, «daß Liebe die Absicht unseres Herrn ist. In diesem und allem anderen erkannte ich mit voller Gewißheit, daß Gott uns liebte, noch ehe er uns erschuf. Diese Liebe hat niemals aufgehört und wird niemals aufhören. Aus dieser Liebe hat er alles getan und hat er allen Dingen einen Nutzen für uns gegeben. In dieser Liebe währt unser Leben ewig. Bei unserer Schöpfung nahmen wir unseren Anfang; die Liebe aber, mit der er uns schuf, ist ohne Anfang. In dieser Liebe haben wir unseren Anfang. Und all dies werden wir in Gott ewiglich schauen.»

Bernhard von Clairvaux

Bei Bernhard finden wir eine Brücke zwischen den beiden großen Idealen der Mystik – man könnte vom Weg der Leerheit und vom Weg der Fülle sprechen –, die in der Einführung als Dunkelheit und Licht beschrieben sind.

«Auf, edle Seele! Heraus aus dir selbst, so weit, daß du niemals hineinkommst, und tritt ein in Gott so tief, daß du niemals herauskommst», sagt Eckhart, der für den leeren oder dunklen Weg spricht. Dies ist der Weg des Nichtverhaftet-Seins, der Leere des Selbst, des Schmeckens des Gottesgrundes jenseits von Zeit und Form, der Weg des Verlierens des oberflächlichen Selbst im zeitlosen Sein der Wirklichkeit. Ruysbroeck, Eckhart und der Verfasser der *Wolke* priesen diesen Weg als den besten. nicht das *Wissen*, sondern das *Sein* ist das Kennzeichen dieses Mystiktyps, und durch das Aufgeben des starren Getrenntseins, das mit unseren Begriffen «ich» und «mein» verbunden ist, stößt ein solcher Mystiker in die «Wolke des Nichtwissens» vor und wird mit der Wirklichkeit in einer Art geeint, die wortlos und ohne Weise ist.

«Lied nenne ich es», sagt Richard Rolle, «wenn eine erfüllte Seele in der Süße der ewigen Liebe entbrennt, wenn das Denken zu Gesang wird und der Geist in einen vollen süßen Klang verwandelt wird.»

So spricht der Mystiker des Weges der Fülle oder des Lichts, derjenige, der den Gottesgrund nicht durch Loslösung findet, wie es Eckhart empfahl, sondern durch die liebende Andacht zu all seinen Ausdrucksformen. Auf ihren unterschiedlichen Wegen fanden sowohl Juliana als auch Rolle Seelenruhe und Freiheit in der Anbetung der *Person* ihres Schöpfers, indem sie sich mit der liebenden Süßigkeit der *Persönlichkeit* erfüllten.

Die meisten Mystiker hängen entweder hauptsächlich der einen oder der anderen Richtung an. Bernhard aber hielt zwischen beiden die Mitte. Sein kraftvoller und forschender Geist ging gepaart mit einer leidenschaftlichen Liebe zur Wirklichkeit; er war zu ekstatischen Ergüssen des Gotteslobs und der Liebe ebenso befähigt wie dazu, Männer und Frauen mit Intuition und gesundem Menschenverstand auf den rechten Weg zu leiten. Alles, was Bernhard über den spirituellen Pfad zu sagen hatte – und er ist Verfasser eines sehr umfangreichen Werkes – trug das Siegel seines kraftvollen Charakters und der Auseinandersetzungen, die er in sich selbst und mit seinen Mönchen zu bestehen hatte. Seine sorgfältig bis in die Einzelheiten durchdachten Predigten über den Weg des Menschen zu seinem Ursprung haben das Denken des ausgehenden Mittelalters maßgeblich beeinflußt und wirken noch heute in der katholischen Theologie nach.

Dafür, daß er ein so berühmter Kirchenlehrer ist, wird er allerdings in den vielen Anthologien und Büchern über Mystik, die heute erscheinen, erstaunlich wenig zitiert. Hierfür ließen sich zwei Gründe anführen. Wiewohl er die Sprache meisterlich zu handhaben verstand, blieb sie doch immer irgendwie erdgebunden. Er war vielleicht mehr Prediger als Dichter, und die ungewöhnliche Mischung von Lyrischem und Praktischem, die aus den Federn unserer drei «dunklen» Mystiker kommt, war durchaus nicht sein Stil. So klingt uns dasjenige, was er sagt, irgendwie altmodisch – seine Worte sind glanzvoll, doch sind sie nicht von jener intimen Sublimität, wie wir sie beim Verfasser der *Wolke,* bei Eckhart und Ruysbroeck finden.

Der andere Grund liegt darin, daß Bernhard nicht vom Pseudo-Dionysius beeinflußt war, während jene drei ihn als ihren Meister betrachteten. Insoweit uns Dionysius' Lehren heute ansprechen – und dies scheint sehr stark der Fall zu sein –, fühlen wir uns mit diesen dreien «auf einer Wellenlänge», während Bernhard ein strengeres und formaleres Lehrgebäude errichtet.

Indes gibt es keinen Zweifel, daß er deren geistige Höhen erreichte, ohne dabei stehenzubleiben. Immer wieder leuchtet uns Zeitlosigkeit aus seinem Werk entgegen, so daß dieser große Kirchenlehrer, der so fest in seinem Jahrhundert stand, plötzlich über sich selbst hinausgehoben erscheint. Insgesamt aber liegt seine Faszination mehr in seiner brillanten Analyse des Menschen und darin, wie er uns mit unserer eigenen Verfassung konfrontiert. Eine solche Konfrontation (wie sie auch im Zen praktiziert wird) ist nicht unbedingt nach unserem Geschmack, worin ein weiterer Grund für die mangelnde Popularität Bernhards in unserer Zeit liegen mag. Thomas Merton sagt, daß nach Bernhards Worten der ganze Zweck der Regel des hl. Benedikt (der sich Bernhard unterwarf) darin besteht, «den Menschen in einer Atmosphäre zu halten, in der er durch Gehorsam, Armut, Einsamkeit, Gebet, Fasten, Schweigen, körperliche Arbeit und das Leben in der Gemeinschaft beständig auf Anlässe trifft, die ihn mit der Wahrheit über sich selbst konfrontieren und zwingen, sein Elend der Gottesferne zu erkennen, so daß er sich zu Gott hinwendet und um jene Gnade bittet, die ihn befähigt, seine Seele zu reinigen ... und das göttliche Bild in ihm zum Vorschein zu bringen».

Ein solcher Weg ist natürlich nicht unbedingt dazu angetan, uns in schwärmerische Begeisterung zu versetzen. Und doch ist der mystische Weg ohne die unablässige Mahnung, unseren Eigenwillen aufzugeben, nicht gangbar, und Bernhard ist wie kein anderer befähigt, uns den Weg zu weisen, auch wenn er diesen Weg nicht mit uns bis zum Ende geht.

Wer war der heilige Bernhard? Aus unserer Distanz von 800 Jahren gesehen, erscheint er uns wie ein helles Licht in der Dunkelheit des Mittelalters, als heldenhafter, engagierter Mönch, dessen Leben die Zeit verwandelte, in der er lebte.

Bernhard wurde 1090 im französischen Fontaines les Dijon geboren. Sein Vater war Tescelin, Ritter von Châtillon, seine Mutter Aleth, die Tochter des Bernhard von Montbard, den verwandtschaftliche Bande mit vielen Adelsfamilien aus Burgund verbanden. Er wurde im Château von Fontaines les Dijon erzogen, das im 11. und 12. Jahrhundert noch kaum mehr als ein steinerner Bergfried war. Bernhard war das dritte von sieben Kindern, sechs Knaben und ein Mädchen, und nach der Legende soll Aleth vor seiner Geburt geträumt haben, daß sie ein bellendes Hündchen unter ihrem Herzen trug. Ein Eremit erklärte ihr, dies bedeute, daß das Kind ein großer Prediger sein und zur Verteidigung der Kirche bellen werde …

Vielleicht wurden die Eltern hiervon beeinflußt – oder aber die angeborene spirituelle Begabung Bernhards zeigte sich wirklich schon sehr früh. Während nämlich die anderen Söhne zu Hause blieben, wurde Bernhard im Alter von sechs oder sieben Jahren zu den Kanonikern von St. Verle im 90 km entfernten Châtillon in die Schule geschickt. Tescelin besaß ein Haus in Châtillon, und Aleth verbrachte dort einen großen Teil ihrer Zeit. Es wird berichtet, daß sie eine fromme Frau war, die sich auf den Eintritt in ein Kloster vorbereitete, als der Baron von Fontaines um ihre Hand anhielt. Sie willigte in die Ehe ein, lebte aber mehr als Nonne denn als große Dame. Sie erzog all ihre Kinder selbst, und wann immer sie Zeit hatte, widmete sie sich wohltätigen Werken, dem Gebet und der Meditation. Sie prägte Bernhards Charakter ganz wesentlich, und er war ihr bis zum Ende ihres kurzen Lebens in größter Ehrerbietung zugetan.

Bernhard verbrachte seine gesamte Schulzeit in Châtillon. Er war dort wegen seiner brillanten Intelligenz, aber auch als Verfasser gewagter Verse bekannt, auch wenn seine Schüler dies später abstritten. Er war sehr beliebt, obwohl er als junger Mann so schüchtern und in Gesellschaft so unsicher war, daß er kaum seinen Mund aufbrachte. Er litt unter schweren anfallsartigen Kopfschmerzen, was sein ganzes Leben über anhielt. Als Mann besaß er ein höchst ansprechendes, wenn auch recht zerbrechliches, unirdisches Aussehen. Er war großgewachsen, gertenschlank und blond und hatte «taubenartige» Augen (über die Farbe erfahren wir nichts – vielleicht taubengrau). Er war temperamentvoll und charmant, hatte aber bereits bezüglich der Schulung seines Charakters einen eisernen Willen. Es heißt, daß er sich einmal, nachdem er mit einem Mädchen Blicke gewechselt hatte, in einen eisigen Teich stürzte, um seine Leidenschaft zu beruhigen.

Am Ende seines zweiten Lebensjahrzehnts geriet er in eine psychologische Krise, als er vor der Wahl stand, entweder Mönch zu werden oder einen weltlichen Beruf zu ergreifen. Als Sproß einer Adelsfamilie und hoffnungsvoller Gelehrter mit einer ebenso großen Begabung wie Liebe zur Schriftstellerei wäre ihm in der Welt oder auch in der Kirche als Bischof oder Kardinal eine große Karriere sicher gewesen. Einige Monate lang soll er sich in einem verzweifelten Zustand der Entschlußunfähigkeit befunden haben, wobei ihm auch seine körperlichen Begierden zu schaffen machten, die er als Mönch würde verleugnen müssen. Die Macht der geschlechtlichen Liebe war ihm sehr wohl bewußt, und einige Historiker sagen, daß er sich bewußt in ein Leben der Zerstreuung stürzte, um zu einer Entscheidung zu kommen. Er wußte, daß er nichts halb tun konnte – er mußte sich entweder in die Welt stürzen und sich einem Leben in Genuß und beruflichem Erfolg verschreiben, oder sich ganz Gott hinschenken.

Er traf seine Wahl, und sie war seinen Freunden und Verwandten recht unbegreiflich. Er wollte Mönch werden, was sie nicht überraschte. Während sie aber geglaubt hatten, daß er in das große Benediktinerhaus von Cluny gehen würde, wo das Leben nicht zu streng war und er genügend Zeit zum Schreiben gehabt hätte, mußten sie schockiert zur Kenntnis nehmen, daß er statt dessen beabsichtigte, in das ärmliche und unbedeutende Kloster von Cîteaux einzutreten, das in einer ungesunden Sumpfgegend lag und dafür bekannt war, daß viele der Mönche frühzeitig an Fieber oder Unterernährung starben.

Es gab einen Aufschrei des Unverständnisses. Warum wollte er sich an einem solchen unwirtlichen, krankmachenden Ort begraben, wo ihn nichts anderes erwartete als ein Leben unaufhörlicher harter Arbeit? Er selbst gab später die Antwort: «Ich zog Cîteaux nicht deshalb Cluny vor, weil ich nicht gewußt hätte, daß das Leben in Cluny vorzüglich und geordnet war, sondern deshalb, weil ich ein Wesen aus Fleisch und Blut bin, unter das Joch der Sünde gebeugt. Ich war mir bewußt, daß mein schwacher Charakter eine starke Arznei brauchte.»

Zunächst aber war der familiäre Widerstand zu stark, so daß Bernhard nachgab und einwilligte, eine endgültige Entscheidung aufzuschieben, bis er in Deutschland seine literarischen Studien beendet hätte. Dies war ein geschickter Schachzug seiner Brüder, denn die einzige persönliche Ambition, die Bernhard hegte, bestand darin, ein Schriftsteller von Rang zu werden. In der Tat heißt es, daß er alles aufgab, als er Mönch wurde, außer der Kunst, einen erlesenen Stil zu schreiben.

Er sollte Châtillon im Herbst verlassen, doch wollte er sich vor seiner Abreise von seinen Brüdern verabschieden. Die Straße, auf der er ritt, führte ihn durch die schöne Landschaft des Burgund, doch befiel ihn unterwegs plötzlich eine seltsam schmerzliche Empfindung. Seine Mutter war vor wenigen Jahren zu seinem großen Kummer gestorben, doch nun glaubte er, sie am Wegesrand stehen zu sehen, wo sie ihn mit traurigen Augen anblickte. Er sprang vom Pferd und begab sich in eine kleine Kapelle in der Nähe, aus der er als Verwandelter wieder heraustrat. Keine schriftstellerische Karriere mehr, keine Reise nach Deutschland – er wollte sich unverzüglich nach Cîteaux begeben, sich aber keineswegs von seinen Brüdern verabschieden, sondern sie mit sich nehmen!

Bernhard äußerte sich niemals über den ganzen Inhalt jener Erfahrung in der Kapelle, doch sollte er später einmal sagen: «Selig und heilig will ich denjenigen nennen, dem die Gnade zuteil wurde, in diesem sterblichen Leben wenige Male, oder auch nur einmal und dies plötzlich, für den Zeitraum eines knappen Augenblicks, solches erfahren zu dürfen. Denn sich in einer gewissen Weise zu verlieren, als ob man nicht wäre, sich seiner selbst in äußerstem Maße unbewußt zu sein und seiner selbst entleert zu werden, gewissermaßen zunichte zu werden, ist himmlischer Umgang, nicht menschlicher Affekt.»

Was auch immer er dort erlebte, es hat sein Leben völlig verändert. Seine innere Spaltung war überwunden, und er war wieder ein ganzer Mensch. Zweifellos war er gewahr geworden, daß von ihm eine Unterwerfung gefordert war, in die er nur allzugerne einwilligte. Kein Herumtändeln mehr mit Literatur und den Feinheiten geschliffenen Stils. Diese Tätigkeit war ihm im Vergleich mit dem wahren Streben seines Herzens, das ihm jetzt geoffenbart war, nur mehr eitler Wahn. Von nun an galt sein ganzes Streben unbeirrbar dem spirituellen Leben.

Eine große Tatkraft und Glut stieg in ihm auf. Er ritt nach Grancy weiter, um seine Brüder Guy und Gerard aufzusuchen, doch traf er sie dort nicht an. Sie waren ihm entgegengeritten, und sie mußten sich verpaßt haben, als er sich in der Kapelle befand. Deshalb begab er sich zu seinem Onkel Gaudry, der, von seinem Enthusiasmus angesteckt, mit ihm in das Kloster eintreten wollte. Dann wurden die Brüder Andreas und Bartholomäus ausfindig gemacht, die beide kapitulierten. Guy und Gerard wollten sich nicht so leicht geschlagen geben. Guy war verheiratet und konnte sich natürlich nicht ohne weiteres dazu durchringen, seine Familie zu verlassen. Bernhard aber sprach mit dessen Frau, woraufhin sie Guy mit Tränen in ihren Augen bat, sie in ein Frauenkloster eintreten zu lassen – Bernhards Überzeugungskraft war wirklich unwiderstehlich. So wurde Guy von seinem Eheversprechen entbunden.

Gerard verwarf zunächst alle Pläne Bernhards als unausgegoren, und man kann ihn wohl auch verstehen. Bernhard aber akzeptierte keine Hinderungsgründe und prophezeite, daß auch Gerard kommen würde. «Du verschließt dein Herz vor der Gnade Gottes», sagte er zu Gerard, «doch wird sie ihren Weg durch eine Wunde an deiner Seite finden.» Zwei Wochen später wurde Gerard, der Soldat war, an der Seite verwundet und gefangengenommen. «Von nun an bin ich Mönch von Cîteaux!», rief er aus, und man ließ ihn frei, damit er sich seinen Brüdern anschließen konnte.

Sogar Nivard, der Jüngste, ein Kind noch und zu jung für den

Mönchsstand, wollte mit ihnen gehen. «Siehe, Nivard», sagte Guy, der Älteste zu ihm, «unser ganzes Land fällt jetzt an dich allein.» Worauf der Knabe zur Antwort gab: «Wie – der Himmel soll euch zufallen und mir die Erde? Das ist nicht gerecht geteilt!» Auch er ging bald nach Cîteaux.

Bernhards Enthusiasmus war am Siedepunkt und riß nicht nur seine Brüder und mindestens zwei seiner Onkel, sondern auch viele seiner Freunde mit. Im ganzen Land waren seine Beredsamkeit und leidenschaftliche Überzeugungskraft so gefürchtet, daß «Mütter ihre Söhne und Frauen ihre Männer vor ihm verbargen». Bei der heutigen Einstellung der Gesellschaft gegenüber religiöser Glut würden wir Bernhard wohl der Gehirnwäsche anklagen und seine Jünger wieder nach Hause entführen lassen, doch durfte im Mittelalter ein junger Mensch sein religiöses Leben selbst wählen, auch wenn dies seinen Angehörigen weh tat.

So fand sich im Frühjahr 1113 eine Gruppe von mindestens dreißig Adligen, wahrscheinlich mehr, an der Pforte von Cîteaux ein.

«Was ist Euer Begehr», fragte Abt Stephen Harding dem Ritual gemäß. Bernhard antwortete für sie alle:

«Gottes Gnade und die Eure.»

Es gibt ein Netz von Ursache und Wirkung, das uns miteinander verbindet und manchmal in einer so passenden Weise wirkt, daß es uns unheimlich erscheint. Bernhard und seine Freunde kamen nämlich gerade zur rechten Zeit, um die Schließung von Cîteaux mangels Insassen zu verhindern. Eine seltsame Geschichte verband sich mit diesem Ort, eine Geschichte, die eng mit dem Gründer des Zisterzienserordens zu tun hat, dessen Name auf das Mutterhaus Cîteaux zurückgeht.

Der große Benediktinerorden, der im Jahre 529 gegründet wurde, hatte sich von Italien aus über ganz Westeuropa ausgebreitet und wurde zum Leitbild des mönchischen Ideals. Den Benediktinern wurde Verehrung und Achtung entgegengebracht. Dieser Regel des hl. Benedikt zufolge sollte jedes Kloster unabhängig und frei von einer übergeordneten Instanz sein. Als indes die anfängliche Glut und Begeisterung nachgelassen hatte, lokkerten einige Klöster ihre Praktiken, was im Laufe der Zeit zu immer größeren Mißständen führte, bis, was immer häufiger geschah, der Ruf nach einer Neuordnung laut wurde. Die Reformer, von der Glut religiösen Eifers erfüllt, gründeten meist neue Zusammenschlüsse innerhalb des Ordens, durch die sie die strenge Einhaltung der Regel wiederherzustellen und fortzuführen hofften. Zu diesen Reformern zählten die Cluniazenser im Jahre 910, die Kartäuser im Jahre 1084 und die Zisterzienser im Jahre 1100.

Die Zisterzienser entstanden, als Robert, der Abt von Molesmes in der Diözese Langres, ein glaubenseifriger und kompromißloser Mann, die laschen Regeln seiner Gemeinschaft zu straffen versuchte. Nur wenige waren bereit, sein Vorhaben zu unterstützen, wiewohl er nachdrücklich darauf verwies, daß viele Praktiken nicht mit der Regel im Einklang waren. Das Problem wurde intensiv diskutiert, doch blieb die Mehrheit bei ihrer Weigerung, einen anderen Lebenswandel anzunehmen. Die Auseinandersetzung endete damit, daß Robert das Kloster mit sechs Gefährten verließ und nach Cîteaux wanderte, einem kleinen Besitz, den ihnen der Herzog von Burgund geschenkt hatte und der beinahe aus nichts anderem als morastigem Unterholz, Sumpf und dichtem Wald bestand. Bald schlossen sich ihnen vierzehn weitere Mönche an, und sie gingen mit großer Energie daran, ein Haus zu bauen, das ihnen Obdach bot, einen Raum für ihre Gottesdienste, und sie begannen, das Land zu roden und zu kultivieren.

Ohne Robert wurden die Mißstände in Molesmes noch schlimmer, und er wurde vom Papst kategorisch zurückbeordert. Seinen Platz in Cîteaux nahm Alberic ein, und als Alberic starb, trat Stephen Harding an seine Stelle, der aus dem englischen Sherborne stammte. Stephen war ein fürsorglicher und guter Abt, doch herrschte im alltäglichen Leben strengste Zucht.

Um 2 Uhr morgens wurde die große Glocke geläutet, woraufhin sich die Mönche unverzüglich erhoben und durch die dunklen Kreuzgänge zur Kirche eilten. Dort fanden sie sich zur Mette ein, die etwa zwei Stunden dauerte. Der nächste Gottesdienst, die Laudes, folgte um die Morgendämmerung. Die Zwischenzeit (die im Winter entsprechend länger war) stand dem Mönch zu eigenen Studien oder zur Meditation zur Verfügung. Nach der Laudes widmete er sich verschiedenen religiösen Übungen, bis er sich um 9 Uhr zur Arbeit auf die Felder begab. Um 2 Uhr nahm er eine Mahlzeit ein. Bei Anbruch der Dunkelheit wohnte er der Vesper bei, und um 7 oder 8 Uhr abends, je nach Jahreszeit, beendete er den Tag mit der Complet und begab sich dann in seinen Schlafraum.

Dies war ein strenges Reglement, dessen unmenschliche asketische Härte die anderen Orden nur mit befremdetem Staunen betrachten konnten. Später freilich weckte es einen Geist der Erneuerung in der ganzen Kirche. Damals aber erschien es als nachgerade grausame Plackerei, und immer weniger fanden sich bereit, ein solches Leben auf sich zu nehmen. Die Gruppe schmolz auch durch Todesfälle zusammen, und schließlich brach auch noch eine Epidemie über das Land herein, die die von ihrem kargen Leben geschwächten Mönche wie die Fliegen dahinraffte.

«Mein Herz durchbohrt ein heftiger Schmerz», sagte Abt Stephen, «wenn ich an diese kleine Gruppe denke, die Brüder; Tag um Tag stirbt einer nach dem anderen, so daß wir nun bald dasjenige werden eintreten sehen, was ich so sehr befürchtet habe, daß unsere Kongregation aussterben und mit uns verschwinden wird.»

Genau an diesem düstersten Punkt seiner Geschichte wurde nun dem zisterziensischen Leben durch die Ankunft Bernhards und seiner Freunde in Cîteaux neues Leben eingehaucht. Mit ihrem Kommen schien sich das Schicksal zum Besseren zu wenden. Die Nachricht von dem wiedererblühten Leben in Cîteaux verbreitete sich wie ein Lauffeuer und spornte andere an, sich ihnen anzuschließen. Bald quoll die kleine Siedlung über von enthusiastischen jungen Männern, und das von ihnen in Gang gesetzte spirituelle Leben war von solcher Kraft, daß der Zisterzienserorden 40 Jahre später beim Tode Bernhards über 500 Klöster zählte, und die Menschen sagten, die ganze Welt würde noch zu Zisterziensern werden.

Zwei Jahre nach Bernhards Ankunft war die Zahl der Mönche so sehr angewachsen, daß Abt Stephen beschloß, vier neue Klöster zu gründen. Für das letzte dieser Klöster ernannte er Bernhard zum Abt. Der genaue Ort war nicht festgelegt; Bernhard durfte ihn sich selbst aussuchen, und im Jahre 1115 brach er mit zwölf Mönchen auf, darunter dreien seiner Brüder.

Etwa 120 km nördlich von Cîteaux kamen sie in ein Tal, in dem der berühmte Wermut wuchs. Das Tal war die meiste Zeit des Tages von der Sonne beschienen, und in seinem Grund wand sich ein klarer Bach dahin. Bernhard taufte es Clairvaux, das Tal des Lichts, und er begann mit seinen Mönchen unverzüglich den Bau ihres künftigen Klosters.

Wenig später brach Bernhard auf, um seine Ernennung zum Abt bestätigen zu lassen. Als Wilhelm von Champeaux, der Bischof von Chalons-sur-Marne, mit seinen Geistlichen Bernhard mit einem Gefährten ankommen sah, einem vierschrötigen mittelalterlichen Mönch namens Ebald, setzte großes Rätselraten ein, wer der Abt war, der robuste Ebald oder der feingliedrige junge Bernhard. Wilhelm aber wußte es sofort und wandte sich ohne zu zögern an Bernhard. Von da an waren sie bis zu seinem Tode sechs Jahre später enge Freunde, und die Mönche von Clairvaux fanden in Chalons eine zweite Heimat.

In dieser Zeit war ihnen auch die kleinste freundliche Hilfe hochwillkommen, denn die kleine Niederlassung besaß kein Geld oder Güter und kaum etwas zu essen. Das Land war noch nicht urbar gemacht, und die Mönche lebten von dem, was sie finden konnten – meist wilde Möhren und Beeren. Dazu gab es grobes Brot. Bernhard wollte nichts davon wissen, daß sie mehr brauchten. Die Liebe Gottes und die harte Arbeit sollte ihr tägliches Brot und Wasser versüßen, sagte er seinen Mönchen.

Für denjenigen, der einfach und anspruchslos lebt, ist in der Tat die angebliche Notwendigkeit der Abwechslung und Fülle ein trauriger Irrtum. Wenn man nichts besitzt, ist ein wenig zu essen schon ein Fest, jeder Bissen wird mit Genuß und Achtung genommen, und dies kann zu einer Empfindung der Ehrfurcht vor allem führen, was sich in der Welt manifestiert. Freilich besteht noch ein Unterschied zwischen einem kärglichen Leben und wirklichem Verhungern, und Bernhard war mit seinen Mönchen eher dem letzteren Zustand nahe.

Immer wieder waren sie in diesem ersten Jahr am Ende ihrer Mittel, und immer wieder ermahnte sie Bernhard, Vertrauen zu haben. Und in der Tat wurde ihnen stets unerwartete Hilfe zuteil. Die Kälte des Winters allerdings traf sie schwer, und der Hunger ließ ihr Vertrauen ins Wanken geraten. Es wird berichtet, daß einst, als die meisten Mönche der Verzweiflung nahe waren und darum baten, nach Cîteaux zurückkehren zu dürfen, Bernhard wegging, um zu beten. Alle Mönche hörten eine Stimme, die zu ihm sagte: «Erhebe dich, Bernhard, dein Gebet ist erhört.» Als sie hierüber noch sprachen, trat ein Mann zu ihnen und gab ihnen zehn Münzen. Wenig später kam ein weiterer Mann mit einem Geschenk von dreizehn Münzen und bat Bernhard, für seinen Sohn zu beten, der in schwerer Krankheit darniederlag. Bernhard sagte ihm, daß er seinen Sohn nach seiner Rückkehr genesen wiederfinden würde, was tatsächlich der Fall war, und seit dieser Zeit bedachte er das Kloster immer wieder mit Geschenken.

Bernhard selbst und seine Mönche fanden seine ungewöhnlichen Gaben der Prophezeiung und des Heilens ungebührlich und peinlich. Sein Onkel Gaudry war besonders skeptisch und schalt Bernhard heftig wegen seiner Anmaßung, zu glauben, daß er heilen könne – bis er eines Tages selbst krank wurde und Bernhard bat, ihm zu helfen. Bernhard sagte lächelnd, daß er es für eine große Anmaßung hielte, dies zu versuchen, woraufhin Gaudry erklärte, daß seine Worte über die Wunder nicht so gemeint gewesen wären. Wie es heißt, segnete ihn Bernhard daraufhin und heilte ihn sowohl von seiner Krankheit wie auch von seiner Skepsis. Zwar dürften viele der Berichte über Bernhard kaum eine faktische Grundlage haben, doch besaß er zweifellos ungewöhnliche psychische Gaben. Diesbezüglich brauchen wir nicht so argwöhnisch zu sein wie Gaudry. Nicht zu zweifeln brauchen wir jedenfalls an der Tatsache, daß das ganze Geheimnis des Daseins uns niemals enthüllt werden wird, und wenn auch das Reich des Psychischen für manchen nicht sinnfällig oder wichtig ist, gibt es doch viele, die es für ebenso zwingend wie hilfreich halten.

Irgendwie schaffte es die kleine Gemeinde, zu überleben. Bernhard hatte allmählich mehr Zeit, in den Kirchen der Diözese zu predigen, und sein persönlicher Magnetismus begann, die Massen anzuziehen. Die Strenge des Winters und sein eigener Hang zum asketischen Extrem sowie auch all die neuen Tätigkeiten ruinierten aber seine Gesundheit. Er erlitt einen so schweren Zusammenbruch, daß die Mönche um sein Leben fürchteten. Just zu diesem Zeitpunkt stattete ihnen Bischof Wilhelm von Champeaux einen Besuch ab. Er war ein ruhiger Mensch und erkannte, daß Bernhard einfach kräftige Kost und sehr viel Ruhe brauchte. Er vereinbarte mit dem Kapitel des Zisterzienserordens, daß man Bernhard für ein Jahr in seine Obhut gebe – was bedeutete, daß er von Bernhard absoluten Gehorsam fordern konnte. Bernhard wurde aller seiner Verpflichtungen enthoben. Man errichtete außerhalb des Klosters eine kleine Hütte für ihn, und ein Arzt kümmerte sich um ihn.

Dieser Mann wird von Bernhards Biographen – und von Bernhard selbst – als ebenso unwissend wie tyrannisch beschrieben. Es heißt jedenfalls, daß er Bernhard seltsame Dinge zu essen gegeben haben soll, wie zum Beispiel Blut statt Butter und Öl statt Wasser. Der arme Bernhard mußte täglich drei Mahlzeiten zu sich nehmen, doch kam er dadurch wenigstens wieder zu Kräften. Er nahm ohne Widerstreben die reichlichen Mahlzeiten ein, die man ihm gab, und dies mit einer für ihn typischen Begründung: er fastete gerne, und daher mußte er essen!

Bernhards Lust am Hungern wirft freilich Fragen auf. Hatte er es als Mittel zu ungewöhnlichen Bewußtseinszuständen entdeckt? Die Wissenschaft hat gezeigt, daß das Gehirn bei Nahrungsmittelentzug Halluzinationen und andere eigentümliche Zustände erzeugt, die für einen jungen religiösen Sucher höchst reizvoll sein können. Nahm Bernhard vielleicht nicht nur deshalb wieder Nahrung zu sich, um wieder zu Kräften zu kommen, sondern auch deshalb, um von den zehrenden Wonnen des Hungerns loszukommen?

Ein Jahr später hatte er sich jedenfalls so weit erholt, daß er sein Amt als Abt wieder ausüben konnte. Seine Verdauung war jedoch für den Rest seines Lebens gestört, und er mußte immer eine Schüssel neben sich haben, in die er sich erbrechen konnte.

In den darauffolgenden acht oder neun Jahren stand er mitten im Leben, unterwies seine Mönche, predigte und begründete dasjenige, was man später als das Goldene Zeitalter von Clairvaux bezeichnete. Menschen aus ganz Europa strömten herbei, um ihn zu sehen. Was war es, das sie so sehr an den Lehren Bernhards anzog?

Seine Lehre war im wesentlichen eine Lehre vom Freiwerden – von einer dreiteiligen Freiheit, in der der Mensch sich selbst findet, er selbst wird und sich selbst als eins mit Gott erkennt: «Es suche der Mensch seine vorzüglichsten Güter in jenem Teil von sich selbst, der über ihm ist, das heißt in der Seele, in der er Würde, Wissen und Tugend hat. Mit Würde im Menschen meine ich den freien Willen, durch den er nicht nur alle übrigen lebenden Geschöpfe überragt, sondern es ihm gewiß gegeben ist, auch über sie zu herrschen; mit Wissen dasjenige, wodurch er weiß, daß diese Würde in ihm, wiewohl nicht aus ihm selbst ist; mit Tugend dasjenige, durch das er eifrig Ihn sucht, von dem er sein Sein hat, und kräftig an ihm Ihm festhält, wenn er ihn Ihn gefunden hat.»

Was entdecken wir, wenn wir uns selbst betrachten? Nicht nur die Freuden des Leibes, sondern auch die Größe des Geistes. Bernhard wählte das Wort *Dignitas,* um jene grundlegende Fähigkeit zu beschreiben, zu empfangen und zu geben, in Verantwortlichkeit und Güte zu handeln, mit der Welt, wie sie ist, in Harmonie zu sein – alles Dinge, die den freien Menschen auszeichnen.

Was bedeutet es aber, wenn der Mensch sich frei nennt? Für Bernhard bedeutete es dreierlei: klug zu handeln, zu wissen, daß man seine Freiheit, zu handeln, nicht aus sich selbst schafft, sondern daß diese aus einer transzendenten Quelle herstammt, und schließlich, nach dieser Quelle als seiner wahren Identität zu suchen.

Wenn wir ohne das Wissen handeln, daß wir frei sind, verhalten wir uns wie Zombies. «Der in Ehren geschaffene Mensch, der diese Ehre nicht versteht, verdient ob solcher Unwissenheit mit dem Vieh gleichgesetzt zu werden, das mit ihm seine gegenwärtige Verderbtheit und Sterblichkeit gemein hat. Deshalb kommt es dahin, daß ein mit der Gabe der Vernunft ausgezeichneter Mensch, der sich nicht selbst erkennt, der Herde der vernunftlosen Wesen zugetrieben wird, denn er paßt sich in Unkenntnis seiner eigenen inneren Herrlichkeit im Äußeren den Sinnesdingen an und wird von seiner eigenen Neugierde fortgerissen; er wird einer von den übrigen, weil er nicht begreift, daß er etwas empfangen hat, was ihn über die übrigen hinaushebt.»

Dies ist die Welt des Leidens, in der der Mensch sich mit allem Äußeren identifiziert und sich nur mit den Augen anderer sieht. Die Welt ist dann für ihn *zu* wirklich, und in Unkenntnis seiner eigenen freien Wesensnatur bindet er sich an jegliches Objekt und wird von jedem flüchtigen Augenblick fortgerissen.

Er steht fortwährend am Rande eines zweifachen Abgrunds. Entweder er begreift die ihm angeborene Freiheit nicht und verhält sich so, als ob er keine hätte; oder er ist sich ihrer bewußt, erkennt aber ihren Ursprung nicht oder vernachlässigt diesen. In ersterem Fall erkennt er sein wahres Menschsein nicht, in letzterem ist er einem egozentrischen Dünkel verfallen.

«Deshalb müssen wir uns sehr vor dieser Unkenntnis hüten, durch die wir geringer von uns denken, als wir sind; nicht weniger aber, sondern mehr noch müssen wir uns davor hüten, zu hoch von uns zu denken; dies geschieht, wenn wir der Täuschung verfallen, wir hätten etwas Gutes aus uns selbst in uns ... Diese Anmaßung ist noch gefährlicher als jene erste Unwissenheit, denn dort war Gott unerkannt, während er hier abgelehnt wird; dieses ist schlimmer und verwerflicher als jenes, denn dort wurden wir Gesellen des Viehs, während wir hier Gesellen der Dämonen sind. Gewiß ist es Hochmut und die größte der Sünden, mit Geschenken so umzugehen, als gehörten sie uns natürlicherweise, und die Herrlichkeit des Wohltäters in den empfangenen Wohltaten uns selbst zuzumessen.»

Der erste Irrtum des Menschen besteht also darin, daß er seine eigene Freiheit nicht erkennt. Noch verheerender als dieser Fehler aber ist es, seine Freiheit zu erkennen und sich ihre Vorzüge selbst zugute zu halten – hierdurch versagt sich der Mensch selbst das ganze Wunder und Geheimnis des göttlichen Ursprungs. Dies ist für Bernhard und für viele andere katholische Mystiker der wirkliche Sündenfall der Menschheit, daß wir selbstherrlich auf etwas stolz sind, was wir nicht geschaffen haben, und das nicht unser Besitz ist. Bernhard hätte wohl der *Bhagavadgita* zugestimmt: «Das weltliche Handeln ist so lange ein Gefängnis, bis das Handeln zur Ehre Gottes geschieht. Deshalb muß man jegliche Handlung als Sakrament verrichten und frei von aller Verhaftung an die Ergebnisse sein.»

Es war ein wesentlicher Teil von Bernhards Lehre (und er sagte immer wieder, daß er nichts lehrte, was nicht schon zuvor dargelegt worden wäre), daß es die größte Pflicht des Menschen sei, sich zu Gott zu wenden und seine eigene Wirklichkeit zu entdekken – der dritte Teil des Handelns aus Freiheit. Für Bernhard war dies eine bewußte und wunderbare Pflicht, doch kann man es auch als einen Antrieb sehen, der die Wurzel vieler unserer eigenen Handlungen ist. C. G. Jung sagte einmal, daß alle Probleme, mit denen man zu ihm kam, im Grunde religiöse Probleme waren, und man darf annehmen, daß wir von Anfang an auf der Suche nach jener wahrhaftigsten aller Wonnen und Erfüllungen sind, die sich nur dann einstellt, wenn die Empfindung des «Ich» aufgegeben wurde.

Wie kann nun nach Bernhard eine solche Entdeckung geschehen? Vor allem durch Selbstlosigkeit und Liebe.

«Gott, der in seiner einfachen Substanz überall gleichermaßen ist, ist doch in seinem Wirken in vernunftbegabten Geschöpfen anders als in anderen, und in den Guten wiederum anders als in den Bösen. In vernunftlosen Geschöpfen ist er in einer Weise, daß er von diesen nicht begriffen werden kann; von allen vernunftbegabten Geschöpfen kann er aber durch Erkenntnis begriffen werden, doch wird er nur von den Guten auch durch Liebe begriffen. Nur in den Guten ist er also in einer solchen Weise, daß er bei ihnen auch durch den Gleichklang des Willens ist; da sie ihren eigenen Willen der Gerechtigkeit unterwerfen, so daß es Gottes nicht unwürdig ist zu wollen, was sie wollen, sind sie in besonderer Weise mit Gott verbunden, indem sie nicht von seinem Willen abweichen.»

Für Bernhard war es also die wesentliche Übung seines Lebens, seinen eigenen Willen mit einer Unbedingtheit und Vorbehaltlosigkeit, die Gott keinem geschaffenen Ding jemals geben könnte, auf die Liebe zu Gott (dasjenige, was wir auch die Essenz und die Wirklichkeit unseres Lebens nennen können) auszurichten. Hier sehen wir uns in einem Spiegel. Wenn wir es nur vermögen, uns von der Welt der Dinge abzuwenden, und sei es noch so kurz, begegnen wir einer inneren Stille und Tiefe, in der eine neue Welt innerhalb der bekannten Welt aufscheint. In allen Dingen wird vor unserem üblichen grauen Hintergrund der Frustration, Langeweile und Verzweiflung Bedeutung und Sinn sichtbar. Diese Anstrengung auf sich zu nehmen – das ist es vielleicht, was Gottes-Dienst wirklich bedeutet. «Dies allein ist wahre Erkenntnis, in der man sich selbst im Verhältnis zu jener Wirklichkeit erkennt, Frieden erlangt und seiner Identität mit ihr gewahr wird» (Ramana Maharshi).

Es hätte Bernhard wohl interessiert, daß es nach den neuesten Erkenntnissen der Quantenphysik auch auf der subatomaren Ebene Wahlfreiheit gibt (manche würden es vielleicht sogar Willensfreiheit nennen), weil man atomare Prozesse nur mit Hilfe der Wahrscheinlichkeitsstatistik, niemals eindeutig, beschreiben kann. Daher formulierte der Physiker H. P. Stapp die Überzeugung: «Ein Elementarteilchen ist keine unabhängig existierende unanalysierbare Einheit. Es ist im Grunde ein Gefüge von Beziehungen, die nach außen auf andere Dinge übergreifen.»

In einem Experiment mit Photonenpaaren wurde die Bahn eines Photons an einem Polarisator so abgelenkt, daß das andere nicht «wissen» konnte, was sein Partner tat. Die Messungen ergaben aber, daß das Teilchen im Bereich B zum Zeitpunkt des Ereignisses irgendwie «wußte», daß sich der Zustand seines räumlich getrennten Partners im Bereich A geändert hatte, und *seinen Zustand entsprechend veränderte* – dies ist zumindest die Schlußfolgerung, die der Physiker David Bohm zieht.

Dies kann man beinahe als Akt des freien Willens bezeichnen, und in der Tat glaubt der Physiker E. H. Walker, daß das Bewußtsein die Erklärung unserer Welt ist: «Alle quantenmechanischen Prozesse könnten mit Bewußtsein zu tun haben ...; da alle Geschehnisse letztlich das Ergebnis eines oder mehrerer quantenmechanischer Ereignisse sind, ist die Welt von einer fast unbeschränkten Zahl diskreter, bewußter, meist nicht denkender Entitäten ‹bewohnt›, die für das Weltgeschehen im einzelnen verantwortlich sind.»

Bernhards (wie einst des Buddhas) Anliegen war es, daß die Menschen zu voller Bewußtheit und zu der Einsicht gelangen sollten, daß die Anstrengung des freien Willens, der Selbsttranszendenz, nicht nur unbedingt geboten, sondern auch psychologisch sinnvoll ist. In dieser Weise sollten sie allmählich ihrer vollen Verwirklichung entgegenwachsen.

Zunächst müssen sie, so Bernhard, sich ihrer eigenen Verfassung bewußt werden – daß sie notwendig an den Körper gebunden sind und die erste Liebe, die sie erfahren, sich auf sie selbst bezieht. Diese Liebe nannte er «fleischlich» oder «leiblich», und er selbst definierte sie, wie folgt: «Fleischliche Liebe ist diejenige Liebe, durch die der Mensch sich um seiner selbst willen und über alles liebt.» In der Tat ist uns diese Liebe angeboren, und zumindest in unseren ersten Jahren haben unsere eigenen Bedürfnisse stets Vorrang. Kleine Kinder sind ganz mit sich selbst beschäftigt, und dieser schlichte Egoismus hat seine eigene Unschuld und seinen eigenen Platz und ist frei von aller Verderbtheit.

Deshalb ist für Bernhard die natürliche Verfassung des Menschen, wiewohl ein Zustand der Unwissenheit, nicht an sich ungesund, und solange der Mensch nicht über die Grundbedürfnisse seines Lebens hinausgeht, wird auch seine Seele rein sein. Wenn er aber beginnt, Genuß um seiner selbst willen zu suchen, Annehmlichkeiten, die weit von aller Notwendigkeit entfernt sind, wird seine Reinheit verderbt.

An diesem Punkt von Bernhards Lehre geraten wir auf das schwierige Terrain der christlichen Lehre vom Sündenfall – schwierig deshalb, weil das christliche Dogma in seiner Aussage keineswegs klar ist. Grundsätzlich scheint das Christentum von einem einstmaligen Zustand der Vollkommenheit auszugehen, in dem der Mensch zwar vom Gottesgrund getrennt war, aber an Herz und Seele mit ihm noch eins und in seinem Handeln und seiner Selbstunbewußtheit sündenlos war. Nach dem Sündenfall und dem Übergang von der Durchsichtigkeit zu trüben, selbstsüchtigen Motiven war dieser Zustand der Vollkommenheit vorbei, und der Sündenfall selbst wurde dadurch ausgelöst, daß der Mensch die Liebe zu sich selbst über die Liebe zu Gott stellte. Zwar blieb ihm das Bildnis Gottes – der innerste Teil von uns selbst –, das ihm eingeboren ist, doch verlor er die äußerliche Ähnlichkeit mit Gott.

Die meisten Religionen kennen einen Sündenfall. Im Buddhismus wird er mit einem Tanz verglichen, bei dem der Tänzer sich seiner selbst als getrennt vom Tanz bewußt wird; dabei spalten sich die Person, die Musik und der Tanz voneinander ab, was schließlich zu der Überzeugung des Tänzers führen kann, daß er der Beherrscher des Tanzes sei.

Der Bericht des Sündenfalls war Bernhard außerordentlich wichtig. Er glaubte, daß die Liebe zum Gottesgrund und die Einheit mit ihm der grundlegende natürliche Zustand des Menschen ist, denn so ist er geschaffen; wenn er dieses tiefinnere Bild leugnet, handelt er wider seine ganze Natur. «Die Seele erbettelt ihr

Brot von einem anderen, weil sie vergessen hat, wie sie ihr eigenes essen soll; sie jagt den Dingen der Erde nach, weil sie nicht über die Dinge des Himmels nachsinnt.» Der Sündenfall geschah also nach Bernhards Auffassung aus dem Verlangen nach einem Eigensein, und genauso sehen es auch andere Religionen.

Er fährt fort: «Die Tatsache, daß die Schrift von unserer gegenwärtigen *Ungleichheit* mit Gott spricht, bedeutet nicht, daß die Gleichheit zerstört wurde, sondern daß ihr etwas anderes übergestülpt wurde, wodurch sie verborgen ist. Die Seele hat offensichtlich nicht ihre ursprüngliche Gestalt abgelegt, sondern eine neue übergestreift, die ihr fremd ist. Die letztere wurde hinzugefügt, ohne daß die erstere verlorengegangen ist, und auch wenn das Übergestülpte die natürliche Gestalt zu verbergen vermochte, konnte es sie doch nicht zerstören. Der hl. Paulus klagt, daß das Gold seinen Glanz verloren hat und daß die köstlichste Farbe verdunkelt wurde; aber das Gold ist immer noch Gold, und die ursprüngliche Grundlage der Farbe wurde nicht ausgelöscht. Deshalb bleibt die Einfachheit der Seele in ihrem Wesen wahrhaftig ganz, wenn auch diese Ganzheit nicht mehr sichtbar ist, da sie durch des Mensch Lug, Anmaßung und Heuchelei verdeckt ist.»

Wie bringt man die Dinge wieder in Ordnung? Es gibt seit jeher zwei Verfahren, die irregeleiteten Begierden des Menschen zurechtzurücken, insbesondere diejenigen, durch die er sich selbst an die Stelle des Gottesgrundes setzen möchte, und diejenigen, die sein eigenes Ich zum Mittelpunkt der Welt machen. Der eine Weg besteht darin, diese Begierden zu zerstören oder durch große Anstrengungen der Selbsterziehung auszulöschen, so daß der Mensch schließlich eine große Selbstdisziplin erwirbt, womit oft die Vorstellung verbunden ist, daß er durch diese Willensanstrengung in einer künftigen Welt oder einem künftigen Leben einen höheren Platz einnehmen wird. Die Gefahr dieses Weges besteht darin, daß er Macht verleiht und das Ich sich aufzublähen droht. Der andere Weg besteht in einer Transformation der Begierden selbst. Dies ist der Weg der Machtlosigkeit, weil er darauf baut, daß der Gottesgrund, das angeborene Wahrheits- und Wirklichkeitsempfinden des Menschen, ihm zu Hilfe kommt und alles Falsche tilgt. Man könnte sagen, daß der eine Weg auf dem Vertrauen nur in sich selbst, der andere auf dem Vertrauen in dasjenige beruht, was jenseits des Menschen selbst ist (in dem Sinne, daß es zwar angeborener Teil des Menschen ist, zu dem man aber keine Fühlung mehr hat). Bernhard entschied sich für den letzteren Weg.

«Wie ein Tropfen Wasser, der mit Wein vermischt wird, sich gänzlich seiner selbst entäußert und den Geschmack und die Farbe des Weins annimmt; wie ein entzündetes und glühendes Eisen ganz dem Feuer ähnlich wird, indem es seine frühere und natürliche Form ablegt, und wie die Luft, wenn sie vom Licht der Sonne durchflutet wird, dieselbe Klarheit des Lichtes annimmt, so daß sie nicht nur erleuchtet, sondern wie Licht selbst erscheint – so wird dann notwendigerweise alle menschliche Affektion ... in einer unaussprechlichen Weise von selbst hinschmelzen und ganz in den Willen Gottes überfließen.»

«Wer ist Gott?» fragt er, und mit seiner Fragestellung beeinflußte er das Denken späterer Mystiker wie Meister Eckhart und des Verfassers der *Wolke*. «Ich wüßte keine bessere Antwort als: Er, der ist. Nichts ist der Ewigkeit angemessener, die Gott ist. Wenn man Gott gut, selig, weise oder irgendetwas ähnliches nennt, ist das in diesen Worten, daß Er ist, schon enthalten.»

Bernhard glaubte, daß die Ruhelosigkeit, die der Mensch immer an sich trägt, auf die Tatsache zurückzuführen ist, daß er unbewußt nach demjenigen sucht, was besser ist als alles, was er in der Welt finden kann – sein «Sein». Sein Suchen ist unvermeidlich, und unvermeidlich ist das Trümmerfeld, das er hinterläßt, denn die Liebe, die er geben möchte, ist keinem endlichen Objekt zuträglich. Wenn dieselbe ruhelose Energie aber in die richtige Richtung gelenkt wird, kann sie ihm helfen, die Erfüllung zu finden, nach der er sich sehnt.

«Freiheit», sagt Harry Williams, «besteht nicht in der Möglichkeit, das Falsche zu wählen, sondern in der Möglichkeit, zu sein, was wir sind.»

Der Mensch ist ein Heimatloser, sagt Bernhard, weil er nicht mehr im Land seiner Geburt wohnt. Er hat sich selbst von dort, wo er wie Gott war, dorthin vertrieben, wo er ihm unähnlich ist, und damit den Himmel gegen die Hölle eingetauscht. Durch den rechten Gebrauch des freien Willens aber kann man diesen Prozeß umkehren. Unähnlichkeit kann das grundlegende Bildnis Gottes nicht auslöschen, nach dem wir alle geformt sind (wie eine Krankheit nicht die Gene zunichte macht, die uns prägen). Die Abspiegelung Gottes in uns kann verdunkelt, aber nicht zerstört werden. Die *Gleichheit* mit Gott aber kann verborgen sein und verlorengehen, wenn der Wille sich auf die Welt richtet und wir nicht mehr in der rechten Weise lieben und statt dessen um uns selbst zu bangen beginnen. «Die vollkommene Liebe macht unsere Angst zunichte», und man kann gewiß sagen, daß die vollkommene Angst unsere Liebe zunichte macht. Trotz aller Entstellungen der Angst und des Hasses, der Gier und der Täuschung kann aber das uns eingeprägte Gottesbild nicht ausgelöscht werden, und deshalb sehnen wir uns nach wie vor nach dem Gottesgrund. Die Liebe kann immer noch Angst und Haß überwinden, und wir haben nach wie vor die Freiheit, unsere Wahl zu treffen – wenn wir uns mit unserem freien Willen dafür entscheiden, unserem angeborenen Gottesbild treu zu sein.

«Für mich heißt Heiliger zu sein, ich selbst zu sein. Deshalb besteht das Problem der Heiligkeit und Erlösung letztlich darin, herauszufinden, wer ich bin, und mein eigenes Selbst zu entdekken», sagt Thomas Merton, ein Zisterzienser unserer Zeit. Er fährt fort:

«Bei Bäumen und Tieren ist es ganz einfach. Gott schafft sie, wie sie sind, ohne sie zu fragen, und sie sind vollkommen zufrieden.

Bei uns ist es anders. Gott läßt uns sein, was wir sein wollen. Wir können wir selbst sein oder auch nicht, ganz wie es uns gefällt. Es steht uns frei, realistisch zu sein oder unrealistisch. Wir können aufrichtig oder falsch sein – es liegt bei uns. Wir können jetzt die eine Maske und dann eine andere tragen und niemals, wenn wir das für richtig halten, mit unserem eigenen wirklichen Antlitz auftreten. Aber wir können diese Entscheidungen nicht ungestraft treffen. Ursachen haben Wirkungen, und wenn wir uns selbst und andere belügen, können wir nicht erwarten, Wahrheit und Wirklichkeit immer dann vorzufinden, wenn wir sie gerade brauchen. Wenn wir uns für den Weg der Falschheit entschieden haben, dürfen wir nicht überrascht sein, daß uns die Wahrheit entschlüpft, wenn wir letztlich doch auf sie angewiesen sind.»

«Was wirklich dein ist, ist zeitlos und taucht aus der Zeitlosigkeit auf», sagt Bernhard. «Warum fügst du deiner Seele eine fremde Form hinzu, eine Verunstaltung, die ihr fremd ist? Denn diese fremdartige Form, die du von dir Besitz ergreifen ließest, fürchtest du jetzt zu verlieren; diese Furcht aber ist wie eine Farbe, die den freien Willen befleckt, ihn unter sich verbirgt und ihn sich gleichmacht. Wieviel würdiger wäre es deines Ursprungs, wenn du nichts wünschtest, so daß du nichts fürchten müßtest, wenn deine Seele, indem du so deine angeborene Freiheit vor knechtischer Furcht behütest, ihre ursprüngliche Schönheit und Kraft behielte.»

Wie finden wir nun unsere angeborene Freiheit?

Erstens, sagt Bernhard, indem wir sie anerkennen. Dabei sah Bernhard – wie vor ihm der Buddha – das Verlangen nach einer Existenz aus eigener Vollmacht als die Hauptursache des Leids. – «Im Herzen schwärt ein zweifacher Aussatz: unser Eigenwille und unser Eigenurteil. Unseren Eigenwillen nenne ich denjenigen, der nicht zugleich auch derjenige Gottes und anderer Menschen ist, sondern ausschließlich der unsrige – wenn wir also unseren Willen nicht zur Ehre Gottes tun, nicht zum Vorteil unseres Nächsten, sondern nur um unserer selbst willen. Eigenwillen heißt Dinge zu wollen, die nicht darauf gerichtet sind, Gott wohlgefällig oder für unsere Brüder von Nutzen zu sein, sondern nur auf die Befriedigung eigensüchtiger Antriebe unserer eigenen Seelen. Diesem Übel genau entgegengesetzt ist die Barmherzigkeit, und die Barmherzigkeit ist Gott.»

«Der Eigenwille ist daher stets in einem Zustand unversöhnlicher Feindschaft gegenüber Gott und führt ständig den unerbittlichsten Krieg gegen ihn. Was verabscheut und straft Gott also mehr als den Eigenwillen? Wenn der Eigenwille aufhören würde, gäbe es keine Hölle mehr. Welcher Brennstoff würde denn ihre Flamme nähren, wenn es keinen Eigenwillen mehr gäbe? Selbst wenn wir in diesem Leben Kälte, Hunger oder ähnliche solche Dinge empfinden, wer empfindet denn das Leid, wenn nicht der Eigenwille? Wenn wir willentlich diese Versuchungen ertragen, wird unser Wille zum *geeinten Willen.* Was wir unseren eigenen Willen nennen könnten, ist eigentlich eine Art Krankheit und Verderbnis des wahren Willens; dieses verderbte Element wird Opfer jeglicher Art von Leiden sein, bis es letztlich verzehrt ist.»

Gehe hinein in dein Leid, und sei eins mit ihm – dies ist der Ratschlag Bernhards. Versuche nicht, es zu vermeiden oder ihm zu entgehen, denn dies ist die ablehnende Haltung des Eigenwillens. Wenn du Kälte oder Hunger empfindest, *empfinde sie wirklich.* Ergib dich in sie, und fühle sie, um ihrer selbst willen.

Unsere Ängste hindern uns meist daran, das Leben ganz zu erfahren. Wir halten uns künftige Ereignisse vor Augen und entwickeln Ängste, bevor es überhaupt soweit ist, und fügen dadurch dem ursprünglichen Problem ein weiteres hinzu. Menschen, die plötzlich in einer Gefahr standen, sagen oft, daß sie gar keine Zeit hatten, Angst zu haben. Unsere Angst ist am stärksten, wenn wir uns Angst vorstellen. Bernhard aber sagt uns, daß dieser seelische Zustand durch den Eigenwillen zustande kommt, der unangenehme Erfahrungen ablehnt, und daß sich dieser Eigenwille ändern und uns wesensgemäßer werden kann, wenn wir dasjenige willentlich akzeptieren, was uns begegnet – der Eigenwille wird dann zum geeinten Willen. Der geeinte Wille meint nach Bernhard das Einssein mit dem wahren und gewöhnlichen Zustand, wie er im Menschen angelegt ist.

Der Philosoph Gurdjieff bezeichnet diesen geeinten Zustand als die «Essenz»: «Wenn wir von innerer Entwicklung und innerem Wandel sprechen, sprechen wir vom Wachstum der Essenz.

Dabei geht es nun nicht darum, etwas Neues zu erwerben, sondern Verlorenes wiederzugewinnen und neu aufzubauen...» Die Essenz ist die wahre Individualität, heißt es bei ihm weiter, und diese ist bei den meisten Menschen fast völlig verschüttet.

In taoistischer Sichtweise stellen wir, wenn wir uns dem *Weg* unterwerfen, den Einklang mit dem Dasein her, und was bisher ein Problem war, ist plötzlich keines mehr. Wir frieren oder hungern, oder wir sind traurig oder frustriert, doch wirft uns dies nicht aus der Bahn, weil wir eins mit diesen Empfindungen sind. Wir haben unseren Zustand akzeptiert, statt ihn abzulehnen, und wenn die Angst von uns gewichen ist, gibt es kein Aufbegehren und keine Panik mehr. Wenn man eine Situation wirklich ganz akzeptiert, wie schrecklich sie uns in ihrer vorgestellten Form auch erscheinen mag, haben wir den größten Teil des damit verbundenen Leids bereits überwunden.

In Bernhards Augen ist das Hinnehmen unser natürlicher Zustand, das Aufbegehren des Eigenwillens aber die Perversion dieses Zustands. Für ihn war der Wille zweifellos unsere höchste Fähigkeit, und der höchste Zustand des Willens war seine Vereinigung mit dem Gottesgrund. Eine solche Vereinigung geschieht ihm zufolge dann, wenn wir unseren geeinten Willen wiedererlangt haben, wenn wir in natürlicher Weise uneigensüchtig und liebevoll mit einer spontanen Freiheit sind, die doch unsere wahre innere Natur ist. So stellt sich, wie Merton bemerkt, der Kern der zisterziensischen Mystik als die Wiederherstellung der Integrität der menschlichen Natur dar – was für Bernhard die freiwillige Unterwerfung unter die benediktinische Regel bedeutete.

Die Erkenntnis unserer Entscheidungsfreiheit war der Tenor von Bernhards Lehren, der zur Grundlage der ganzen zisterziensischen Praxis wurde. Zu *erkennen* – im größten und tiefsten Sinne des Wortes –, wer und was wir sind, heißt Freiheit in unserer wahren Identität zu finden und als erfüllte Menschen zu leben.

«Wir werden Kontemplative», sagt Thomas Merton, «wenn sich Gott in uns entdeckt. Um Gott zu erkennen und zu lieben, wie er ist, muß Gott uns in einer neuen Weise einwohnen, nicht nur in seiner Schöpferkraft, sondern auch in seiner Gnade, nicht nur in seiner Größe, sondern auch in seiner Kleinheit, durch die er sich entleert und auf uns herabkommt, um in unserer Leere leer zu sein, und so erfüllt er uns mit seiner Fülle. Die Entdekkung meiner Identität beginnt und vollendet sich in diesen Aufgaben, denn in ihnen beginnt Gott, der in sich das Geheimnis dessen trägt, was ich bin, in mir nicht nur als mein Schöpfer, sondern als mein anderes und wahres Selbst zu leben.»

Er fügt hinzu: «Menschen, die nichts von Gott wissen und deren Leben auf sie selbst zentriert ist, meinen, daß sie nur dann zu sich selbst finden können, wenn sie ihre eigenen Wünsche und Begierden im Kampf mit der übrigen Welt durchsetzen können. Sie möchten sich verwirklichen, indem sie sich über andere Menschen aufwerfen, indem sie sich einen Anteil an dem begrenzten Vorrat an Geschaffenem sichern und dadurch den Unterschied zwischen ihnen und anderen Menschen betonen, die weniger als sie selbst oder gar nichts haben. Sie können sich ihre Selbstverwirklichung nicht anders vorstellen, als daß sie sich von anderen Menschen abtrennen und eine Schranke der Gegensätzlichkeit und Unterscheidung zwischen sich und anderen Menschen aufrichten. Sie wissen nicht, daß die Wirklichkeit nicht im Getrenntsein, sondern in der Einheit zu suchen ist, denn wir sind ‹Glieder voneinander›.»

Bernhard hätte Merton gewiß aus ganzem Herzen zugestimmt. Indem er eine Analyse der menschlichen Verfassung zur Grundlage seiner Lehre machte, wurde er von allen Menschen überall verstanden. Kein Wunder, daß er so bekannt und beliebt war. Er sprach stets unmittelbar zum Herzen der Menschen, und dies oft in Worten, wie sie heute nur mehr wenige zu gebrauchen wagen.

«Schämt ihr euch nicht, euer Haupt zu erheben, die ihr nicht wagt, euer Herz zu erheben, aufgerichteten Leibes zu stehen, da eure Begierde über die Erde kreucht? ... Und doch, da ihr nach dem Bild und Gleichnis Gottes geschaffen seid, ist euer Leben, das durch den Verlust dieser Gleichheit den Tieren ähnlich geworden ist, noch immer das Leben von Gottes Bildnis. Auch wenn ihr nicht einmal dann, als ihr noch in eure Größe gekleidet wart, begriffen habt, daß ihr Schleim der Erde wart, vergeßt nun wenigstens jetzt nicht, da ihr in den Schleim des Abgrunds gesunken seid, daß ihr das Bildnis Gottes seid, und schämt euch, daß ihr es mit einer fremden Gleichheit überzogen habt. Besinnt euch auf euren Adel, und seid beschämt über eure Abtrünnigkeit. Vergeßt eure Schönheit nicht, und ekelt euch desto mehr vor dem, was ihr Scheußliches an euch tragt.»

«Besinnt euch auf euren Adel... Vergeßt eure Schönheit nicht...» – durch die Liebe zu Gott und die Freude an der Güte sollten die Menschen ihren Sinn ändern. Mitleid sollte an die Stelle von Furcht treten, ein Mitleid, das man durch große Demut erlangt. Die Demut war Bernhards großes Thema, über das er immer wieder schrieb. Sie war nicht nur das Mittel, um sich für die Klarheit des Gottesgrundes zu öffnen, sondern auch der Weg zu einer praktizierten Freigebigkeit gegenüber der Welt. Diese erfolgte für Bernhard in Form der Wohltätigkeit gegenüber den Armen. In seiner stürmischen und feurigen Art gab Bernhard nicht nur selbst alles hin, sondern verlangte auch von anderen, dies zu tun. Er richtete bitterböse Briefe an die Äbte von Cluny und warf ihnen hemmungslosen Luxus vor. Seine Einwendungen gegen ihre Architektur, die reichen Plastiken und liturgischen Gewänder hatten intellektuelle wie auch moralische Gründe: «Eine so große und wunderbare Vielfalt unterschiedlicher Formen begegnet dem Auge, daß man versucht ist, in den Marmorsteinen statt in den Büchern zu lesen, den lieben langen Tag eine dieser Schnitzereien nach der anderen zu betrachten, statt über das Gesetz Gottes nachzusinnen.»

Hier begegnen wir dem puritanischen Bernhard, dessen Auffassung wir nicht unbedingt teilen müssen (er schrieb dies in jugendlichem Alter). Denn ohne Zweifel sind die Sinne ebenso wie der Verstand Pforten zum Gottesgrund. Optische Schönheit kann uns dem Mysterium näherbringen, ebenso der Zauber der Musik.

Man darf vielleicht sagen, daß Bernhards Empfindsamkeit für die ihn umgebende sichtbare Welt nur gering ausgebildet war – er lebte sehr in der begrifflichen Welt. Es wird berichtet, daß ihm einmal der Vorwurf gemacht wurde, daß er im ganzen Land Armut predige, selbst aber ein edles Pferd mit einer prächtigen, golddurchwirkten Brokatschabracke ritt. Er war hierüber sehr erstaunt und sagte, daß er es nicht bemerkt habe – er hatte nie auf sein Pferd geachtet! Von da an ritt er ein einfacheres Tier.

Einfach waren auch seine Kirchen, schlicht gebaut und bar allen Schmucks: «Prächtig sind die Mauern der Kirche, doch ihre Armen leiden Not», schleuderte er den Äbten von Cluny entgegen. «Sie umkleidet ihre Steine mit Gold und läßt ihre Kinder nackt einhergehen. Die Augen der Reichen schwelgen zu Lasten der Armen. Die feinen Leute finden die Mittel, um ihrem Behagen zu frönen, während die Elenden nichts haben, um ihren Hunger zu stillen.»

Hinter all diesen zornigen Anklagen stand der edle Gedanke, daß alle Menschen mit gleichen Bedürfnissen geboren sind, und daß für jeden genug da wäre, wenn jeder nur entsprechend diesen Bedürfnissen lebte. Er konnte heftig zürnen. Sein eigenes Leben war karg bis zur völligen Mittellosigkeit. In Hungerszeiten speiste er die Menschen in der Gegend. Er rief seine Mönche auf, sich aller Dinge zu entledigen und so ihren Nächsten wirklich wie sich selbst zu lieben.

Lieben bedeutete für Bernhard geben, und die höchste Liebe war es, alles bedingungslos wegzuschenken. In diesem Akt tat sich ein neuer Seinszustand auf, den er als Verschmelzung der Seele mit Gott bezeichnete. Dieser Zustand überstieg alles Vorstellen und Begreifen, und Dinge wie mystische Träumereien oder übernatürliche Visionen hatten bei ihm keinen Platz. Es war ein Zustand reiner Angleichung, und in diesem Gleichwerden erblickte Bernhard das Ziel der spirituellen Reise des Pilgers. Je gottähnlicher der Mensch wird, desto mehr gelingt ihm die Einung mit dem Gottesgrund, mit der inneren Natur des Daseins selbst. Sich selbst zu lieben heißt also, wenn man einmal erkannt hat, wer man wirklich ist, sich mit der Wirklichkeit zu verbinden, die man selbst ist. Sich selbst zu erkennen heißt, sich als Gott, als Mysterium, den Gottesgrund, das Unbedingte, das Absolute zu erkennen. Dadurch wird letztlich das Geschöpf nicht abgeschafft, sondern transformiert, vollendet und verwirklicht.

«Liebe sucht keine Ursache außerhalb ihrer selbst und keine Frucht», sagt Bernhard. «Sie ist ihre eigene Frucht, ihr eigener Genuß. Ich liebe, damit ich lieben kann ... von allen Regungen und Bewegungen der Seele ist die Liebe die einzige, durch die das Geschöpf, wenn auch nicht als Gleichberechtigtes, mit dem Schöpfer einen Handel schließen und ihm etwas zurückgeben kann, das dem ihm Gewährten ähnlich ist ... Wenn Gott liebt, will er wiedergeliebt werden, weil er weiß, daß die Liebe alle glücklich machen wird, die ihn lieben.»

«Gut bist du, o Herr, zu der Seele, die dich sucht: was bist du aber demjenigen gegenüber, der dich findet? Doch Wunderbares ereignet sich hier: niemand kann dich suchen, der dich nicht zuerst gefunden hat. Deshalb willst du gefunden werden, damit du gesucht werden kannst, gesucht, damit du gefunden werden kannst.»

«Er küsse mich mit dem Kuß seines Mundes», zitiert er aus dem Hohenlied (einige seiner besten und erlesensten Passagen finden sich in seinen Predigten über das Hohelied). Der Kuß von Gottes Mund ist für Bernhard, was der «Geschmack Gottes» für Eckhart ist. Dies ist die Erfahrung, die alle Beschreibung übersteigt. Hierin erweist er sich als wahrer Mystiker, insofern er keine Abstraktionen will, sondern die Sache selbst. Er wollte die Liebe Gottes nicht vage, sondern leidenschaftlich und wesentlich erfahren. «In diesem Kuß ist kein Raum für Ungewißheit oder Lauheit», sagt er, denn den «Kuß seines Mundes» von Gott zu empfangen bedeutete nichts weniger als die «Eingießung des Heiligen Geistes».

«Es will mir scheinen, daß derjenige, der sagte, ‹niemand kennt den Sohn als der Vater, und auch den Vater kennt niemand als der Sohn *und wem es der Sohn offenbaren will*› (Mt 11,27), hier einen gewissen unaussprechlichen und jeglichem Geschöpf unbekannten Kuß beschrieben hat.» Mit anderen Worten, wir selbst können diesen außerordentlichen Moment eines neuen Bewußtseins nicht hervorbringen. Wenn er auftritt, ist er unmittelbar als neue und einzigartige Erfahrung erkennbar; nichts ist je zuvor geschehen, das diesem in irgendeiner Weise ähnlich wäre, weil es außerhalb der Zeit ist. Wir können diese Erfahrung also erkennen, wenn sie eintritt, und sogar versuchen, uns auf sie vorzubereiten; sie ereignet sich aber nur als Geschenk und ist kein zwangsläufiger Lohn für unser Bemühen. Wir können einen solchen Zustand nicht herbeizwingen, sondern uns nur seinem Geheimnis unterwerfen, wie sich die Braut im Hohenlied unterwirft. Durch eine solche Hingabe bringen wir tiefes Vertrauen und eine große Liebe zum Ausdruck, und nur dadurch, nicht durch Techniken oder tugendhaftes Verhalten, entleeren wir uns von uns selbst und einigen uns mit dem Mysterium.

Bernhard wird aber nicht müde zu betonen, daß unser Vertrauen und unsere Liebe echt sein müssen, das heißt, sie dürfen nicht auf Blindgläubigkeit beruhen, sondern müssen aus unserem Verstand und unserem Herzen kommen. Dieser Verstand darf freilich nicht ein bloßer Drang nach mehr Wissen, sondern muß eine tiefempfundene Sehnsucht nach wahrer Weisheit sein.

«Die Lehre des Geistes reizt nicht die Neugierde, sondern entzündet Mitleid. Deshalb verläßt sich die Braut bei ihrer Suche nach demjenigen, den die Seele liebt, nicht auf oberflächliche Urteile, noch folgt sie den eitlen Begründungen der menschlichen Neugierde, sondern betet vielmehr um diese Gabe – sie fleht zum Heiligen Geist, damit sie durch ihn die Liebe zu wahrer Erkenntnis und zugleich die Würze der Gnade hinzuempfinge. Mit Recht heißt es, daß diese Erkenntnis von Liebe begleitet ist, denn ein Kuß ist das Zeichen der Liebe. Sich aufblähendes Wissen wird aber nicht geschenkt, da es ohne Liebe ist; und wie eine Biene sowohl Honig als auch Wachs gibt, so hat Er in sich sowohl dasjenige, was das Licht der Erkenntnis entzündet, als auch dasjenige, was den Geschmack der Gnade einflößt. Weder derjenige, der die Wahrheit versteht, aber kein Mitleid hat, noch derjenige, der voller Liebe ist, aber die Wahrheit nicht versteht, möge glauben, daß er diese Gabe empfangen habe, denn in ihr ist kein Raum für Irrtum oder Lauheit. Dies ist der Grund, warum die Braut, um diese zweifache Gnade zu empfangen, ihre beiden Lippen darbietet: Es ist der Verstand, der voller Erkenntniskraft ist, und der Wille, der von der Liebe zur himmlischen Weisheit erfüllt ist.»

Wenn Bernhard darauf besteht, daß sowohl der Verstand wie auch die Liebe für die Erleuchtung notwendig sind, zeigt er, daß er – ähnlich wie der Buddha – sich der höchsten Erfüllungen des Menschen ganz bewußt ist.

Verstand ist wie Liebe ein häufig mißverstandenes Wort. Wenn er sich nach außen wendet und nur für den weltlichen Nutzen eingesetzt wird – und die meisten Menschen gebrauchen ihn in dieser Weise –, ruft er wie alle unsere Fähigkeiten, wenn sie sich nur auf die äußere Welt richten, durch die errungenen Leistungen einerseits und die enttäuschten Erwartungen andererseits sowohl Freude als auch Leid hervor. Wenn sich der Verstand aber in einer großen Woge der Sehnsucht nach innen richtet, um das Geheimnis des Daseins zu ergründen, ist er unser größter Verbündeter und führt uns zu wirklicher Weisheit, fort von Zorn, Enttäuschung, Verhaftetsein und ehrgeizigem Streben, unseren schlimmsten Feinden, und hin zu einem Sichfinden des Geistes in Klarheit, Gelassenheit und selbstloser Liebe.

«Denn es gibt bei der Kontemplation zwei Arten von Ekstase, eine des Verstandes, eine andere des Herzens; eine im Licht des Begreifens, eine andere in der Bewegung des Herzens; die eine ist ein heller Lichtstrahl der Erkenntnis, die andere ein Emporgerissensein in der Liebe», sagt Bernhard.

Die Lehre des Buddha verdankt ihre Wirkungskraft vor allem der Tatsache, daß er zu seinen Zuhörern von Zuständen des Geistes sprach, nicht von Doktrinen. Deshalb kann der Dalai Lama ganz unbefangen sagen, daß seine Religion weniger der

Buddhismus als eine Religion der Güte ist – das Etikett ist weniger wichtig als die Geisteshaltung. In derselben Weise war sich Bernhard sehr wohl der Tatsache bewußt, daß die Erlangung der letzten Wirklichkeit an bestimmte Geisteshaltungen geknüpft ist und daß wir – oft unter großen Mühen – diese Geisteshaltungen erlernen müssen. Das mönchische Leben war für ihn die vollkommene, ja die einzige Art, dies zu erreichen. Hier liegt die Wurzel für sein rastloses Streben, Klöster zu gründen und Männer und Frauen zum religiösen Leben zu bekehren.

Nicht viele würden heute diesbezüglich Bernhards Auffassung teilen. Ein Sufi zum Beispiel glaubt, daß ein in der rechten Weise geführtes normales Leben zu einigen der höchsten notwendigen Erkenntnissen hinführen kann und daß man einem Gewerbe oder Beruf nachgehen und doch (im geheimen, denn Sufis sprechen niemals über ihren Bewußtseinszustand) ein Leben wahrer Erkenntnis führen kann. Auch im Zen kann ein Fährmann, der uns über den Fluß rudert, ein Meister sein, nicht anders als der Fischer aus dem Dorf. Hier liegt eine der Beschränkungen von Bernhards Charakter – in der er sich freilich nur als Kind seines Jahrhunderts erweist –, daß für ihn nur der Mönch oder die Nonne die Chance der Erleuchtung hatten. Zweifellos mit Recht verwies er darauf, daß wir erst zu unserer eigenen inneren Kraft finden müssen, bevor wir andere lehren können. Durch den Akt der Kontemplation (oder Meditation) gelangen wir zu dieser inneren Einheit, und für ihn konnte eben nur ein Mönch ein wirklicher Kontemplativer sein. Die Kontemplation war für Bernhard die höchste Form des mönchischen Lebens – und doch wußte er sehr wohl, daß vielen Menschen das Handeln als der bessere Weg erscheinen mochte. In vielen seiner Predigten wog er zwischen dem aktiven und dem kontemplativen Weg ab und kam zu dem Schluß, zu dem die Mystiker aller Zeiten gelangten, daß nämlich der beste aller Wege das Handeln auf der Grundlage der Kontemplation sei. Handeln ohne Kontemplation ist voller Gefahren. Wenn es spontan einem reinen Herzen entspringt, kann es nicht fehlgehen; wenn aber der Eigenwille zu stark ist, ist es sehr wahrscheinlich, daß das Handeln zu keinem guten Ende kommen wird.

«Mir scheint, daß Gottes Wirken in uns zweifacher Art ist. Es gibt ein Wirken, durch das er uns zu unserer eigenen Erleuchtung in uns selber gründet, und ein anderes, durch das er uns nach außen hin zu unserem eigenen Nutzen und zum Vorteil anderer mit seinen Gaben ausstattet. Die erste Gnade empfangen wir für uns selbst, die zweite für unseren Nächsten. So sind uns zum Beispiel Glaube, Hoffnung und Liebe für uns selbst gegeben, denn ohne diese können wir nicht erlöst werden. Worte der Erkenntnis oder der Weisheit aber, die Gabe des Heilens, der Prophezeiung und andere Fähigkeiten sind uns gewiß nur deshalb verliehen, damit wir sie zum Nutzen unserer Mitgeschöpfe einsetzen.

Hier müssen wir uns nun vor zwei Gefahren hüten, daß wir nämlich anderen geben, was uns selbst zugedacht ist, und daß wir behalten, was uns für andere gegeben ist. Gewiß behält man zum Beispiel für sich selbst, was dem Nächsten gehört, wenn man die Gabe der Erkenntnis oder der Beredsamkeit besitzt, aber vielleicht aus Furcht oder aus Befangenheit, aus Faulheit, aus einer falsch verstandenen Bescheidenheit diese Gabe der Rede in einem nutzlosen oder vielmehr tadelnswerten Schweigen zurückhält. Andererseits aber vergeudet und verliert man dasjenige, was einem zu eigen ist, wenn man sich, bevor man eine vollständige Eingießung von Gott erhalten hat, schon ausgießt, wenn man gewissermaßen erst zur Hälfte gefüllt ist... Man betrügt sich selbst um sein Leben und um die Erleuchtung, wenn man ohne rechte Absicht, sondern nur vom Wind der Eitelkeit aufgeblasen oder vom Gift des weltlichen Lohns angesteckt, sogleich alles einem anderen mitteilt; was du in dieser Weise weitergibst, ist nur Erbrochenes, das dir den Leib bläht.

Wenn du klug bist, wirst du Speicher sein, nicht Kanal. Denn ein Kanal leitet das Wasser fort, wie er es empfängt, während ein Speicher wartet, bis er voll ist, und überläuft und in dieser Weise das überschüssige Wasser abgibt, ohne selbst etwas zu verlieren. In der heutigen Kirche aber haben wir viele Kanäle und wenige Speicher. Groß ist die Zahl derer, die alles von sich geben, bevor sie selbst davon erfüllt sind; sie sprechen lieber, als zu hören, lehren schnell andere, was sie selbst noch nicht gelernt haben, und möchten über andere herrschen, während sie sich selbst noch nicht zu beherrschen wissen.»

Um übereifrige Mönche zu zügeln, die sich für erleuchtet hielten und die Welt verändern wollten, wies Bernhard darauf hin, daß wirkliches Handeln ein direkter Anruf von Gott ist. Diejenigen, die diese Berufung nicht hatten, sollten besser in «kontemplativer Untätigkeit» leben. Ruysbroeck sprach später ebenfalls von einer solchen «Untätigkeit», womit er das gelassene und sublime Ruhen des Menschen ohne Begierden und Eigenwillen in seiner inneren Natur meinte, ein Ruhen, das oft der notwendige Vorläufer eines wirklich aktiven Lebens ist. Eine solche stille Passivität oder vollkommene Ruhe bringt nicht selten höchste Aktivität hervor. Dies ist das heilende Wirken des tiefsten Grundes – eine Heilung und Wiedereinsetzung in unsere ursprüngliche Natur, die nicht möglich ist, wenn wir uns fruchtloser, hektischer Aktivität hingeben.

«Die eintretende Weisheit läßt den fleischlichen Sinn schal schmecken, reinigt den Verstand, macht den Gaumen des Herzens heil und frisch. Wenn der Gaumen gereinigt ist, schmeckt er, was gut ist, er schmeckt die Weisheit, und Besseres als diese gibt es nicht.»

Bernhard, der nie um ein kräftiges Wort verlegen war, betrachtete insbesondere solche Menschen als eindeutig faul, die ein Leben in fieberhafter Aktivität einer Harmonisierung der Aktivität mit der Betrachtung vorzogen. Sie waren nicht nur faul, sondern ihr leicht abzulenkender Bewußtseinszustand ließ sie eher als eine Art verständiges Tier erscheinen und nicht einmal der Menschheit angehörend. Eine seiner wichtigsten Lehren ist, daß Martha und Maria Schwestern sind, die im selben Haus wohnen, nicht Feinde, die getrennt voneinander leben. Beide hängen voneinander ab und ergänzen einander, weshalb wir in unserer eigenen Natur stets versuchen sollten, die Beziehung zwischen Handeln und Sein zu harmonisieren.

Der Buddhismus sagt mit seiner Lehre von der rechten Methode praktisch dasselbe. *Upaya* (rechte Methode) ist die Aufbietung von Bewußtheit oder Achtsamkeit in einer bestimmten Situation, um festzustellen, wie wir am besten mit ihr umgehen. Upaya verlangt Flexibilität und Offenheit und die Fähigkeit zur unbeteiligten Beobachtung. So praktiziert zum Beispiel ein Gärtner, der den «grünen Daumen» hat, so daß alles gedeiht, was er einpflanzt, in seinem Garten Upaya, weil er sieht, was notwendig ist, und dies dem Garten zur rechten Zeit gibt, anstatt ihm Unnötiges zu geben. In derselben Weise warnt Bernhard vor falscher Aktivität und der Versuchung, unsere Einsichten vor anderen auszubreiten, wenn sie in uns noch nicht voll gereift sind; wir sollten vielmehr die Unterscheidungskraft der Weisheit im Verein mit aufrichtigem Glauben pflegen, damit alles, was wir tun, Martha und Maria als «Hausgenossen» hat.

Es dauerte auch bei Bernhard lange, bis diese Lehren in seinem eigenen Geist reiften. Er mußte viel durch Erfahrung lernen, bevor er sie darlegen konnte. Der junge Bernhard, der frischgebackene Abt, von dem wir oben sprachen, mußte Weisheit erlangen, die etwas von seinem reformerischen, puritanischen Eifer wegnahm. Zweifellos überforderte er am Anfang mit seinem großen und brennenden Wunsch nach Ähnlichkeit mit Gott seine Mönche. Mit der Zeit aber wuchsen in Bernhard Duldsamkeit und Sanftmut, so daß er später den Eltern eines jungen Mönchs in Clairvaux schreiben konnte: «Sorgt Euch nicht um die zerbrechliche Gesundheit Eures Sohns, denn ich werde mich um ihn wie ein Vater kümmern, und er wird mir wie ein Sohn sein. Ich werde ihm Vater und Mutter, Bruder und Schwester sein, und ich werde für ihn alle Dinge so mäßigen und einrichten, daß seine Seele gewinnt, ohne daß sein Körper Schaden nimmt.» Und dies schreibt ein Mann, der einst vor Besuchern flüchtete und sich Werg in die Ohren stopfte, damit ihn die hohle Konversation nicht ablenke!

Trotzdem schrieb der Realist in ihm sein ganzes Leben mit spitzer Feder. Von ihm stammt eine umfangreiche Korrespondenz – bis heute wurden über 400 Briefe herausgegeben, und noch viele mehr müssen verlorengegangen sein. Ein Brief vom hl. Bernhard ließ nie an Deutlichkeit zu wünschen übrig, auch wenn er an den Papst ging. Die hl. Hildegard von Bingen, die einige recht erstaunliche Visionen empfing, schrieb ihm einst, daß sie ihn in einer Vision als «Menschen in der Sonne» gesehen hätte. Bernhard schrieb zurück: «Daß andere Menschen mich für besser halten, als ich mich selbst kenne, sagt mehr über menschliche Torheit als über meine Tugendhaftigkeit aus ...»

Bernhard sprach selten von sich selbst oder über seine eigenen inneren Erfahrungen. Zu Beginn seines religiösen Lebens scheint er nicht an die Realität mystischer Erfahrung geglaubt zu haben. Je mehr jedoch sein Wesen an Tiefe gewann, desto deutlicher wurde ihm die Erkenntnis eines neuen Bewußtseins. Gegen Ende seines Lebens beschrieb er in der 74. Predigt des Hohenliedes seine eigenen Erfahrungen wie folgt:

«Habt nun ein Weilchen Geduld mit meiner Torheit. Ich möchte euch berichten – wie ich versprochen habe –, wie solche Ereignisse in mir stattfanden. Es ist freilich eine belanglose Angelegenheit. Ich äußere mich nur deshalb, um euch zu Diensten sein zu können, und wenn ihr irgendeinen Nutzen daraus zieht, bin ich für meine Einbildung getröstet; wenn nicht, habe ich meine Torheit zur Schau gestellt.

Ich bekenne also, daß mich das Wort heimgesucht hat, und sogar sehr oft. Doch obwohl es häufig in meine Seele eingetreten ist, wußte ich vorher niemals genau, wann dies geschehen würde. Ich fühlte, daß es gegenwärtig war. Ich erinnere mich, daß es bei mir war; ich hatte manchmal sogar eine Vorahnung, daß es kommen könnte, doch gelang es mir nie, sein Kommen noch sein Gehen wahrzunehmen. Ich gestehe, daß ich auch heute noch nicht weiß, von woher es in meine Seele kam und wohin es bei seinem Austritt ging, auf welchem Wege sein Einzug oder Auszug geschah ... Es tritt nicht durch die Augen ein, denn es hat weder Form noch Farbe; nicht durch die Ohren, denn es hat keinen Klang; nicht durch die Nasenlöcher, denn es ist nicht mit der Luft, sondern mit der Seele vermischt..., noch tritt es wiederum durch den Mund ein, denn es kann nicht verzehrt werden; noch kann es schließlich durch die Berührung festgestellt werden, denn es ist unberührbar. Wodurch aber ist es dann eingetreten? Vielleicht ist es überhaupt nicht eingetreten und kam es auch nicht von außen. Es gehört ja keinem der äußeren Dinge an. Aber es ist auch nicht aus meinem Inneren gekommen, denn es ist gut, und ich weiß, daß in mir nichts Gutes ist. Ich bin zum Höchsten hinaufgestiegen, das in mir ist, und doch war das Wort immer noch über mir. Meine Neugier hat mich auch veranlaßt, unter mich selbst hinabzusteigen, und doch war es noch tief darunter. Ich habe aus mir hinausgeblickt, aber es ist jenseits von allem, was außer mir ist; und wenn ich in mein Innerstes blickte, war es noch weiter darinnen. So erfuhr ich die Wahrheit der Worte, die ich gelesen habe: ‹In Ihm leben und regen wir uns und haben wir unser Sein›; selig aber ist der, in dem Er ist, der für Ihn lebt, und der sich durch Ihn regt.

Nun werdet ihr fragen, wie ich denn von Seiner Gegenwart wissen kann, wenn über Seine Wege nichts herauszufinden ist? Es ist schnell und mächtig, und sobald es eingetreten ist, hat es meine schlafende Seele erweckt, mein Herz bewegt, erweicht und durchbohrt, das abgestumpft und hart wie Stein war. Es wurzelte und riß nieder, um aufzubauen und zu pflanzen, zu gießen, was trocken war, zu erleuchten, was dunkel war, zu entzünden, was kalt war, und zugleich machte es den krummen Weg gerade und die unebenen Wege eben, damit meine Seele den Herrn preise und alles, was in mir ist, Seinen heiligen Namen preise. Und so geschah es, daß das Bräutigam-Wort, das zu verschiedenen Zeiten in mich kam, sein Eintreten durch keinerlei Zeichen, Stimme, Erscheinung oder Schritt bemerkbar machte. Durch keine eigene Bewegung hat es sich bemerken lassen, durch keinen meiner Sinne drang es in mich ein; ich wußte von seiner Gegenwart nur durch den Schlag meines Herzens, wie ich eben sagte, und ich habe die Macht seiner Tugend durch das plötzliche Abfallen von Lastern entdeckt...

Wenn aber das Wort auszieht, liegen alle diese Dinge sofort wieder erschlafft und leblos, und dies ist für mich das Zeichen seines Auszugs. Dann ist meine Seele traurig und niedergeschlagen, bis es wiederkehrt und mein Herz in mir erwärmt, was das Zeichen dafür ist, daß es wiedergekehrt ist.»

Eine solche Beschreibung entspricht nun nicht der höchsten mystischen Erfahrung, die eine von Wärme oder Kälte unberührte Klarheit ist, und wir haben keinen Grund zu der Annahme, daß Bernhard dies jemals erlebte. Die oben beschriebene Erfahrung verlieh ihm jedoch alle Autorität, die er brauchte, um zum gewaltigsten Lehrer seiner Zeit zu werden, wenn er auch einen Teil seiner Popularität seiner außerordentlichen Ausstrahlung verdankte. Aber eben dieses Charisma sollte in gewisser Weise auch sein Ruin werden. Er wurde ständig überall gebraucht, und es war eher die Regel als die Ausnahme, daß er von Clairvaux abwesend war. Er sehnte sich danach, mit seinen Mönchen in Clairvaux, denen seine ganze Zuneigung galt, ein einfaches Leben zu führen, doch wurde er immer häufiger gebeten, kirchliche Probleme zu lösen. Gleichzeitig wuchs sein Orden, wobei er wohl ein außerordentlich gutes Verständnis für seine Mönche besaß, so daß er auch während seiner Abwesenheit gegenwärtig zu sein schien. Clairvaux war ein einmaliger Ort. Es war nicht leicht, Mönche dazu zu bewegen, fortzugehen und anderswo das Amt eines Abts zu übernehmen, und nicht selten mußte Bernhard ihnen die Versicherung mitgeben, daß sie, wie fern sie auch sein würden, ihren Lebensabend in Clairvaux verbringen dürften. Trotz seines zunehmenden Einflusses und seiner Beliebtheit blieb Bernhard jedoch ein bescheidener Mensch, und es war ihm lästig, gerühmt zu werden. Einem Freund schrieb er: «Du bittest mich, Dich im rechten Leben zu unterweisen. Eine feine Art von Doktor, der unvergleichliche Lehrer, der ich bin, der, wenn ich zu lehren beginne, wovon ich selbst nichts verstehe, dann am Ende wenigstens einsehen sollte, daß ich überhaupt nichts weiß! Ein Schaf könnte ebensogut eine Ziege um Wolle bitten, wie Du mich um Unterweisung bittest...»

Mehr und mehr wurde Bernhard in die Verwicklungen der Tagespolitik hineingezogen. Seine Überzeugungsgabe war so gewaltig und die Lauterkeit seiner Motivation so über jeden Zweifel erhaben, daß er fortwährend gebeten wurde, in kirchlichen und staatlichen Gelegenheiten vermittelnd einzugreifen. Auf diese Weise wurde er zu einer der mächtigsten Gestalten seiner Zeit. Das geringste Wort aus seinem Mund wurde in Rom und in ganz Europa aufmerksam registriert. Es gab kaum eine Reform, an der er nicht beteiligt war. Unnötig zu sagen, daß ihm dies Feinde schuf, um so mehr, als er Fremden gegenüber ebenso offen war wie gegenüber Freunden. Eines Tages erhielt er einen Brief von seinem Freund Kardinal Haimeric, der ihn bat, sich von der Welt fernzuhalten und in seinem Kloster zu bleiben. Bernhard, der dies durchaus nicht übelnahm, antwortete: «Es ist mir lästig, daß ich in diese Streitigkeiten hineingezogen wurde, vor allem da ich weiß, daß es mich persönlich nicht betrifft. Es ist mir lästig, und trotzdem werde ich hineingezogen. Bei wem könnte ich aber diesbezüglich eher Glauben finden als bei Dir, dem besten der Menschen?»

So blieb er, dem Befehl des Kardinals gehorsam, friedlich zu Hause, doch war es ihm nicht lange vergönnt, in Clairvaux zu bleiben. Im Jahre 1130 gelangte die unglaubliche Nachricht nach Clairvaux, daß zwei Päpste den Heiligen Stuhl für sich beanspruchten und daß beide sich rüsteten, hierfür in den Krieg zu ziehen. Bernhard hielt es nicht mehr in seinem Kloster; die ganze Kirche schien in Gefahr. Nach sorgfältigem Abwägen stellte er sich voll und ganz hinter Papst Innozenz II., reiste mit ihm, verwandte sich für ihn und predigte in ganz Frankreich und in Italien, und es gelang ihm schließlich, ihn in Rom zu installieren. Das Problem war, daß Bernhard durch seine bloße Gegenwart die Ordnung wiederherzustellen und die Menschen von der Schändlichkeit ihres Betragens zu überzeugen vermochte; sobald er aber wieder abwesend war, brachen die Streitigkeiten erneut auf. So war er ständig unterwegs, um die immer wieder aufflammenden Zwistigkeiten zu schlichten. Erst nach acht Jahren konnte er wieder in sein geliebtes Clairvaux zurückkehren. Während dieser Zeit war er durch weite Teile Europas gereist, hatte Meinungsverschiedenheiten bereinigt, Zweifel beruhigt und die Trägen wachgerüttelt. Es war ihm gelungen, den Kaiser zur Einsicht über seine Irrwege zu bringen, und er hatte den König von England dazu bewegt, dem Papst seine Unterstützung zu geben.

Wir könnten Bernhard mit einigem Grund, wie der Kardinal, als überaktiv und übereifrig betrachten; dies umso mehr, als er einen der Kreuzzüge gegen den Islam befürwortete, der letztlich sogar nur auf sein Betreiben zustande kam. Es war ein erfolgloser Kreuzzug, der vielen Menschen das Leben kostete, und viele machten Bernhard für dieses unselige Unternehmen verantwortlich. Man kann zu seinen Gunsten anführen, daß er wirklich davon überzeugt war, daß die Heilige Stadt Jerusalem aus den Händen der Heiden befreit werden müsse und daß dieser Befreiungsakt für alle Krieger des christlichen Heers eine einmalige Möglichkeit wäre, ihr Seelenheil zu sichern. Immerhin stammte er selbst aus einer alten Soldatenfamilie. Insgesamt aber hat dieses blutige Geschehnis das Bernhard-Bild bis auf den heutigen Tag beeinträchtigt.

Und doch war auch er es, der sich mit dem ganzen Gewicht seiner Autorität für die Juden in Mainz einsetzte, als ein Zisterziensermönch namens Rudolph den Zorn der Masse gegen diese geschürt hatte. Der Pöbel tötete in seiner Raserei die Juden überall, wo er ihrer habhaft werden konnte, und brannte ihre Häuser nieder. Als die Kunde davon zu Bernhard drang, schrieb er sofort an den Erzbischof von Mainz: «Laßt nicht zu, daß den Juden ein Leid angetan wird, und sprecht zu ihnen nur in Freundlichkeit, denn sie sind das Fleisch und Blut des Messias; wenn Ihr ihnen Böses tut, lauft Ihr Gefahr, den Herrn an seinem Augapfel zu verwunden ...» Rudolph wurde entfernt, und die Juden dieses Gebiets gedenken noch heute in Dankbarkeit der Fürsprache Bernhards.

Ein Mann von der inneren Glut eines Bernhard zieht immer feindselige Kritik auf sich, auch auf intellektuellem Gebiet. Eine Episode wurde und wird ihm bis heute von vielen Gelehrten übel angerechnet, nämlich sein totaler Triumph über Peter Abaelard, einen anderen sehr beliebten Lehrer seiner Zeit. Zweifellos ging Bernhard einer handfesten Auseinandersetzung nie aus dem Wege, wenn ihm die Sache gerechtfertigt schien, und er hatte die fortschrittlichen Auffassungen Abaelards schon seit geraumer Zeit mit Unbehagen verfolgt und sich öffentlich gegen sie ausgesprochen. Es überraschte ihn allerdings, als ihn Abaelard im Frühjahr 1141 zu einem geistigen Duell herausforderte, zu einer öffentlichen Disputation zur Verteidigung seiner Auffassungen.

Abaelards Lehre war insofern neu und kühn, als sie die alte Theologie im Lichte der Vernunft prüfte und daher zu unterminieren drohte. Er hoffte, den wahren Kern des Christentums finden zu können, ohne sich auf den Glauben zu stützen, und betrachtete daher die Religion von außen, indem er sie gewissermaßen wie einen Gegenstand gegen das Licht hielt. Dies war für Bernhard unbegreiflich, denn für ihn war die biblische Theologie das Leben selbst, und das Leben war wiederum das Wort Gottes, und man konnte weder das eine noch das andere in einer solchen neutralen Weise betrachten, einer Weise, die für ihn den Glauben zu zerstören schien. Hinzu kam noch, daß Abaelard nicht nur die alten Meister verhöhnte, sondern sich auch einer neuen Terminologie bediente. «Alles klingt nun ganz anders, als wir es bisher immer gehört haben», murrte der schon betagte Bernhard. Abaelard war nicht betagt, und er war eine romantische Gestalt mit einem eigenen Charisma. Er hatte die Phantasie der Jugend angesprochen, und sie strömte zu ihm, um seinen radikalen Gedanken zu lauschen.

Bernhards Gleichgewicht muß durch das Auftreten Abaelards, durch dessen Popularität und seine Lehren erheblich erschüttert worden sein. Er wollte keine öffentliche Auseinandersetzung mit Abaelard, weil nach seinem Empfinden die Geheimnisse Gottes nicht in einer solchen Weise diskutiert werden konnten. Abaelard hatte aber bereits überall bekanntgemacht, daß in Sens anläßlich einer Zusammenkunft des Königs von Frankreich und des größten Teils der Bischöfe zu kirchlichen Fragen eine Auseinandersetzung stattfinden würde, und Bernhard hatte keine Möglichkeit, der Konfrontation ehrenhaft auszuweichen. Bei seiner Ankunft fand er die Stadt wie für einen Karneval geschmückt, und der gutaussehende Abaelard wandelte mit seinen Bewunderern unter dem Volk. Ergraut, ausgezehrt und durch seine beständige Krankheit geschwächt, muß sich Bernhard bei dieser Versammlung völlig deplaziert vorgekommen sein.

Am nächsten Tag begab er sich zur offiziellen Zusammenkunft des Rates in die Kathedrale. Er las aus Abaelards Werken diejenigen Passagen vor, an denen er Anstoß nahm, und forderte Abaelard auf, sie zu verteidigen. Zum allgemeinen Erstaunen aber weigerte sich Abaelard, der so voller Selbstvertrauen und Entschlossenheit gewesen war, hierauf zu antworten. «Ich werde dem Zisterzienser keine Antwort geben», sagte er. «Ich werde mich an Rom wenden.»

Es wurde bisher keine befriedigende Erklärung dafür gefunden, darum Abaelard so plötzlich kapitulierte. Er selbst hatte diese Begegnung organisiert und war von Freunden und Befürwortern umgeben. Aus irgendeinem Grund – Kritiker Bernhards meinen, daß dieser den Rat bereits gegen Abaelard eingenommen hatte und Abaelard dies wußte – verließ ihn im letzten Augenblick der Mut. Schließlich gingen alle seine Werke, wie er verlangt hatte, nach Rom, doch wurden sie verdammt und seine Bücher öffentlich verbrannt, während er selbst den Rest seines Lebens im Kloster verbringen mußte. Er war zufällig in Cluny, als er die Nachricht bekam. Er blieb und versöhnte sich mit Bernhard, bevor er zwei Jahre später starb – an gebrochenem Herzen, wie viele meinen.

Bernhard selbst starb im Jahre 1153. Er war sein ganzes Leben lang ein kranker Mann, der vermutlich an Tuberkulose wie auch chronischen Magenbeschwerden litt, doch legte er sich niemals aufs Krankenlager und blieb bis in sein sechstes Lebensjahrzehnt aktiv. Er starb an «einem Fieber». So hoch war sein Ansehen, daß er bereits 20 Jahre nach seinem Tod heiliggesprochen wurde.

Wir sehen ihn heute vielleicht nicht ganz in diesem heiligmäßigen Licht. Zu extrem war er manchmal in seinen Auffassungen, zu verletzend war vielfach seine scharfe Zunge, und zu sehr war der Politiker dem Heiligen im Wege. Und doch war seine Lehre in vielerlei Hinsicht herausragend. Worüber es keinen Zweifel gibt, ist die Tatsache, daß er Gott, die Realität seines Lebens, unbedingt liebte und daß er bereit war, sich im Dienste Gottes vorbehaltlos zu opfern.

«Sahst du Ihn, den meine Seele liebt? O rasche, heftige, brennende, stürmische Liebe, die keinen anderen Gedanken als an dich duldet, alles andere verschmäht, alles außer dir verwirft, in dir ihr Genügen hat! Du verwirrst Regeln, verschweigst Gebräuche, kennst kein Maß; alles, was der Schicklichkeit zugehört, dem Verstand, der Zurückhaltung, dem Rat und dem Urteil – hierüber triumphierst du in dir selbst und läßt es als Knechtschaft erscheinen.»

Richard Rolle

Eine ähnlich leidenschaftliche Hingabe wie bei Bernhard finden wir bei Richard Rolle, dem Verfasser des *Feuers der Liebe,* auch wenn in seiner englischen Heimat Yorkshire zu Beginn des 14. Jahrhunderts im Gegensatz zum eloquenten Frankreich Bernhards das Analphabetentum noch weit verbreitet war. Was die Menschen im ländlichen England damals vom Christentum wußten, erfuhren sie durch Hinterglasbilder oder Wandmalereien, aus den Reden durchreisender Mönche und vom Pfarrer ihrer Gemeinde. Meist stand die Pfarrei unter der Obhut eines Klosters, das dem Priester einen kärglichen Lohn bewilligte und das übrige Einkommen für sich behielt. Dies hatte zur Folge, daß nur Arme bereit waren, das Amt eines Pfarreiseelsorgers zu übernehmen, und da es für sie wenig Ausbildungsmöglichkeiten gab, waren die Priester vielfach ebenso unwissend und abergläubisch wie ihre Herde. Predigten wurden selten gehalten, und ihr Inhalt war dürftig.

Aber die Menschen dieses dynamischen Jahrhunderts waren von Wißbegierde beseelt, und Wanderprediger fanden stets ein zahlreiches und aufnahmebereites Publikum. Jedermann stand die gewaltige Kluft zwischen den in bitterer Armut lebenden Pfarreiseelsorgern und Wanderpredigern einerseits und den reichen, weltlich gesinnten Mönchen und Bischöfen andererseits deutlich vor Augen, und es entwickelte sich – wie auch im übrigen Europa – eine starke antikirchliche Haltung. Die Menschen dachten mit Bitterkeit daran, daß die Ländereien und der Reichtum, dessen sich die Kirche erfreute, Schenkungen frommer Laien waren, und es regte sich der rebellische Gedanke, daß eine Gabe auch zurückgefordert werden kann, wenn sie mißbraucht wird. Auch der Zehnte, den die Kirche erhob, brachte die Bevölkerung auf.

Von Grenzkämpfen mit den Schotten abgesehen, war England damals ein friedliches und prosperierendes Land. Es war eine bunte, dramatische, von Wundern erfüllte Zeit. Prozessionen und Feste, Musik und Pantomimenspiel waren im Schwange. Wandertruppen spielten in den Dörfern, und bei großen Festen wie der Sommersonnenwende ergab sich das ganze Dorf der Lustbarkeit und dem Tanz. Vieles davon war von recht derber Art, insbesondere bei Anlässen wie Hochzeiten und Begräbnissen (die Kirche versuchte vergeblich, die lärmenden Feiern und Trinkgelage bei Leichenbegängnissen zu unterbinden); vor allen Dingen aber war dies das Zeitalter eines starken Individualismus und – insbesondere in der Mittelschicht – einer tiefen und aufrichtigen Suche nach dem Gottesgrund.

In diese Zeit wurde Richard Rolle hineingeboren, der in seinem Charakter eine starke Unabhängigkeit trug, die ihn gegenüber den anderen Mystikern in diesem Buch auszeichnet. Er ist der Einzelgänger, der Nonkonformist, der nicht öfter zur Kirche ging, als er unbedingt mußte, der aber Gott und seinen «fröhlichen Jesus» sein ganzes Leben lang in unbeirrbarer Verehrung liebte.

Rolle steht am Anfang der englischen Mystiker des 14. Jahrhunderts, zu denen weiterhin Juliana von Norwich, der Verfasser der *Wolke* und Walter Hilton gehören, und man nennt ihn oft den Vater der englischen Mystik. Eine gewisse praktische und alltagsnahe Art zeichnet diese Gruppe aus, wie wir es am deutlichsten bei Mutter Juliana sehen, und es ging ihnen mehr darum, Gott zu *lieben*, als über ihn nachzudenken. Es war im Vergleich mit den mystischen Strömungen auf dem europäischen Festland eine freiere Religion des Herzens, in der auch Zärtlichkeit und Glück ihren Platz hatten. Sie war demütig, hingebungsvoll, leidenschaftlich und fröhlich, voll kraftvoller Bilder, Farbe und Poesie. Vor allem aber strahlt sie eine unverbrauchte Originalität aus.

Rolle selbst war im Gegensatz zum Verfasser der *Wolke* kein Philosoph. Er wollte das spirituelle Leben vor allen Dingen erleben, weshalb er sich von den intellektuellen Bemühungen anderer fernhielt. Um so bemerkenswerter ist es, daß man ihn auch den Vater der englischen Literatur nennt, denn er besaß eine starke dichterische Begabung, und seine Werke waren im 14. und 15. Jahrhundert in ganz England und Europa verbreitet. Er war nur wenig jünger als Wycliff und hatte bereits einige der Psalmen übersetzt und viele seiner eigenen Gedanken in englischer Sprache niedergeschrieben, als Wycliff mit seiner Bibelübersetzung begann. Als Wycliff seine Mammutaufgabe in Angriff nahm, lagen bereits Richard Rolles Übersetzung und Kommentare zu den Psalmen und zum Hohenlied vor, und man nimmt an, daß Wycliff seine englische Version hierauf stützte. Der Ruhm Wycliffs, des großen Reformers, Schriftstellers und streitbaren «Ketzers» überstrahlte freilich immer denjenigen von Rolle.

Richard Rolle wurde in Yorkshire geboren und verbrachte die meiste Zeit seines Lebens in den Tälern dieser Grafschaft. Seine Geburt fiel auf den Anbruch des neuen Jahrhunderts – er dürfte etwa um 1300 das Licht der Welt erblickt haben. Sein Vater William stammte aus relativ gutem Hause, war aber keineswegs reich. Aus dem Kindesalter Rolles ist nichts bekannt, außer daß er ein aufgeweckter, intelligenter Knabe war und Gelehrter werden wollte. Durch die Fürsprache des Erzdiakons von Durham, Thomas de Neville, wurde er als vierzehnjähriger Knabe nach Oxford geschickt.

Zu jener Zeit gab es in England enorme Sprachbarrieren. Jede Grafschaft, insbesondere in den Midlands und im Norden, hatte ihren eigenen ausgeprägten Dialekt, der fast eine eigene Sprache war und anderswo kaum verstanden wurde, vor allem im Süden, wo überwiegend noch das normannische Französisch gesprochen wurde. Als Richard nach Oxford kam, muß die Vielfalt der Sprachen für den Knaben verwirrend gewesen sein, während wohl auch er selbst nur von den wenigsten Menschen verstanden wurde. Allerdings bildete das Gelehrtenlatein eine Brücke zwischen dem breiten Yorkshire-Dialekt und dem weichen Idiom der Menschen aus dem Süden, und Richard wird sich zweifellos behauptet haben. Trotzdem muß Oxford, eines der bedeutendsten Zentren der Gelehrsamkeit in Europa, für den aus einem kleinen Dorf (Thornton-le-Dale in Nord-Yorkshire) kommenden Knaben sehr verwirrend und manchmal überwältigend gewesen sein. Hoffen wir, daß es ihn auch faszinierte, denn dort herrschte damals pralles Leben. Hören wir aus dem *Quarterly Review* vom Januar 1892:

«Innerhalb der Mauern der Stadt, in den schmalen, schlecht gepflasterten, kotigen Gassen, die sich unter ausgehängten Schildern durch Zeilen schmaler, unregelmäßig gebauter Häuser wanden, drängte sich eine bunte Menge, die weder Kanzler noch Bürgermeister in irgendeiner Weise in Zucht halten konnten. Das derbe Volk aus dem Oberland nahm mit seinen Karren und Packpferden die Mitte der Straßen für sich in Anspruch. Die Seiten füllten Bürger in den unterschiedlichsten Gewändern, wo sie ihren verschiedenen Gewerben nachgingen, jederzeit bereit, einen Tumult herauszufordern, indem sie einen Gelehrten mit Innereien vom Stand des Metzgers bewarfen, und das Messer saß ihnen locker in der Tasche. Zwischen den Buden und Ständen hasteten Juden in ihren gelben Gabardine-Gewändern, schwarze Benediktiner und weiße Zisterzienser, Mönche in Schwarz, Weiß und Grau, Bewaffnete von der Burg, Scharen von 12- und 14jährigen Burschen, die eine Grundschule oder ein religiöses Institut besucht hatten, um den ersten Schritt zur Universität zu tun. Hier wandelte eine Gruppe zerlumpter, ausgemergelter, gelbgesichtiger Sophisten, die gelassen von den Vorlesungen zu ihren Herbergen zurückkehrten, freilich mit ihren ‹Bastarden› oder Dolchen wie auch ihren Lederbeuteln an ihren Hüften. Dort drängte sich ein Knäuel von phantastisch bunt gewandeten Studenten mit Bärten, langem Haar, pelzbesetzten Mänteln und rot-grün karierten Schuhen durch die Durchgangsstraße, vom Wein berauscht, den sie bei der Examensfeier eines Kommilitonen gezecht hatten. Hier zwängte sich ein Konvoi von Dienern durch die Menge, die die Bücher von Gelehrten oder Doktores zu den Schulen trug, dort eine Prozession von Kollegiaten, die irgendeinen verstorbenen Meister zur letzten Ruhestätte begleiteten und vor dem Leichnam ein silbernes Kreuz trugen ... Dort schimmerte ein Umhang aus karmesinfarbenem Tuch, der das Blut des Erlösers symbolisiert, oder der weichkrempige Hut eines Doktors der Rechte oder der Theologie, denn man hatte damals den Ehrgeiz, das akademische Gewand auch zu tragen. In dem Gesumm der Stimmen, die aus diesem buntscheckigen Haufen aufstiegen, konnte man jeglichen Akzent, jegliche Sprache und jeglichen Dialekt vernehmen. Eine mittelalterliche Universität war immer kosmopolitisch, und der Zustrom von Fremden nach Oxford war sehr groß, insbesondere, als die Pariser Universität vorübergehend aufgelöst war und die Franziskanerschulen den Höhepunkt ihres Ruhms erreicht hatten. Franzosen, Deutsche und Spanier prallten in den Gassen gegen Engländer, Schotten, Iren und Walliser; Studenten aus Kent vermischten sich mit Studenten aus Somerset oder Yorkshire, und keiner verstand die Sprache des anderen. Nationale Animositäten, Sippenfeindschaft, Lokalpatriotismus, intellektuelle Antipathien, Bluts-, Sprach- und Rassenunterschiede trugen zum heterogenen Charakter der Universität bei. Männer derselben Nationalität, Provinz oder Grafschaft schlossen sich zusammen, stürzten sich unter ihrem eigenen unterscheidenden Banner in Prügeleien, und die Feierlichkeiten am Gedenktag ihres eigenen Schutzpatrons waren ihnen eine noch willkommenere Gelegenheit zu Schlägereien als das Football- oder Keulenspiel.

An den Feuerstellen wurde Holz oder Holzkohle verbrannt. Kamine gab es nicht, und der Rauch zog durch ein Loch im Dach ab. Auf den Straßen gab es keinen Bürgersteig, und sie waren entweder schlammig oder mit Kopfsteinpflaster bedeckt; offene Rinnen und Gossen nahmen Abfälle jeglicher Art auf, die entweder aus den Fenstern geworfen wurden oder von den Buden der Marktleute stammten. Der Müll in diesen Gassen allein muß Grund genug für so manche Seuche gewesen sein ...»

Wir wissen nichts darüber, wie es Rolle unter diesen Verhältnissen erging, doch dürften sie ihm jedenfalls nicht fremd gewesen sein. Aus seinen Schriften läßt sich allerdings entnehmen, daß er Oxford verabscheute. Er war von Natur aus Einzelgänger, denn er stammte aus einem stillen und friedlichen Ort. Er war nach Oxford gegangen, weil er einen wachen Verstand hatte und man erwartete, daß er Karriere machen würde, wahrscheinlich in der Kirche. Doch lange vor dem Ende des siebenjährigen Studiums gab er alles auf und kehrte nach Hause zurück.

Er war damals 18 oder 19. Er war an einem Krisenpunkt in seinem Leben angelangt, weil er erkannte, daß alle theologischen Disputationen, das Philosophieren, das scholastische Streiten um Worte und Lehrsätze für ihn mit dem wirklichen Leben des Geistes überhaupt nichts zu tun hatten. Er wollte seinen Verstand nicht länger für bloßen Wissenszuwachs gebrauchen. Vermutlich dürften ihn hierin die Lehren des Wilhelm von Ockham bestärkt haben, jenes Wilhelm, der mit Eckhart in Avignon gefangengesetzt wurde, aber fliehen und in München weiter lehren konnte. Ockham, ein leidenschaftlicher, von missionarischem Eifer durchdrungener Franziskanermönch, lehrte eine glühende persönliche Liebe zu Christus, womit er Rolle in seinem tiefsten Herzen angesprochen haben dürfte. Ockham lehrte auch die Unabhängigkeit des Geistes; er stellte öffentlich die Autorität des Papstes in Frage und unterstützte die Sache Ludwigs des Bayern gegen Papst Johannes den XXII., was ihm schließlich die Inhaftierung in Avignon eintrug. Die Tatsache des großen abendländischen Schismas, bei dem sich zwei rivalisierende Päpste gegenüberstanden, muß in Oxford ein heiß diskutiertes Thema gewesen sein, wo sich sicher unterschiedliche Parteien bildeten. Zweifellos stürzte sich Rolle wie jeder andere junge Mann ebenfalls in den Kampf, wobei ebenso zweifellos seine nachdenklichere Natur mehr von der Unabhängigkeit Ockhams angezogen worden sein dürfte, dessen Weigerung, sich der Kirche zu unterwerfen, und dessen wagemutigem persönlichem Weg der Anbetung Jesu.

Rolle wollte ebenfalls diesen Weg gehen. Er wollte nicht etwas *über* Gott *wissen*, sondern ihn *erkennen*; er wollte die tatsächliche Wirklichkeit erfahren, und wir können uns gut vorstellen, wie fruchtlos und frustrierend für ihn die scholastischen Debatten und Streitgespräche waren. In seinen Büchern finden sich denn auch abfällige Bemerkungen zuhauf gegenüber den Spitzfindigkeiten der Gelehrten. In seinem *Feuer der Liebe* ist die Rede von «denjenigen, die erworbenes, nicht angeborenes Wissen klug gemacht hat und die sich mit aufgeblasenen Argumenten großtun und voller Herablassung sagen: ‹Wo hat er studiert? Wessen Vorlesungen hat er gehört?› Sie können sich nicht vorstellen, daß die Liebhaber der endlosen Liebe vielleicht von ihrem inneren Meister gelehrt werden und besser sprechen könnten als die von Menschen gelehrten, die immer nur um eitler Ehren willen studiert haben.»

Er führt später diesen Gedanken fort, wenn er sagt, daß Gott nur durch die Liebe, nicht durch Wissen erkannt werden kann: «Ihr fragt, was Gott sei? Ich antworte euch in Kürze: Er ist von der Art und so groß, daß kein anderer Ihm ähnlich oder so groß wie Er ist und jemals sein kann. Wenn ihr davon reden wollt, was Gott ist, so sage ich euch, daß ihr auf diese Frage niemals eine Antwort finden werdet. Ich wußte es nie; die Engel wissen es nicht, die Erzengel haben es nicht vernommen. Wie wollt ihr wissen, was unbekannt und unlehrbar ist? – Und doch ist es auch gut, Gott vollkommen zu erkennen. Wohl kann er nicht vom Geist erfaßt werden; Ihn erkennen heißt vielmehr, Ihn zu lieben, Ihn liebend in Ihm zu singen, singend in Ihm zu ruhen und durch innere Ruhe zu endloser Ruhe zu kommen. Stört euch nicht daran, daß ich gesagt habe, daß man Gott erkennen solle, und zugleich, daß dies nicht möglich sei, denn der Prophet sagt im Psalm: ‹Erweise denen Deine Gnade, die Dich erkannt haben ...› Der hat Gott vollkommen erkannt, der erspürt hat, daß Er unbegreifbar und unerkennbar ist.»

Vollkommene Erkenntnis kann also nicht durch Spekulation, sondern nur durch Intuition und Liebe erlangt werden. Sie kann nicht durch Gelehrsamkeit entstehen, sondern muß ihrem eigenen inneren Weg folgen: «Wahrhaftig sind sie [die unabhängigen Kontemplativen] wie der Stein, den man Topas nennt, den man selten findet und der daher als überaus kostbar gilt und hoch geschätzt wird; er hat zwei Farben: die eine ist überaus rein, geradeso wie Gold, die andere klar wie der helle Himmel. Er übertrifft die Klarheit aller anderen Steine; kein Anblick könnte schöner sein. Wenn man ihn aber schleifen will, wird er trübe, und nur dann behält er seine Klarheit, wenn man ihn unbearbeitet läßt.»

Zu dieser Einsicht in das Wesen der spirituellen Wahrheit gelangte Rolle jedoch erst nach einigen Jahren. Zunächst einmal verließ er Oxford und kehrte in einer Stimmung heiteren Geistes und der Gottergebenheit nach Hause zurück. Als er wieder in Thornton-le-Dale eintraf, waren sein Vater und der Erzdiakon zweifellos über diesen Abbruch des Studiums enttäuscht und wohl auch erzürnt. Hier ist uns nun eine bizarre Episode überliefert, für die wir die Gründe wohl nie erfahren werden; vielleicht war er enttäuscht und gekränkt darüber, daß die neue Begeisterung, die ihn ergriffen hatte, nicht verstanden und geteilt wurde.

Bald nachdem Rolle zu Hause angelangt war, ging er nämlich wieder fort, und diesmal endgültig. In einem melodramatischen Auftritt (vergessen wir nicht, daß er erst 19 Jahre alt war) beschloß er, daß er von nun an Einsiedler sein wollte und daher auch wie ein Einsiedler aussehen müsse. Er bat seine Schwester, ihm zwei ihrer Kleider, ein graues und ein weißes, in ein Wäldchen nahe dem Hause zu bringen. Dort schnitt er die Ärmel des grauen Kleides ab, entkleidete sich, legte das weiße Kleid mit den weiten Ärmeln an und zog das graue Gewand darüber. Er setzte den Regenhut seines Vaters auf, vielleicht als Mönchskapuze, und trat so aus dem Wald. Sein Anblick muß seine Schwester zu Tode erschreckt haben. «Mein Bruder ist verrückt geworden! Mein Bruder ist verrückt geworden!» schrie sie. Sie schrie so laut, daß Rolle befürchtete, daß man ihn ergreifen und nach Hause zurückbringen würde. Er machte also auf dem Absatz kehrt und lief davon. So begann sein Eremitenleben.

Er lief und wanderte den ganzen Tag durch das Moor, «auf der Flucht vor demjenigen, was mich verwirrte», wie er sagt. Am Abend gelangte er an eine kleine Kirche etwa 40 km von seinem Vaterhaus entfernt. Er war voller Glut und Jenseitigkeit, von dem Gedanken erfüllt, daß er sich jetzt einem herrlichen Leben gewidmet habe, indem er sich ganz in die Hände Gottes gegeben hatte. Underhill schreibt hierzu, daß er zu Gott davonlief, wie andere zur Seefahrt davonlaufen, und das Leben muß ihm von Abenteuer, Hoffnung und Freiheit erfüllt erschienen sein. Als er an diesem ersten Abend die kleine Kirche erreichte, ging er hinein und kniete vor dem Ewigen Licht in einem Gebetsstuhl nieder. Er war so in sein Gebet versunken, daß er es nicht bemerkte, als die Herrin des Guts eintrat. Er kniete dort, wo sie zu knien pflegte, und man hätte ihn gewiß entfernt, wenn sie nicht Anweisung gegeben hätte, ihn nicht zu stören. Sie war vielleicht gerührt von der Tiefe seiner Andacht und – wenn auch wohlwollend – erheitert über seinen Aufzug. Als Rolle sich nach der Messe erhob, erkannten ihre Söhne in ihm einen Kommilitonen von Oxford.

Es ist nicht bekannt, wo er die Nacht verbrachte, doch dürfte er in der Kirche geblieben sein. Am nächsten Morgen streifte er, noch immer von innerem Jubel erfüllt, ein übriges Chorhemd über und sang mit der Gemeinde die Matutin. Während der Messe trat er, nun mit Erlaubnis des Priesters, auf die Kanzel und hielt die Predigt seines Lebens, in der er in glühenden Worten von seiner Liebe zu Jesus und seinem künftigen gotterfüllten Leben sprach. Es wird berichtet, daß die Gemeinde vor Rührung weinte.

Wenig später trat jedoch die unvermeidliche Reaktion auf jeden euphorischen Zustand ein, und er war wieder schüchtern und verzagt. Sein herrliches neues Leben erschien ihm öde, und er kam sich mehr wie ein Schulschwänzer denn als wandernder Eremit vor. Seine Nöte rührten den Gutsherrn, und er lud ihn zum Essen ein. In einer etwas arroganten Art (die leider typisch für Rolle war, der nicht gerade die Verbindlichkeit selbst war), verschwand er in einer unbenutzten Dachkammer, weil er, wie uns sein Biograph Richard Misyn berichtet, der Lehre des Evangeliums nachfolgen wollte, in dem es heißt: «Bist du geladen, so geh hin und laß dich auf dem letzten Platz nieder, und wenn er kommt, der dich einlud, wird er zu dir sagen: Freund, rücke höher hinauf!» Bei Richard erfüllte sich diese Verheißung, aber nur deshalb, weil der Gutsherr ihn überall suchte und ihm, nachdem er ihn schließlich in der Dachkammer gefunden hatte, tatsächlich den Platz an der Tafel neben ihm anwies und ihn damit über seine eigenen Söhne setzte. Rolle sprach aber während der ganzen Mahlzeit kein einziges Wort und erhob sich unter Mißachtung aller Anstandsregeln, als er genug gegessen hatte. Der Gutsherr wies ihn höflich darauf hin, daß dies nicht üblich sei, und hieß ihn wieder Platz nehmen, bis das Mahl zu Ende war. Dann traf er erneut Anstalten wegzugehen, doch machte ihm der Gutsherr diesmal unmißverständlich deutlich, daß er persönlich mit ihm sprechen wolle. Als die übrigen Gäste gegangen waren, stellte er Rolle seine Fragen. Er war ein überaus freundlicher Mann und Rolle zweifellos sehr zugetan. Er war zudem ein enger Freund von Rolles Vater. Er fragte Rolle, ob William Rolle sein Vater sei, und dieser bejahte dies zögernd. Die Situation muß ihm sehr peinlich gewesen sein, denn er war ohne Wissen und Zustimmung seines Vaters weggelaufen, um Einsiedler zu werden. John Dalton aber, der Gutsherr, erwies sich ihm gegenüber als überaus großzügig: «Und als der vorgenannte Gutsherr ihn unter vier Augen befragt hatte und sich von der lauteren Heiligkeit seiner Absichten überzeugt hatte, gab er ihm auf seine Kosten für einen Eremiten geeignete Kleider; er gewährte ihm lange Zeit in seinem Hause Gastfreundschaft, gab ihm einen Platz zum einsamen Verweilen und versorgte ihn mit Speise und allen Notwendigkeiten des Lebens.»

Dalton hatte zweifellos den Blick, um hinter der jugendlichen Unbeholfenheit und der Maskerade die tiefempfundene Sehnsucht zu erkennen. Und freilich gab es zu allen Zeiten junge Männer und Frauen, die von einem brennenden Verlangen erfüllt waren, Dingen auf den Grund zu gehen, und ein Leben führen wollten, das sich keineswegs mit den Plänen ihrer Eltern deckte. Wir erleben es heute, wie sich junge Menschen als Sufis, Hare Krishnas, buddhistische Mönche, orangegewandete Rajneesh-Anhänger und verträumte Blumenkinder kleiden. Wir sehen, daß sie evangelikale, «wiedergeborene» Christen werden, daß sie als Moonies den Zölibat auf sich nehmen und ohne Alkohol, ohne Drogen dem Aufbau einer neuen, gewaltfreien Welt verpflichtet sind. In Amerika geben hysterische Eltern horrende Summen für bezahlte Schläger aus, damit diese ihre Kinder wieder nach Hause entführen und sie «entprogrammieren». Was wird aber damit erreicht? Wäre es nicht viel besser, wie John Dalton auf den Grund der jugendlichen Eskapaden zu blicken und den jungen Leuten jegliche Hilfe und Unterstützung zukommen zu lassen?

Rolle blieb einige Zeit als Gast im Hause Dalton. Dann scheint er sich in einen abgelegenen Teil des Daltonschen Guts zurückgezogen zu haben. Seine mystischen Erfahrungen und der Beginn seiner schriftstellerischen und Lehrtätigkeit fallen in diese Zeit.

In seinem *Feuer der Liebe* berichtet er uns, was ihm widerfahren war: «Ich saß in der Kapelle und gab mich der Wonne meiner Meditation hin, als ich plötzlich in mir eine frohe und unbekannte Hitze verspürte. Zunächst verwunderte ich mich darüber und zweifelte lange, was es sein könnte. Ich war mir gewiß, daß sie keine geschöpfliche Ursache hatte, sondern von meinem Schöpfer stammte, denn ich fühlte, wie sie heißer und beseligender wurde.»

Diese Empfindung trat ein «drei oder vier Monate, ehe drei Jahre um waren», nachdem er von zu Hause weggegangen war (er ist sehr genau in seinen Zeitangaben und schildert seine Erfahrungen sehr objektiv), und sie hielt fast ein Jahr an, bis die nächste Erfahrung eintrat:

«Wahrlich, in dieser unerwarteten und süß schmeckenden Hitze vergingen ein halbes Jahr, drei Monate und einige Wochen

– bis dieser neue himmlische und spirituelle Klang in mich drang, der zeit- und ortlos mit andächtigen Liedern und der Süße nie gehörter Weisen verbunden ist; denn er kann nur von demjenigen vernommen werden, der sich von der Welt abgeschieden hat.

Als ich in jener Kapelle saß und am Abend vor dem Nachtmahl Psalmen sang, glaubte ich oben das Geräusch wie von Lesenden oder vielmehr von Sängern zu vernehmen. Und während ich aus meinem ganzen Herzen zum Himmel betete, fühlte ich, ich kann nicht sagen, wie, in mir das Klingen des Gesangs und empfing die zauberhafteste himmlische Weise, die in meiner Seele bei mir blieb. Dann wurde mein Denken in ein unaufhörliches Lied der Wonne verwandelt, und Loblieder erfüllten meine Meditation, mein Gebet und mein Psalmodieren. Ich gab mit einer Empfindung großer innerer Süße denselben Klang von mir, den ich von da an vernahm. Ich sang spontan, was ich eben erklärt habe, aber nur für mich und allein vor meinem Schöpfer. Die mich sahen, wußten nichts davon, denn wenn sie es gewußt hätten, hätten sie mich zu sehr geehrt, und ich hätte einen Teil der schönsten Blüte verloren und mich verlassen gefühlt.

Indessen ergriff mich Verwunderung darüber, daß ich, der ich noch einsam war, zu solcher Wonne emporgehoben werden und daß Gott mir solche Gnaden zuteil werden lassen sollte, um die ich nicht einmal zu bitten vermocht hätte und von denen ich kaum glauben konnte, daß auch der heiligste Mensch sie in diesem Leben empfangen könnte. Daher glaube ich, daß dies nicht aus einem bestimmten Grund verliehen, sondern von Christus nach seinem Gutdünken ausgeteilt wird; trotzdem glaube ich aber auch, daß niemand sie empfängt, der nicht den Namen Jesu besonders liebt und ihn so sehr ehrt, daß er ihn niemals aus seinem Geiste weichen läßt, es sei denn im Schlaf.»

Die Wiederholung des Namens Jesu ist eine spirituelle Praxis, die auf die Wüstenväter und noch weiter zurückgeht. Es ist eine weltweit geübte Technik, um den Geist zur Ruhe und zu einer auf ein einziges Ziel gerichteten Klarheit zu bringen. Die griechisch-orthodoxe Kirche benutzt diese Technik bis zum heutigen Tage, die in der hochgeschätzten *Philokalia,* ihrer Sammlung spiritueller Schriften, ihren schönsten Niederschlag findet. Rolle selbst sagt: «Wenn du mit Gott gutstehen, der Gnade teilhaftig werden möchtest, dein Leben zu beherrschen, und zur Freude der Liebe gelangen möchtest, festige diesen Namen JESUS so in deinem Herzen, daß er niemals aus deinem Denken weicht. Und wenn du zu ihm sprichst und gewohntermaßen Jesus sagst, wird es in deinen Ohren Freude sein, in deinem Mund Honig, in deinem Herzen Melodie: denn für die Menschen soll es Freude sein, diesen Namen nennen zu hören, Süßigkeit, ihn auszusprechen, Wonne und Gesang, ihn zu denken. Wenn du unaufhörlich an Jesus denkst und ihn festhältst, reinigt dich dies von deinen Sünden und entzündet dein Herz; es klärt deine Seele, befreit von Zorn und beseitigt Torheit. Es verwundet in Liebe und erfüllt in Barmherzigkeit; es vertreibt den Teufel und verscheucht die Angst; es öffnet den Himmel und macht zum Kontemplativen ...»

Später fügt er hinzu: «Eines lege ich euch ans Herz: Vergeßt nicht den Namen JESUS, sondern denkt ihn in eurem Herzen Tag und Nacht als euren besonders teuren Schatz. Liebt ihn mehr als das Leben, senkt ihn tief in eure Seele. Liebt Jesus, denn er hat euch geschaffen und teuer freigekauft. Schenkt ihm euer Herz, denn ihr schuldet es ihm. Richtet also eure Liebe auf diesen Namen Jesus, der das Heil ist. Nichts Krankes wird im Herzen wohnen können, wenn ihr Jesus wahrhaftig in der Seele tragt.»

Was dieser Name Rolle persönlich bedeutete, beschreibt er im *Feuer der Liebe*: «Solange ich meinen Geliebten noch nicht deutlich sehen kann, will ich an seinen überaus süßen Namen denken, ihn voller Freude in meiner Seele haben. Wie sollte der nicht in seinem Leben glücklich sein, dessen Sehnsucht es ist, den Willen seines Schöpfers zu erfüllen. Nichts ist fröhlicher, als Jesum zu singen, nichts köstlicher, als Jesum zu hören. Hören erfüllt die Seele wahrhaftig mit Wonne, und der Gesang hebt sie empor. Und wahrlich, so lange ich mich seufzend und schwer von Hunger und Durst danach sehne, wähne ich mich verlassen. Doch wenn ich die Umarmung und den Kuß meiner Liebe fühle, ströme ich von namenlosem Entzücken über; wahre Liebende stellen dies aus reiner Liebe zu dieser unausmeßlichen Gutheit über alle Dinge. Indem er also in mich kommt, kommt er mit der Eingießung vollkommener Liebe. Mein Herz erfrischt er und gibt ihm Ausdauer. Er wärmt mich und mästet mich, nimmt alle Magerkeit der Sehnsucht fort.»

Dies war also Rolles Übungsweg, und Hitze, Süßigkeit und Gesang waren seine Erfahrungen. Ungewöhnlich ist es, daß er Melodien hört, doch steht er damit nicht allein. Der Gesang, der statt der Sprache aus ihm herausbrach, war ein jubelndes und andächtiges Gebet. «Der wahre Liebende», sagt er, «hat Süßigkeit, Hitze und geistlichen Gesang, und damit dient er Gott und kommt ihm näher. Manchmal verspürt er mehr Hitze und Süßigkeit und singt mit Mühe; manchmal reißt ihn eine große Süße fort, wobei er weniger Hitze empfindet; oft auch flüchtet er sich mit großer Wonne in ein himmlisches Singen, wobei er auch weiß, daß die Hitze und die Süße der Liebe in ihm sind. Dennoch ist die Hitze niemals ohne Süße, wenn sie auch manchmal ohne Gesang ist.»

Was meint Rolle genau mit Hitze, Süße und Gesang? Wir neigen heute eher dazu, solche Erfahrungen nicht ernst zu nehmen, und wir begründen dies in unterschiedlicher Weise. Wir denken vielleicht an seine langen Stunden der Einsamkeit im Knien oder Sitzen, an seine kärgliche, vermutlich eiweißarme Kost, und wir sagen vielleicht, daß dies Phantasien und Hirngespinste waren. Wir können auch die psychologische Terminologie bemühen und von Autohypnose sprechen oder die medizinische Fachsprache und es psycho-physische Halluzinationen nennen. Psychisch könnten wir von einem induzierten Sinnesautomatismus sprechen. Wir können aber auch einen Schritt über all diese Kategorisierungen hinausgehen und darauf verweisen, daß auf dem religiösen Weg solche Zustände bei vielen, wenn nicht den meisten Menschen auftreten, daß man sie am besten unbeachtet läßt und daß das wahre Ziel nur dann gefunden werden kann, wenn man ihnen keine Bedeutung beimißt.

Diese letztere Kritik ist nicht unbegründet und sollte ernst genommen werden. Zeitgenossen Rolles wie zum Beispiel Walter Hilton und der Verfasser der *Wolke* warnen vor solchen Dingen. In seiner Liste der mystischen Automatismen erwähnt Walter Hilton mit großem Mißtrauen «fühlbare, feuergleiche Hitze, die in der Brust glüht und diese wärmt», und der Verfasser der *Wolke* nennt von den vielen Täuschungen, denen «junge, anmaßende Kontemplative» erliegen, «viele seltsame Hitzen und Brände in ihrer leiblichen Brust». Die Japaner bezeichnen die irreführenden psychologischen Zustände und Manifestationen, die während der Zen-Schulung auftreten, als *makyo,* und zweifellos richten sich gerade die besten religiösen Lehren nicht auf diese Zustände als solche, sondern gehen über sie hinaus.

Aber nehmen wir einmal an, daß wir nicht auf ihren Rat hören und uns nicht von den sonstigen oben erwähnten abwertenden Qualifikationen beeindrucken lassen, sondern unbefangen und vorurteilslos auf Rolle eingehen, ihm auf *seiner* Wellenlänge lauschen und nicht derjenigen einer anderen Autorität. Was ergibt sich uns dann? Wir finden, daß dasjenige, was bei Rolle auftrat, absolut wirklich und überaus bedeutungsvoll war. So sagt er zum Beispiel über die Hitze: «Sie ist so brennend und beseligend, daß derjenige, der auf dieser Stufe ist, das Feuer der Liebe so in seiner Seele brennen fühlen kann, wie man seinen Finger brennen fühlt, wenn man ihn in das Feuer legt.» Ist diese Sprache nicht deutlich genug? Was auch immer wir, die wir dies nicht kennen, hierüber denken – Rolle erlebte es genau so, wie er es beschrieb. Er fährt fort:

«Es erstaunte mich mehr, als ich jemals zeigte, als ich zum ersten Mal mein Herz warm werden fühlte, *wahrhaftig und nicht in meiner Einbildung,* sondern wie wenn es von physischem Feuer versengt würde. Ich war verblüfft, als der Brand in meiner Seele ausbrach, und mit ihm eine unbekannte Empfindung der Tröstung; oft habe ich, weil ich eine solche übermäßige Hitze nicht kannte, meine Brust betastet, um zu fühlen, ob dieses Brennen von meiner Haut oder einer äußeren Ursache käme. Aber als ich bemerkte, daß es im Inneren von einer geistigen Ursache entzündet wurde und daß dieses Brennen nichts mit dem Fleisch zu tun hatte, begriff ich, daß es das Geschenk meines Schöpfers war. Freudig verschmelze ich daher in die Sehnsucht nach größerer Liebe, und insbesondere nach dem Einströmen jener allersüßesten Wonne und untastbaren Süße, die meine Seele mit jener brennenden Flamme bis in ihren tiefsten Grund getröstet hat.»

Solche plastischen Beschreibungen der Hitzewirkung lassen uns keinen Zweifel, daß die Erfahrung Rolles keine Einbildung war. Wie steht es aber um die Süße? Auch dies ist ein Bereich, in dem Körper, Geist und «Seele» (Individualität) sich nicht trennen lassen. Was die Seele durch den Geist erfährt, fühlt der Körper. Wenn wir glücklich sind, empfindet unser ganzer Körper Leichtigkeit und Beschwingtheit; wenn wir traurig sind, senkt sich Schwere und Mattigkeit über ihn. Echte spirituelle Erkenntnisse sind oft von einer Erleuchtung und Erhebung des ganzen Menschen begleitet, so daß sich eine allgemeine Empfindung des vollen Einklangs und der Integration in einer Atmosphäre höherer Realität einstellt. Wenn die Spannungen verschwinden, ist man zum Lächeln und Lachen bereit, so daß Rolle mit voller Berechtigung das Wort «Wonne» so häufig benutzt, ein Wort, das er erklärt, indem er sagt, daß das Gelächter zu preisen sei, das aus einem klaren Bewußtsein und einem freien Geist stammt – «welches nur im Gerechten ist, und man nennt es Wonne an der Liebe Gottes». Wir haben also keinen Grund, Rolle zu mißtrauen, wenn er von Süße als «einem süßen Geheimnis» oder «einem köstlichen Honig» spricht. «Unter welchen Mühen wird sie erlangt», sagt er, «doch mit welcher unsäglichen Freude besitzt man sie!»

Diese Seligkeit preist sogar der durch und durch praktische Autor der *Wolke.* Er sagt: «Manchmal entflammt er den Leib seiner demütigen Diener hier in diesem Leben, nicht einmal oder zweimal, sondern sooft es ihm gefällt, mit überaus wunderbarer Süße und Tröstung. Diese gelangen teilweise nicht von außen in diesen Leib, sondern stammen von innen; sie wallen auf in einer

Überfülle geistlicher Fröhlichkeit und wahrer Hingabe. Von einer solchen Tröstung und einer solchen Süße darf man nicht mißtrauisch denken, und ich glaube, daß derjenige, der sie empfindet, hierüber nicht im Argwohn sein sollte.»

Rolles Melodie kann diejenigen unter uns, die Musik lieben, aber nicht musikalisch sind, nur mit Bewunderung und Neid erfüllen. Er scheint sie zuerst außerhalb, dann innerhalb seiner Seele vernommen zu haben. Sie war für ihn ebenso real, wie für denjenigen, der mehr «Augenmensch» als «Ohrenmensch» ist, etwas Gesehenes real ist. Rolle war seiner Veranlagung nach Musiker und Dichter, und seine Verzücktheit in Freude und Liebe fand ihren Ausdruck in den lyrischen Gedichten, die er schrieb und sang. «O guter Jesus, du hast mein Herz in Gedanken an deinen Namen gefesselt, und nun muß ich ihn immerfort singen.» Er sang alles – seine Gebete, seine Gedanken, seine Meditationen. Über die Kontemplation sagt er: «Wenn man fragte: ‹Was ist Kontemplation?›, könnte man es schwerlich definieren. Manche sagen, ein kontemplatives Leben ist Wissen vom Unbekannten oder ein Studium des Wortes Gottes ... oder es ist die Freiheit, vermittels der geschauten Wahrheit der Weisheit zu sehen, erleuchtet durch ein großes Erstaunen. Andere sagen, daß es eine freie und kluge Einsicht in die Größe der Seele sei, wieder andere, daß sie der Tod des fleischlichen Verlangens sei. Mir aber will scheinen, daß die Kontemplation das fröhliche Singen von Gottes Liebe ist, die mit der Süße des Engellobs in die Seele getragen wird.»

So sehr beglückte ihn die Melodie, die er innerlich vernahm, daß es ihm schwerfiel, der Messe beizuwohnen und in Gesänge einzustimmen, die ihm recht unbeholfen vorkamen. Dies wurde ihm sehr übelgenommen: «Sie stellten sich wider mich, weil ich vor den äußeren Gesängen floh, die man in den Kirchen pflegt, und vor der Süße der Orgel, die die Menschen gerne hören, und weil ich nur hinging, wenn es die Notwendigkeit, die Messe zu hören – die ich anderswo nicht hören konnte –, oder der feierliche Anlaß des Tages unumgänglich machten.»

In diesem Geiste widmete er sein Buch *Das Feuer der Liebe* «nicht den Philosophen oder Weisen dieser Welt, nicht den großen Theologen, die in unendliche Fragen verstrickt sind, sondern den Unbekümmerten und Ungelehrten, deren Streben mehr danach geht, Gott lieben zu lernen, als viel zu wissen; denn wahrlich, Erkennen und Lieben heißt Wirken, nicht Disputieren. Ich glaube, daß das in diesem Buch Gesagte jene Frager nicht verstehen werden, die von aller Wissenschaft sehr viel, aber von der Liebe zu Gott sehr wenig wissen.»

Es sollte für die meisten von uns, die niemals «Hitze» oder «Süße» oder «Melodien» oder auch jene Visionen erlebt haben, die im Mittelalter ebenfalls sehr häufig waren, nicht unbedingt schwierig sein, zumindest in wohlwollendem Verständnis den Durchbruch zu jener Wirklichkeitsebene zu schaffen, auf der diese Wahrnehmungen auftreten. Und warum sollten wir nicht in dieser Welt der Geheimnisse, deren Geringstes gewiß nicht ihre eigene Existenz ist, akzeptieren, daß es Erfahrungen gibt, die unserer Natur nicht zugänglich sind? Wir alle nähern uns dem Mittelpunkt unseres Seins gemäß unserer eigenen Individualität auf unterschiedlichen Wegen. Rolle selbst war sich dessen sehr wohl bewußt:

«Wie die Werke der Heiligen unterschiedlich sind, so sind auch ihre Meditationen unterschiedlich. Und doch führen alle, da sie aus *einer* Quelle entspringen, zur selben Seligkeit ... weshalb der Psalmist sagt: ‹Er hat mich auf die Pfade der Gerechtigkeit geführt›, wie um zu sagen, daß es eine Gerechtigkeit und viele Pfade gibt, die zu ihrer Freude führen; denn wiewohl wir eins sind in unserem Wesen, sind wir viele in unseren Bedürfnissen ... Gott teilt jedem gute Gedanken und Meditationen zu, wie es seiner Verfassung und seinem Zustand am meisten frommt. So kann ich euch von meinen Meditationen berichten, doch kann ich nicht sagen, was für *euch* am wirksamsten ist, weil ich eure inneren Bedürfnisse nicht kenne. Ich glaube fest, daß diejenigen Meditationen, die euch am meisten Gewinn bringen, Gott am meisten gefallen, und er gibt sie euch in seiner Gnade ein.»

Trotzdem *gibt* es natürlich einen Unterschied zwischen den «jungen anmaßenden Kontemplativen» (wozu man heute etwa auch diejenigen rechnen würde, die Halluzinationen im Drogenrausch suchen) und den Zuständen, die Nebenerscheinungen des Durchbruchs in die Wirklichkeit selbst sind. Nicht ohne Grund vergingen «zwei Jahre, drei Monate und einige Wochen», bevor Rolle diese Gaben empfing. Diese ganze Zeit hatte er im unablässigen Bemühen zugebracht, sich Gott ganz hinzugeben. Dies beinhaltete auch die Überwindung aller seiner natürlichen sinnlichen Begierden. Keine geringe Aufgabe für einen jungen Mann, der gerade dem Jugendalter entwachsen war. Diese Aufgabe bestand aber im wesentlichen nicht so sehr in körperlicher Kasteiung – in dieser Hinsicht zeigte er durchaus gesunden Menschenverstand – als in einer «Einkehr des Denkens und dem Abweisen von Begierden, die sich mit der Liebe oder Verehrung Gottes nicht vereinbaren lassen». Er hatte sich also selbst auf einen Schulungsweg begeben, um zu lernen, einfach und bescheiden zu sein. In einer seiner schönsten Passagen schreibt er über diese Anfänge:

«Am Anfang meiner Bekehrung und meines Strebens nach dem einen Ziel glaubte ich, ich wäre wie das Vögelchen, das sich nach der Liebe seines Liebhabers sehnt, dessen Sehnsucht gestillt wird, wenn er kommt, den es liebt. Im Jubel singt es, und im Singen hat es Sehnsucht, aber in Süßigkeit und Wärme. Es heißt, daß die Nachtigall die ganze Nacht dem Gesang und Lied obliegt, damit sie denjenigen erfreut, dem sie verbunden ist. Um wieviel mehr sollte ich nicht mit größter Süße für Christus, meinen Jesus, singen, der in diesem gegenwärtigen Leben, welches Nacht ist im Vergleich zur kommenden Klarheit, der Bräutigam meiner Seele ist?»

Eine gewisse «Abtötung des Fleisches» war für jemanden mit Rolles Naturanlage unvermeidlich, und da er noch so jung war, sah er seine «Sünden» wohl in etwas zu grellem Licht. Aus seinen Schriften geht hervor, daß ihm das Leben im Zölibat nicht natürlicherweise gegeben war; er scheint – vermutlich in Oxford – eine

«Sünde» begangen zu haben, die ihn lange peinigte. Er fleht zu Gott um Gnade, denn «meine Jugend war stürmisch, meine Kindheit eitel, mein Jugendalter unrein». An anderer Stelle beschließt er, «die Sünde zu sühnen, die ich als Knabe beging». Er spricht auch davon, daß eine junge Frau, an der er sich versündigt hatte, zu Beginn seines neuen Lebens in seine Träume trat und wie er sich dann von ihr befreite. Er dankt Gott für die Süße, die er nun beim Verzicht auf irdische Freuden empfindet, und er sagt: «Nun aber, Herr Jesus, ist mein Herz von Deiner heiligen Liebe entzündet, und ich habe meinen Sinn gewandelt.» Doch geschah diese Wandlung nicht über Nacht. Er berichtet uns von einer demütigenden Lektion, die ihm erteilt wurde: «Trotzdem erhielt ich nun kürzlich von drei ehrbaren Frauen einen verdienten Tadel.» Offenbar hatte er sich bei einer Alberei mit ihnen eine zu große Derbheit und Vertraulichkeit herausgenommen. «Die vierte Dame, mit der ich näher bekannt war [sie gehörte wohl zum Hause Dalton] sagte zu mir ohne Tadel, aber wie wenn sie mich verachtete: ‹Ihr habt nichts als schöne Blicke und schöne Worte; gute Taten habt Ihr nicht.›»

Auch das Essen liebte er, doch war er klug genug, zu wissen, daß die Extreme, zuviel oder zuwenig (wie im Falle des hl. Bernhard) nicht die richtige Antwort waren: «Bei Fleisch und beim Trinken seid mäßig und klug. Gedenkt beim Essen und Trinken stets eures Gottes, der euch nährt; preist, rühmt und verherrlicht ihn mit jedem Bissen, damit eure Seele nicht einen Augenblick von Gott getrennt sei. Dieses macht euch tugendhaft, und die Versuchungen des Bösen, der im Fleisch und im Trinken den meisten Menschen auflauert und sie betört, werden euch nichts anhaben können. Entweder werden solche Menschen durch Unmäßigkeit im Essen vom Pfad der Tugend abgebracht, oder aber zu große Enthaltsamkeit läßt ihre Tugendhaftigkeit wankend werden. Es gibt immer Menschen, die beim Essen das rechte Maß nicht kennen, so daß sie stets zu viel oder zu wenig zu sich nehmen; sie können niemals das rechte Maß halten, weil sie einmal glauben, daß dieses, dann jenes besser ist. Die Unklugen und Unbelehrten, die niemals die Süße der Liebe Christi gekostet haben, glauben, daß unkluge Enthaltsamkeit Heiligkeit ist; sie glauben, daß sie erst dann in den Augen Gottes tugendhaft sind, wenn sie an Kärglichkeit und unrechter Enthaltsamkeit niemand mehr übertrifft ... Das Beste und, wie ich glaube, Gottgefälligste ist es, sich beim Essen und Trinken nach der Zeit und dem Ort und dem Aufenthalt derjenigen zu richten, bei denen man weilt, damit man nicht den Eindruck erweckt, willkürlich zu sein oder heilig erscheinen zu wollen.»

Welch ein kluger Rat von einem jungen Mann, der sich einst in einer Dachkammer versteckte! Hier liegt eine Parallele zum «Mittleren Weg» des Buddha. Bei den praktischen Kontemplationsübungen Rolles aber finden wir nun die ungewöhnlichsten Aspekte: Er schreibt, daß man nach seiner Auffassung im Sitzen am besten meditieren könne, besser als im Knien oder Gehen.

«Wenn ich versuchte, im Stehen, Gehen oder Liegen zu meditieren, hatte ich die Empfindung, daß mir ein großer Teil von mir selbst fehlte, und ich fühlte mich unglücklich; deshalb und von der Notwendigkeit gezwungen, in großer Andacht zu leben, beschloß ich zu sitzen. Die Ursache hierfür weiß ich wohl, denn wenn man einige Zeit steht oder geht, wird der Körper müde, und die Seele erschlafft. Sie empfindet sich irgendwie als Last, so daß der Mensch nicht wirklich gelassen ist und daher nicht wahrhaft achtsam sein kann. Die Seele wird nur durch Ruhe oder Sitzen klug. Wer an Gott im Stehen größeres Entzücken hat als im Sitzen, der wisse, daß er weit von der ganzen Höhe der Kontemplation entfernt ist.»

Letztere Bemerkung ist unnötig, denn es ist wohl ziemlich dogmatisch zu behaupten, daß man im Stehen nicht meditieren könne. Leider neigt Rolle durchaus dazu, seinen Weg als den besten zu betrachten, und dieser Anflug von Arroganz kann daher rühren, daß er völlig allein lebte, unabhängig von Klöstern oder Eremitenorden, in denen er im Gespräch seine Anschauungen hätte korrigieren können.

Davon abgesehen ist die Meditation im Sitzen zweifellos *die*

Technik unseres Zeitalters, und es ist interessant, daß Rolle schon zu seiner Zeit ihre Vorzüge erkannte. Die Vorteile sind offensichtlich, wenn der Körper nicht abknickt, sondern aufrecht bleibt, damit man ungehindert atmen kann, und wenn der Kopf nicht nach unten hängt, sondern bequem auf den Schultern ruht, damit man nicht ins Dösen gerät, sondern wach und aufmerksam bleibt. Ziel des Zazen (der sitzenden Zen-Meditation) zum Beispiel ist es, den rastlosen, unruhigen Alltagsgeist zu beruhigen und den ständigen Kommentator zum Schweigen zu bringen, damit ein gelassener und klarer Geisteszustand eintreten kann, der die Dinge in ihrer Wirklichkeit ergreifen kann. Die Wechselwirkung zwischen Körper und Geist ergibt sich ohne weiteres aus unserer Selbstbeobachtung; wie Philip Kapleau ausführt, «nimmt ein gekrümmter Rücken dem Geist seine Spannung, so daß zufällige Gedanken und Bilder hereinfluten können, während ein gerader Rücken die Konzentration stärkt und das Eindringen wandernder Gedanken verringert... Damit soll nicht gesagt sein, daß man Zazen nur im ganzen oder halben Lotussitz praktizieren könne. Zazen kann man durchaus auch auf einem Stuhl, auf einer Bank oder im Knien praktizieren, doch muß stets der Rücken gerade sein. Letztlich kommt der Erfolg auf der Suche nach Erleuchtung nicht durch eine bestimmte Haltung, sondern durch das intensive Verlangen nach Wahrheit um ihrer selbst willen, und nur dies führt dazu, daß man richtig sitzt und alle Dinge des Alltags mit Andacht und klarem Bewußtsein ausführt.»

Ganz in diesem Sinne schreibt Patanjali, ein indischer Yogi aus dem 2. Jahrhundert, der alle Lehren des Yoga in einem berühmten Buch aphoristisch zusammengefaßt hat, in Versform:

Dies ist der Anfang der Yoga-Unterweisung.
Yoga ist die Kontrolle der Gedankenwellen im Geist.
Dann lebt der Mensch in seiner wirklichen Natur.
Andernfalls bleibt der Mensch eins mit den Gedankenwellen.

Mit Rolles Worten: «In welchem Zustand kann der Mensch Gott am meisten lieben? Ich antworte hierauf: In einem solchen Zustand, in dem der Mensch an Leib und Seele am meisten in Ruhe und am wenigsten mit den Bedürfnissen und Geschäften dieser Welt beschäftigt ist. Das Denken an die Liebe Jesu Christi und an jene unendliche Freude strebt immer nach äußerer Ruhe, damit es nicht durch Kommende und Gehende und die irdischen Geschäfte gestört werde; im Inneren strebt es danach, daß die lästigen Begierden, die Eitelkeiten und das irdische Denken stillschweigen mögen. Und gewiß suchen alle, die das kontemplative Leben lieben, Ruhe an Leib und Seele. Denn ein großer Doktor sagt: ‹Diese sind Gottes Thron, die still an einem Ort verharren und nicht umhereilen, sondern in der Süßigkeit der Liebe zu Christus ihren festen Ort gefunden haben.›»

Von sich selbst sagt Rolle: «Ich sitze gerne, nicht zur Buße oder als Eingebung meiner Phantasie, auch nicht, damit man von mir spreche, nicht aus einem solchen Grund, sondern nur deshalb, weil ich weiß, daß ich Gott mehr und dauerhafter in der *Bequemlichkeit* der Liebe als im Gehen, Stehen oder Knien liebe. Im Sitzen bin ich am meisten in Ruhe und ist mein Herz am höchsten erhoben.»

Für dieses Sitzen brauchte er die Einsamkeit. Er sagt: «Der fühlt sich wahrhaft einsam, der Gott nicht in sich hat. Derjenige aber, der das einsame Leben um Gottes willen erwählt und es in rechter Weise führt, ist nicht dem Leid, sondern dem Glück nahe. Der Name Jesu wird fortwährend seine Seele entzücken, und je weniger der Mensch sich fürchtet, ein Leben ohne die Tröstung anderer Menschen zu führen, desto mehr wird ihn die Tröstung Gottes erfreuen. Er wird immer wieder geistige Heimsuchungen empfangen, die er nicht kennen würde, wenn er in Gesellschaft wäre. Deshalb wird zu einer geliebten Seele gesagt: ‹Ich werde sie in die Wildnis führen und dort zu ihrem Herzen sprechen.›»

«Wie wir in der Dunkelheit stehen», sagt er, «und nichts sehen, so sehen wir bei der Kontemplation – die die Seele unsichtbar erleuchtet – kein sichtbares Licht. Auch Christus nimmt in der Dunkelheit seine Wohnstatt und spricht zu uns wie durch eine Wolke. Dieses aber, wenn es gefühlt wird, ist überaus köstlich. Die Liebe des Menschen ist vollkommen, auch wenn es ihm sein Fleisch verwehrt, sie zu sehen, wenn er nichts als Gott ersehnt. Hieran zeigt sich, daß Heiligkeit nicht im Weinen des Herzens, in Tränen oder im äußeren Leiden liegt, sondern in der Süße vollkommenen Mitleids und himmlischer Kontemplation. Viele sind tatsächlich in Tränen niedergestürzt und haben hernach ihren schlechten Lebenswandel wieder aufgenommen; niemand aber könnte den weltlichen Geschäften obliegen, der wahrhaftig die zeitlose Liebe genossen hat. Das Weinen und Trauern ist Sache der Neubekehrten und der Anfänger; fröhlich zu singen und in der Kontemplation fortzuschreiten aber ist Sache der Vollendeten.

Kontemplation ist Süße und ersehnenswerte Mühe. Sie erfreut den, der sich müht, und schmerzt nicht. Niemand kann dies tun und sich nicht fröhlich fühlen; nicht wenn sie kommt, sondern wenn sie geht, fühlt er sich müde. Oh welch eine edle und wundersame Wirkung, daß dies den Sitzenden am vollkommensten gelingt! – Nichts ist nutzbringender, nichts macht froher als die Gnade der Kontemplation, die uns aus allen niedrigen Dingen emporhebt und uns Gott darbringt. Was ist diese Gnade, wenn nicht der Anfang der Freude? Und was ist die Vollendung der Freude, wenn nicht die bekräftigte Gnade? Hierin ist für uns ein fröhliches Glück und eine glückliche Fröhlichkeit bereitgelegt, eine glorreiche Unendlichkeit und zeitlose Freude, mit den Heiligen zu leben und bei den Engeln zu wohnen. Und auch dies, was über allen Dingen steht – Gott wahrhaftig zu erkennen, ihn vollkommen zu lieben, ihn im Glanz seiner Majestät zu schauen und ihn mit einem wunderbaren Gesang der Freude und der Harmonie ohne Ende zu preisen.»

Rolle war seiner Persönlichkeit nach ein schüchterner Einzelgänger, und er zog bis zu seinem Lebensende die Einsamkeit der Gesellschaft vor. Man versteht angesichts der hohen lyrischen

Inspiration seiner Prosa nicht recht, daß seine Beziehungen zur Außenwelt sehr unglücklich waren bis zu seinen späteren Lebensjahren. Erst dann scheint er die innere Kraft eines wahren Lehrers errungen zu haben, während ihn in seiner Jugend und im mittleren Lebensalter die unfreundlichen Dinge, die vielfach über ihn geredet wurden, immer wieder erzürnten und erbitterten. Des öfteren spricht er von «Zurücksetzungen» während der Jahre, in denen er Wanderprediger war, doch kann man sich des Eindrucks nicht erwehren, daß er sich dies durch sein unbeholfenes Verhalten gegenüber den Menschen, aber auch deshalb, weil er Individualist war und keine Unterstützung seitens der Kirche oder eines Klosters suchte, weitgehend selbst zuzuschreiben hatte. Als nicht ordinierter Laienprediger war er daher ohne Schutz und wurde sowohl von den gewöhnlichen Menschen wie auch von der Kirche mit wenig Respekt behandelt, so daß ihm manchmal nicht einmal ein Nachtlager angeboten wurde. Er spricht gelegentlich von der Kälte, von fehlender Kleidung und von Hunger.

Doch konnte ihn all dies nicht wankend machen. Es hat wohl Zeiten gegeben, in denen er sich nach einer Bleibe sehnte, doch ließ er niemals ab, mutig seine innere Welt durch Lesen (hauptsächlich der Schrift), Gebet, Meditation und Kontemplation zu seiner Heimstatt zu entwickeln. Über das Gebet sagt er: «Wenn dich Versuchungen oder Sorgen heimsuchen, nimm deine Zuflucht zum Gebet. Wenn du betest, wird dir Hilfe zuteil.»

Man kann es tagtäglich erleben, daß wir wirklich Hilfe erlangen, wenn wir wirklich in Not sind und um Hilfe bitten, sei es auch blind und ohne Glauben. Manchmal kommt die Hilfe in einer ganz unerwarteten Weise; manchmal ist dasjenige, worum wir bitten, für uns so verkehrt, daß wir dieses nicht, dafür aber etwas anderes bekommen.

Was ist es, das auf unseren Anruf reagiert? Man kann die Menschen verstehen, die an einen Schutzengel, die Manifestation eines Lehrers oder konkret an Jesus oder Kirshna oder Kuan Yin glauben, denn wie oft scheint ein direktes Eingreifen vorzuliegen, das wir selbst nicht zuwege gebracht hätten.

Der Schlüssel scheint in der Unterwerfung zu liegen. Wir geben auf, wir können uns selbst nicht mehr helfen und flehen daher die Leerheit um Hilfe an. Diese Unterwerfung führt dann in geheimnisvoller Weise zu einer Reaktion. Aber je mehr wir versuchen, diese Reaktion zu analysieren und aufzuhellen, desto weiter entfernen wir uns von ihr.

Das Gebet war für Rolle jedenfalls eine beständige und wesentliche Tätigkeit und nicht nur der Rettungsanker in der höchsten Not. Er selbst meint, daß «wir, wenn wir richtig beten, an nichts anderes denken; denn unser ganzer Geist ist zum Himmel gerichtet, und unsere Seele ist vom Feuer des Heiligen Geistes entflammt. So finden wir eine wunderbare Fülle von Gottes Güte in uns, denn vom innersten Mark unseres Herzens soll die Gottesliebe aufsteigen, und all unser Beten soll mit Sehnsucht und Drängen geschehen, so daß wir nicht nur die Worte, sondern beinahe jede Silbe in einen großen Ausruf und inniges Verlangen kleiden und unserem Herrn darbieten ...»

Denjenigen, die nicht richtig beten konnten, gab er diesen Rat: «Wenn wir unsere Herzen nicht so sammeln können, wie wir möchten, dürfen wir doch nicht aufgeben, sondern müssen ganz allmählich lernen, im Gebet zu wachsen, damit uns zuletzt Jesus Christus in ihm beharrlich mache.»

Wir sollten Rolles Worte wohl erwägen. Wenn wir das Gebet in einem weiteren Sinne auffassen, ist es Kommunikation. Für diejenigen, die keine christologischen – oder auch hebräischen oder islamischen – Etikettierungen mögen, können wir sagen, daß es Kommunikation mit unserem innersten Selbst ist. Viele Menschen pflegen keinerlei Kommunikation mit sich selbst, höchstens auf einer sehr oberflächlichen Ebene. Ihr Geist ist voller belangloser Informationen, die sie wie eine Droge von sich selbst ablenkt. Rolle sagt etwas vollkommen Richtiges. Wenn wir mit uns selbst kommunizieren wollen, brauchen wir in aller Regel Einsamkeit.

Worum geht es bei dieser Kommunikation? Sehr oft beinhaltet sie dasselbe, was man als den Inhalt des Gebets ansieht. Wir können zum Meer oder zum Wind von unseren tiefsten Ängsten und Spannungen, von unserem Glück oder unserem Staunen sprechen. Wir können auf der intimsten Ebene kommunizieren, wo immer wir sind, laut oder stumm. Diese Kommunikation kann uns in eine neue Dimension des Einsseins mit uns selber führen; sie macht unser Herz leichter und führt uns zu einem Einssein auch mit der Welt, statt ihr entfremdet zu sein. Wenn der Kontakt und die Kommunikation mit unseren eigenen Tiefen in einer direkten und spontanen Weise eintritt, denken wir nicht mehr subjektiv oder objektiv, und die Trennung zwischen uns selbst und allen anderen Daseinsformen scheint aufgehoben. Das innere Gebet richtete sich für Rolle an Jesus. Für uns mag es sich an das Sein richten.

Rolle war noch ein junger Mann und seine Haltung zum Gebet noch kaum ausgeformt, als er das Daltonsche Gut verließ und ein Wanderleben aufnahm. Dies war vermutlich nach dem Tod von John Daltons Frau; Rolle dürfte damals etwa 26 Jahre alt gewesen sein. Er entdeckte, daß die äußere Welt ein Ort ohne Gebet war, und er beschloß, sein Bestes zu tun, um dies zu ändern. In seiner jugendlichen (und leider auch später nicht abgelegten) Arroganz kritisierte er jeden, vom König bis zum Papst. Seine Verachtung für den Klerus war tief, insbesondere was dessen Umgang mit den Frauen betraf: «Sie halten das Ewige fern von sich und streben danach, es sich in körperlichem Behagen und in der Liebe wohlsein zu lassen. Sie sündigen schwer, und am meisten dadurch, daß sie heilige Weihen empfangen haben und dann als Freier zu den Frauen gehen, ihnen sagen, daß sie nach ihrer Liebe lechzen und vor übergroßem Verlangen und sehnsüchtigen Gedanken fast umkommen; so täuschen sie die Frauen und führen sie, die Leichtfertigen und Schwankenden, in das Unglück.»

Was aber wirklich seinen flammenden Zorn herausforderte, war der Dünkel der Priester: «Sie verbieten es hervorragenden Männern, zu predigen, und erlauben es anderen, die von Gott keinen Auftrag haben; sie lehnen die Einsiedler ab ... wehe den

Priestern, die mit solchem Eifer und Geschrei den Zehnten und Geld für die Sakramente fordern!»

Natürlich waren seine ärgsten Feinde eben jene Priester, die er verachtete. Comper berichtet, daß «sie ihn als einen Heiligen ohne Wunder verspotteten, ihm seine Untätigkeit vorwarfen, seine Kontemplation ohne Werke, seine Unabhängigkeit ohne Gehorsam. Sie verachteten ihn als Laien und zogen seine Gelehrsamkeit in Zweifel ... ‹Sie sagten, er könne nicht predigen, und sie achteten seine Wort für nichts, weil er arm war und bei den Großen keinen Ruf hatte. Seine Lehre ist für sie ein Geheimnis, und sie sagen, daß seine Interpretation der Heiligen Schrift falsch sei.› Schon sehr früh stieß er auf Ablehnung, weil man ihn als Modernisten einstufte. Er war ein Neuerer und Emporkömmling.»

Rolle schlug zurück und nahm dabei auch seinen Bischof nicht aus. «Seht», schrieb er, «ein junger Mann, von aufrechtem Eifer durchseelt, erhebt sich gegen einen älteren, *ein Eremit gegen einen Bischof*, gegen *alle*, wie groß sie sein mögen, die sagen, daß die höchste Heiligkeit in äußeren Werken bestehe ... Der Mensch ist aber nicht heiliger oder höher wegen der äußeren Werke, die er tut. Wahrlich, Gott, der in das Herz sieht, belohnt den Willen mehr als die Tat. Die Taten hängen wahrhaftig am Willen, nicht der Wille an den Taten.»

Es ist wahrscheinlich, daß Rolle zu Beginn seines Lehrens Predigtverbot hatte, doch störten ihn solche Hindernisse später weit weniger, weil er gelernt hatte, daß die Liebe den Schmerz besiegt. Hilfreich war ihm die (fast ausschließlich briefliche) Freundschaft der Einsiedlerin Margaret Kirkby, für die er ein kleines Büchlein schrieb, *Die Form des Lebens.* Überhaupt fühlten sich Nonnen besonders zu ihm hingezogen, und er schrieb viele Predigten für sie. In einer kleinen Zelle, die einem Konvent in Hampole im südlichen Yorkshire angegliedert war, verbrachte er die letzten Jahre seines Lebens, die, wie es auch bei anderen Mystikern in diesem Buch der Fall ist, zweifellos seine besten waren. Er sagt: «Es ist gut, Prediger zu sein, sich anzustrengen, hierhin und dorthin zu gehen und sich um die Rettung der Seelen zu bemühen; viel besser, sicherer und süßer aber ist es, sein Leben in der Kontemplation zuzubringen, die Nähe der ewigen Süße zu fühlen, von den Freuden der ewigen Liebe zu singen und im Lob des Schöpfers, im Heraussingen himmlischer Lieder verzückt zu werden.» Es wird berichtet, daß er oft so sehr in das Gebet versunken war, daß man ihm einmal den Mantel, in den er sich gehüllt hatte, abnahm, ohne daß er es bemerkte, und ihm diesen, nachdem man ihn geflickt und genäht hatte, ebenso unbemerkt wieder überstreifte.

Einmal unternahm er auch den Versuch, gleichgesinnte Eremiten um sich zu versammeln, damit sie als Gemeinschaft leben könnten, doch scheiterte dieses Vorhaben offenbar. «Weh mir Elendem, so einsam bin ich, daß ich in diesen Tagen niemanden finden kann, der mit mir kommen wollte und stillsitzend nach den Freuden der ewigen Liebe verlangen möchte.»

Er starb im Alter von 49 Jahren höchstwahrscheinlich an der Pest, die zu dieser Zeit in Yorkshire wütete. Ein Bauer der Gegend errichtete ihm ein Grabmal, und es wird von vielen Heilungswundern berichtet, die an den Besuchern geschahen, so daß er am Ende seines Lebens zweifellos im Ruf eines heiligen Mannes gestanden haben muß. Interessant ist, was in jener Zeit als Wunder galt. Als der Bauer die Steine für das Grabmal herbeischaffte, soll sich folgendes ereignet haben: «Als er nun eines Tages mit dem eben erwähnten frommen Werk beschäftigt war und er zwölf Zugochsen angeschirrt hatte, geschah es, daß seine armen Tiere, als er mit den großen Steinen am Friedhofstor anlangte, durch einen unglücklichen Zufall vom Weg abkamen, so daß der Karren gegen einen Torflügel prallte und die Steine mit großer Gewalt auf Roger selbst fielen. Doch trug er davon keine Verletzung davon, noch verspürte er eine Erschütterung oder Schmerz an seinem Leib. Obwohl sein Fuß unter den Steinen festgeklemmt war, konnte er sich ohne Schaden an Fuß und Bein befreien. Damit nun dieses Wunder nicht vergessen werde, wurde einer dieser Steine am Friedhofstor aufgestellt, damit ihn die Hereinkommenden sähen; ein anderer ruht auf dem Grab des Heiligen.»

Rolles Mystik war eine nach außen gehende Mystik. Im Gegensatz zu Eckhart stellte er sich Gott nicht so vor, daß er in seinem Inneren sei oder er selbst Gott «sein» könnte, und bei ihm ist auch nicht von der «Seinsheit» die Rede, die den Kern von Eckharts Größe ausmacht; bei ihm begibt sich die Seele auf den Weg nach außen, flieht den Leib und vereinigt sich mit ihrem Liebhaber.

«Die Liebe will es wahrhaftig nicht leiden, daß deine liebende Seele in sich bleibt, sondern reißt sie heraus zum Liebenden, damit die Seele mehr dort ist, wo sie liebt, als in dem Körper, der lebt und diese Liebe verspürt... Worin könnte Freude bestehen, wenn nicht darin, die Gutheit zu besitzen, derer wir bedürfen, an sie zu denken und in ihr zu ruhen? Kein Wunder ist es, daß die Wonne süß ist, wenn wahre Liebende im Einklang miteinander sind und die frohe Tröstung der Berührung der Liebe vorhanden ist; wahrhaftig, das brennende Verlangen Liebender ist unsäglich, und der Anblick voneinander und die Rede zueinander ist ihnen süßer als Honig und die Honigwabe.»

Daher ging es Rolle in seinen Lehren weniger darum, in das Selbst zu blicken, als darum, Männer und Frauen zu einem ähnlichen Andachtszustand hinzuführen, wie er ihn selbst empfand. Er wußte, daß die «himmlische Weise» der höchsten Kontemplation eine besondere Gnade war, die ihm speziell verliehen wurde, und er scheute sich nie, dies zu sagen; er glaubte aber auch, daß die göttliche Weise von allen vernommen werden konnte, die wie er in der Liebe zum Schöpfer aufgingen. Seine Lehre war daher vor allem Ermahnung, eine Aufforderung an die Menschen, zu bereuen, daß sie Gott vergessen und sich selbst zum Mittelpunkt ihres Lebens gemacht hatten, eine Aufforderung, unaufhörlich zu beten und zu meditieren, um ihre wahre Liebe und Mitte ihres Lebens zu finden. Er stellte sich das Feuer der Liebe, das nicht nur der Titel eines seiner Bücher, sondern das große Thema seines Lebens überhaupt war, als ein läuterndes Feuer vor, das die

Seele mit Feuer und Flamme verzehren muß, bis sie gereinigt zu Christus gelangt. «Aus dem großen Feuer der Liebe erwächst den Seelen eine so große Schönheit der Tugend, daß ein guter Mensch lieber alle Qualen erdulden möchte, als einmal Gott bekümmern.»

«Alle Qualen erdulden» zu wollen oder vielmehr überhaupt einen Schmerz leiden zu wollen, mag unserem modernen, materialistischen Denken als eine Verzerrung der Religion erscheinen. Und doch wäre es vielleicht für einige von uns ein unerträglicher Schmerz, alle Bequemlichkeit der Welt zu erlangen, aber dafür nie mehr zum Beispiel gute Musik zu hören – oder die Mechanisierung der Gesellschaft so weit voranzutreiben, daß man nie mehr zu arbeiten bräuchte, dabei aber unsere Wälder und Fluren zugrunde gingen. Verzichten wir auf die leibliche Bequemlichkeit, könnte man sagen, so lange uns nur die Schönheit bleibt. Ebenso würde jemand, der in einem Augenblick des Erstaunens die numinose Klarheit aller Dinge wahrnimmt, es sicher vorziehen, einen irdischen Mangel in Kauf zu nehmen, als auf eine Wiederholung dieser Erfahrung zu verzichten.

«Wenn die Seele das ganze Selbst in einer endlosen Liebeswonne zusammenrafft», sagt Rolle, «hält sie sich im Innern fest und strömt nicht aus, um körperlichen Genuß zu suchen. Und weil sie innerlich von innerem Glück gespeist wird, verwundert es nicht, daß sie sich nach Dir sehnt, danach, Dich von Angesicht zu Angesicht zu schauen, mit Dir unaufhörlich vereinigt zu sein.»

Rolle war es ein beständiges Anliegen, zu verdeutlichen, daß das kontemplative Leben ein *glückliches* Leben ist. Dem nicht Initiierten mag es scheinen, daß ein Leben ohne weltlichen Genuß außerordentlich öde sein muß, oder daß zumindest ein Leben, in dessen Mittelpunkt das Geheimnisvolle steht, den Verzicht auf die Welt nicht ausgleichen kann. Genau dies ist es, was die meisten Menschen davor zurückschrecken läßt, das Wasser überhaupt zu prüfen, geschweige denn hineinzuspringen. Und doch ist ein bewußt kontemplatives Leben von einer Freude und einem Glück erfüllt, wie man es mit keiner anderen menschlichen Betätigung erlangen kann. Der Hinduismus hat diese Tatsache schon in seinen frühesten Anfängen erkannt, und eine seiner großen Lehren (der Rolle gewiß zugestimmt hätte) besagt, daß es im spirituellen Leben des Menschen vier Stufen gibt, die jeweils zu einem höheren Zustand der Freude führen. Die erste ist das Schwelgen von Leib und Seele in allen guten Dingen des Lebens – eine recht einfache Stufe des Genusses, die notwendigerweise durch die verfügbaren Güter beschränkt ist. Wenn dies nicht mehr befriedigt, richtet sich die nächste Begierde des Menschen meist auf Ansehen, Status, Macht und Reichtum, mit anderen Worten, auf irdischen Erfolg. Wenn man erkennt, daß all dies vergänglich und hinfällig ist, schreitet man zu einem selbstloseren Genuß fort: man hilft der Menschheit und stellt die Ansprüche anderer über seine eigenen. Ein solcher Mensch beginnt das Geben dem Nehmen vorzuziehen. Zuletzt genügt auch dieses Ziel nicht mehr: der Mensch geht vielleicht weiter seiner Arbeit nach, aber er erblickt seine letzte Erfüllung jenseits der Gemeinschaft in einer ganz anderen Dimension, in einem zeitloseren Glück, das der neuen Wahrnehmung seines inneren Lebens entspringt.

Bei Rolle entspricht diesem Aufstieg die Erlangung einer immer größeren und tieferen Liebe: «Drei Stufen der Liebe will ich euch nennen, denn ich möchte, daß ihr die höchste erringt. Der erste Grad ist die unüberwindliche, der zweite die untrennbare, der dritte die einzigartige Liebe.

Eure Liebe ist unüberwindlich, wenn sie nicht von Selbstsucht überwunden wird, sondern gegen alle Versuchungen gefeit ist; dann ist sie im Gleichgewicht und standfest, ob man ruhig oder ängstlich, gesund oder krank ist, so daß die Menschen sehen, daß man, auch wenn man die ganze Welt geschenkt bekäme, Gott niemals erzürnen möchte, und daß man lieber alles Leid und alles Weh auf sich nehmen würde, das ein Geschöpf nur treffen kann, als Ihm zu mißfallen. In dieser Weise ist eure Liebe unüberwindlich – nichts kann sie niederwerfen, und immer wird sie hoch aufspringen ...

Untrennbar ist eure Liebe, wenn euer ganzes Herz, euer Denken und eure Kraft so gänzlich, so völlig und so restlos in Jesus Christus gefestigt sind und ruhen, daß euer Denken niemals von ihm abläßt, sich niemals von ihm wendet, es sei denn im Schlaf, und sobald Ihr erwacht, ist euer Herz bei ihm ... Wenn ihr ihn zu keinem Zeitpunkt vergessen könnt, im Wachen oder im Schlafen, was immer Ihr tut oder sagt, dann ist eure Liebe untrennbar...

Der dritte Grad ist der höchste und wunderbarste. Er heißt einzigartig, weil er ohnegleichen ist. Einzigartig ist die Liebe, wenn alle Tröstung euer Herz verlassen hat und es nichts mehr gibt als Jesus Christus allein. Keine andere Freude kann es mehr entzücken. Denn die Süßigkeit, die in diesem Grad liegt, ist seine Liebe, die so tröstlich und so beständig ist, so brennend und erfreuend, daß derjenige, der diesen Grad erlangt hat, das Feuer der Liebe in seiner Seele brennen fühlen kann, wie man seine Finger brennen fühlt, wenn man sie in das Feuer hält. Jenes Feuer aber, wiewohl es heiß ist, ist so köstlich und so wunderbar, daß ich es nicht beschreiben kann.

Im ersten Grade sind viele Menschen; im zweiten sehr wenige, im dritten aber kaum einer, denn je größer die Vollkommenheit, desto weniger Anhänger hat sie. Im ersten Grad gleichen die Menschen den Sternen; im zweiten dem Mond, im dritten der Sonne. Deshalb sagt der heilige Paulus: ‹Ein anderer [ist der Glanz] der Sonne, ein anderer [der Glanz] des Mondes, ein anderer [der Glanz] der Sterne›; so ist es mit den Liebhabern Gottes. In diesem dritten Grad, wenn ihr den Weg zu ihm zu finden vermögt, werdet ihr mehr Freude finden, als ich euch jemals sagen kann.»

Rolle sprach immerfort von der Liebe. Auf das Bildnis Christi in seinem Herzen richtete er alle Liebe, deren er fähig war. Man wird es fast müde, in seinen Werken ständig das Wort Liebe zu lesen, denn er scheint es beinahe wie einen Fetisch zu gebrauchen. Rolle war nicht unbedingt wegen seiner allgemeinen Menschheitsliebe bekannt. Schuf er sich in seiner Seele das Bild eines perfekten Menschen, den er maßlos lieben konnte – auch mit einer unterdrückten Sexualität – und gab er ihm dann den Namen Jesus? Dies ist zwar möglich, aber nicht wahrscheinlich – Gedankenbilder bleiben ebensowenig wie physische Bilder unbeschränkt haltbar oder unwandelbar, und Rolles Jesus war das Mittel, durch das er sich selbst sein ganzes Leben lang in ausströmender Liebe transzendierte. Es ging über ihn hinaus, es war mehr als er selbst. Wir sollten ihm letztlich zubilligen, daß er eine echte Intuition des Gottesgrundes hatte und daß dies die wahre und wirkliche Stütze seines Lebens war. Er selbst spricht dies aus:

«O süßes und köstliches Licht, das mein ungeschaffener Schöpfer ist; erleuchte den Blick meines inneren Auges mit ungeschaffener Klarheit, damit meine Seele, rasch von Unreinheit befreit und mit wunderbaren Gnaden gesegnet, schnell in die hohe Wonne der Liebe entfliehen möge und ich, von deinem Geschmack entzündet, in deiner Wonne sitzen und ausruhen möge, o Jesus. Und wenn sie in himmlischer Süße emporgerissen und im Anschauen nie gesehener Dinge zur Ruhe kommt, werde ich nirgendwo mehr Freude finden als in göttlichen Dingen.

O ewige Liebe, entflamme meine Seele zur Gottesliebe, damit nichts mehr in mir brennt als seine Umarmungen. O guter Jesus, der mir erlauben wird, zu fühlen, was jetzt weder gefühlt noch gesehen werden kann! Gieße dich aus in das Innerste meiner Seele. Dringe in mein Herz und erfülle es mit deiner klarsten Süße. Netze meinen Geist mit dem feurigen Wein deiner süßen Liebe, damit ich alles Übel, alle Niedrigkeit und alle Vorstellungen vergesse und nur, wenn ich dich habe, fröhlich sei und in Jesus frohlocke, meinem Herrn. Süßester Gott, gehe nimmermehr von mir, wohne immerfort mit deiner Süße in mir, denn nur deine Gegenwart ist mir Trost, und nur deine Abwesenheit drückt mich nieder.

O Heiliger Geist, der du Gnade spendest, wo du willst, komm in mein Herz und reiße mich zu dir empor; verwandle die Natur, die du geschaffen hast, mit honigsüßen Gaben, damit meine Seele, erfüllt von deiner liebenden Freude, alle Dinge dieser Welt geringschätzen und von sich werfen möge. Geistliche Geschenke möge meine Seele von dir, dem Schenkenden, empfangen; in singender Freude in unbeschreiblichem Licht wandelnd möge sie in heiliger Liebe dahinschmelzen. Verbrenne meine Adern und mein Herz mit Feuer, damit ich endlos auf deinem Altar brennen möge.»

Meister Eckhart

«Wohlan, edle Seele, zieh an deine Sprungschuhe der Vernunft und der Liebe und überspringe die Verehrung deiner Gedankenkräfte, überspringe deinen Verstand und springe in das Herz Gottes, in seine Verborgenheit, wo du vor allen Geschöpfen verborgen bist.»

Es ist unmöglich, an die Oberfläche der mittelalterlichen Mystik zu rühren, ohne sofort in Kontakt mit Meister Eckhart zu kommen. In seiner kraftvollen und doch gütigen Persönlichkeit, in seinem scharfen und doch flexiblen Verstand liefen alle Gedankenströme und Einflüsse der vorangegangenen Jahrhunderte zusammen und wurden von neuem erkennbar. Sein Einfluß auf die Mystiker seiner eigenen und der späteren Generationen war außerordentlich groß; zwar unterschieden sich, wie Evelyn Underhill darlegt, die deutschen und flämischen Mystiker des 13. und 14. Jahrhunderts in ihrem Temperament und ihren Lehren erheblich voneinander, doch hatten sie auch etwas gemeinsam, das sich bei keiner anderen Schule findet, und dieses Gemeinsame stammte von Eckhart. Sie alle waren mit seinen Lehren entweder direkt oder als Freunde und Schüler seiner Schüler in Berührung gekommen.

Er steht ranggleich neben seinen eigenen großen Lehrern Augustinus, Dionysius, Eriugena und Albertus Magnus. Ja, er übertrifft sie vielleicht sogar, denn nur wenige von ihnen hatten wie er die Gabe, in kühner Einfachheit dem Volk das Geheimnis des Gottesgrundes in seine eigene Sprache zu übersetzen, denn er lehrte sowohl in Latein als auch in seinem eigenen deutschen Dialekt.

Seine große Energie und sein Eifer im Lehren, vor allem aber sein mächtiger schöpferischer Geist hatten zweierlei zur Folge. Das erste war die Verurteilung durch die Kirche wegen Häresie, weil er sein Wissen «über die flammenden Grenzen der Zeit und des Raums» hinaus ausdehnen wollte; das zweite eine überwältigende und über alle Grenzen reichende Hochschätzung seines Werkes seit dem letzten Jahrhundert, so daß er heute zu den größten Lehrern aller Zeiten gezählt wird. Rudolf Otto hat ihn mit Shankara verglichen, dem Vedanta-Philosophen des 11. Jahrhunderts; Dr. Suzuki stellt ihn in eine Reihe mit den Zen-Patriarchen; Hegel schulte sich an ihm, Martin Heidegger ebenfalls.

Über sein persönliches Leben ist wenig bekannt, wenn auch im Laufe der Zeit einiges zutage gefördert wurde. Er wurde um das Jahr 1260 in oder bei Hochheim in Thüringen vermutlich aus einem Rittergeschlecht geboren. Etwa als Fünfzehnjähriger trat er in den Konvent des Dominikanerordens in dem nahe seinem Heimatort gelegenen Erfurt ein. Der Studiengang zum Dominikanerpriester dauerte neun Jahre; da man in Erfurt schon bald seine außergewöhnlichen Fähigkeiten erkannte, schickte man ihn an die berühmte Hochschule der Dominikaner in Köln, wo er vielleicht gerade noch den 1280 verstorbenen Albertus Magnus hören konnte, der als einziger Gelehrter des Mittelalters den Titel «der Große» bekam und der der Lehrer von Thomas von Aquin war.

1302 war Eckhart, nun kein junger Mann mehr, in Paris, wohin man ihn an das Studium Generale geschickt hatte. Dies war eine große Ehre, die sicher auch mit dem Umstand zu tun hatte, daß er bereits Prior von Erfurt und Vikar von Thüringen war. Sein erstes deutsches Werk, *Die Reden der Unterweisung*, entstand, bevor er nach Paris ging, und dürfte gewiß die Entscheidung der Ordensleitung beeinflußt haben, ihn dorthin zu senden, damit er zu noch größeren Ehren gelange. Nachdem er dort den Magistertitel erlangt hatte, wurde er fortan «Meister» Eckhart genannt. Doch weder seine neue Rolle noch das akademische Leben, das er kennengelernt hatte, beeindruckten ihn sonderlich. In einigen Passagen läßt er seine Meinung über das Leben der gelehrten Theologen erkennen. So sagt er zum Beispiel: «Es gibt viele Meister unter uns, die seit 30 Jahren oder mehr die Bibel benutzen und die sie in ihrer Ganzheit nicht besser verstehen als eine Kuh oder ein Pferd.»

Nach seiner Rückkehr aus Paris wurde er zum ersten Ordensprovinzial der Dominikaner für Sachsen ernannt; 1307 wurde ihm das zusätzliche Amt eines Ordensvikars für Böhmen übertragen, einer Provinz, die für ihre lasche Disziplin und die «häretischen» Anschauungen in ihren Klöstern bekannt war. Da er nun all diese auf Abwege geratenen Mönche und Nonnen wieder stärker an die kirchlichen Auffassungen heranführen sollte, muß er wohl von jeglichem Verdacht der Unorthodoxie frei gewesen sein. Und doch schrieb er, wie M. Walshe ausführt, just um diese Zeit sein *Buch der göttlichen Tröstung* für die vor kurzem verwitwete Königin Agnes von Ungarn – ein Werk, das später ebenfalls Gegenstand des Ketzervorwurfs gegen ihn war.

Zwischen den Dominikanern und den Franziskanern schwelte damals schon seit längerem eine zunehmende Rivalität. Eckharts Gegner im Streitgespräch in Paris war der Spanier Gonsalvus, der später Ordensgeneral der Franziskaner wurde. 1311 wurde Eckhart wieder nach Paris gerufen, angeblich zu weiteren Studien, wahrscheinlicher aber als Verteidiger der dominikanischen Gelehrten gegen die Franziskaner. Wir wissen nicht, wie lange er blieb und welcher Erfolg ihm beschieden war. 1314 war er jedenfalls wieder in Straßburg, wo er den Höhepunkt seiner Laufbahn als Prediger erreichte.

Straßburg war damals das religiöse Zentrum Deutschlands. Gelehrte und Häretiker, Mönche, Nonnen und Begarden waren dort versammelt. Eine Regel des Dominikanerordens besagte, daß die geistliche Schulung der Nonnen von «Hochgelehrten» vorgenommen werden sollte, und es besteht kein Zweifel, daß Eckhart selbst einer derjenigen war, die sich um die Nonnen in den sieben Konventen der Stadt kümmerten. Eine Nonne soll damals geschrieben haben: «Der weise Meister Eckhart spricht zu uns vom Nichts. Wer dies nicht versteht, in dem hat das göttliche Licht niemals geschienen.»

Zu jener Zeit gab es in Straßburg zahlreiche Begarden und Beginen (siehe Einleitung), auf die die Kirche bereits ein kritisches Auge hatte. Wir wüßten gerne, wie Eckhart zu solchen Freidenkern stand, doch gibt es hierüber keine klaren Erkenntnisse, wiewohl Karl Schmidt nachzuweisen versucht hat, daß Eckhart mit den Begarden sympathisierte und sie gut kannte. Walshe weist jedenfalls darauf hin, daß diese ja im Grunde keine «Häretiker» waren, sondern nur sich selbst zu helfen versuchten, während die Kirche tief im Sumpf brutaler Unterdrückungen und erbitterter Machtkämpfe steckte.

Wo auch immer seine Sympathien lagen – hier in Straßburg und später in Köln begründete Eckhart mit seinen tiefen und wortgewaltigen Predigten, in denen er mit der kristallenen Schärfe seines Verstandes zum Kern der Wahrheit vordrang, seinen die Jahrhunderte überdauernden Ruhm.

Eckhart betrachtete sich immer ebenso im Einklang mit den Lehren der Kirche wie Thomas von Aquin; auf diesem Punkt beharrte er stets, und dies bildete später auch die Grundlage seiner Verteidigung gegen die Anklage der Häresie. Er wollte nichts vom Kern des Christentums wegnehmen und ebensowenig etwas hinzufügen; er wollte es lediglich in neuer Weise, aus seiner Sicht ausdrücken. Er wollte diejenigen Wahrheiten zu blühendem Leben erwecken, die nach seiner Auffassung nicht oder falsch verstanden wurden, doch kam es ihm niemals in den Sinn, neue Inhalte an die Stelle alter zu setzen. Die christliche Botschaft war seine Botschaft, und ihr Leben war sein Leben. Er wollte allerdings den Menschen andere Betrachtungsweisen dieser Botschaft aufzeigen als etwa Thomas von Aquin.

Diese anderen Anschauungsweisen sind manchen von uns vertraut, anderen fremd. Wenn Eckhart zum Beispiel seinen Zuhörern die Notwendigkeit der bilderlosen Betrachtung nahelegen wollte, gebrauchte er die Worte Christi: «Es ist gut für euch, daß ich fortgehe; denn gehe ich nicht fort, wird der Heilige Geist nicht zu euch kommen.» Er erläutert diese Wort wie folgt: «Es ist, wie wenn er gesagt hätte: ‹Ihr habt zu große Freude an *meinem gegenwärtigen Bild,* weshalb die vollkommene Freude des Heiligen Geistes nicht in euch sein kann.›» Alan Watts sagt einmal: «Wir sind vom Fetisch Jesus spirituell paralysiert... Sein buchstabengetreues Bild in den Evangelien ist in den Jahrhunderten der Verehrung weit mehr zu einem Idol geworden als alles, was in Holz oder Stein gehauen ist, so daß es heute der aufrichtigste Akt gläubiger Verehrung ist, dieses Bild zu zerstören.»

Eckhart hätte vielleicht nicht zerstören gesagt, sondern darüber hinausgehen. Immer wieder spricht er vom «Lassen», vom Nichtverhaftetsein. «Legt ab die Form», rief er aus, «und vereinigt euch mit der formlosen Essenz, denn die spirituelle Tröstung Gottes ist von subtiler Art und wird nur denjenigen zuteil, die der körperlichen Tröstung entbehren können.» Zur körperlichen Tröstung für die Frommen könnten Bilder von Jesus und Maria gehören, die Worte der Messe und Gebete, Kerzen, die man für die Mutter Gottes anzündet, die Perlen des Rosenkranzes. Auch für die Unfrommen gab es Tröstungen wie Stille und Einsamkeit, die Schönheit geschaffener Dinge und natürlicher Gegenstände, an denen wir alle hängen. Ratschläge, wie Eckhart sie gab, dürften ihn eigentlich nicht sonderlich populär gemacht haben, und doch wurde er in Deutschland zum bekanntesten und beliebtesten Prediger. Warum? Gab und gibt es vielleicht damals wie heute im menschlichen Herzen eine tiefempfundene Sehnsucht nach Befreiung von unserer Verhaftung an geschaffene Dinge, wie spirituell und erhaben sie uns auch erscheinen mögen?

Wenn dem so ist, dann war Eckhart jedenfalls entschlossen, sie ans Licht zu fördern. «Wer Gott in einer festgelegten Form sucht, ergreift nur die Form, während er den darin verborgenen Gott verfehlt... So denn sagen wir, daß der Mensch so arm [leer] sein müsse, daß er nichts sei noch habe, darin Gott wirken könne. Etwas zu behalten, bedeutet, Unterschiedenheit zu behalten. Darum bitte ich Gott, *daß er mich Gottes quitt mache;* denn mein wesentliches Sein ist oberhalb von ‹Gott›, sofern wir Gott als Beginn der Kreaturen fassen.»

Eckhart begriff das Dasein aus der Beziehung zwischen der Gottheit (oder dem Gottesgrund) und Gott. Erstere war für ihn der Urgrund, die höchste «Seinsheit» aller Dinge, letzteres die Schöpfung, das «Werden» aller Dinge.

«Gott und Gottheit sind so weit voneinander verschieden wie Himmel und Erde. ... Gott *wird;* wo alle Kreaturen Gott aussprechen: da *wird* ‹Gott›. Als ich noch im Grund, im Boden, im Strom und Quell der Gott*heit* stand, da fragte mich niemand, wohin ich wollte oder was ich täte: *da* war niemand, der mich gefragt hätte. Als ich aber ausfloß, da sprachen alle Kreaturen: ‹Gott›! Fragte man mich: ‹Bruder Eckhart, wann gingt Ihr aus dem Hause?›, dann bin ich *drin gewesen.* So also reden alle Kreaturen von ‹Gott›. Und warum reden sie nicht von der Gottheit? Alles das, was in der Gottheit ist, das ist Eines, und *davon kann* man nicht reden. Gott wirkt, die Gottheit hat niemals nach einem Werk ausgeschaut. Gott und Gottheit sind unterschieden durch Wirken und Nichtwirken. ... Die Gottheit hat alle Dinge Gott hingegeben. Die Gottheit ist arm, nackt und leer, als wäre sie nicht; sie hat nicht, begehrt nicht, will nicht, bekommt nicht. Gott ist es, der den Schatz und die Braut in sich hat; die Gottheit ist so leer, als wäre sie nicht.»

Wie sehr erinnert dies doch an das *Tao te king:*

> Das Namenlose ist das Beginnen von Himmel und Erde.
> Das Benannte ist die Mutter der zehntausend Dinge.
> Stets ohne Wunsch, sieht man das Geheimnis.
> Stets voller Wünsche, sieht man die Erscheinungsformen.
> Wenn das große Tao in Vergessenheit gerät,
> Erheben sich Wohlwollen und Sittenlehre.

Was Eckhart sagen will, ist folgendes: Als die Menschen die Gottheit aus den Augen verloren, riefen sie: «Gott!» Er fährt fort: «Wenn ich in den Grund, in den Boden, in den Strom und in die Quelle der Gottheit komme, so fragt mich niemand, woher ich komme oder wo ich gewesen sei. Dort hat mich niemand vermißt, dort *ent*wird «Gott».

Welch eine erstaunliche Aussage, daß es einen Grund gibt, in dem «Gott» «entwird»! Kein Wunder, daß er seine Predigt mit den Worten beendet: «Wer diese Predigt verstanden hat, dem vergönne ich sie wohl. Wäre hier niemand gewesen, ich hätte sie diesem Opferstock predigen müssen. Es gibt manche armen Leute, die kehren wieder heim und sagen: ‹Ich will an einem Orte sitzen und mein Brot verzehren und Gott dienen!› Ich aber sage bei der ewigen Wahrheit, diese Leute müssen verirrt bleiben und können niemals erlangen noch erringen, was die anderen erlangen, die Gott nachfolgen in Armut und in Fremde.»

Und doch stößt dasjenige, was Eckhart über Gott als den Schöpfer und die Gottheit als jenseits der Schöpfung sagt, zum tiefsten Kern der religiösen Erfahrung vor. In lebhaften Bildern drückt er aus, wie wir beide in uns erfahren:

«Alle Kreaturen schmecken als Kreaturen nur meinem *äußeren* Menschen, wie Wein und Brot und Fleisch. Meinem *inneren* Menschen aber schmeckt nichts als Kreatur, sondern als Gabe Gottes. Mein *innerster* Mensch schmeckt sie auch nicht als Gabe Gottes, sondern als ewig.»

Man könnte dies vielleicht wie folgt interpretieren: In unserem gewöhnlichen Leben benutzen wir unsere fünf Sinne als Pforten, durch die ein unendlicher Strom von Eindrücken hereinströmt; diese werden sofort und unbewußt von unserem Nervensystem übersetzt, und es erfolgt eine entsprechende Reaktion. So löst zum Beispiel die Farbe einer Blume im Auge und im Gehirn einen Prozeß aus, durch den man die Farbe wahrnimmt. Dieser sensorische Prozeß zeigt uns aber die Dinge nicht in ihrem innersten Wesen, sondern nur in ihrer physischen Erscheinung. Als nächstes – und dieser Prozeß ist ebenfalls mehr oder weniger unbewußt – wird die von meinem Nervensystem geschaffene Wahrnehmung (die bei einer Katze oder einem Vogel eine ganz andere ist) vom Gehirn gewichtet und sortiert, kategorisiert und klassifiziert, teils akzeptiert, teils verworfen, bis ein «Begriff» oder ein Symbol entsteht, das die ursprüngliche Sinneswahrnehmung repräsentiert. Diesen Begriff betrachte ich dann *als* das Objekt, das er repräsentiert, und halte dies mit einer, wie Underhill sagt, «beneidenswerten und erstaunlichen Naivität, mit der wir unsere Empfindungen der unbekannten Welt zuschreiben», für die äußere Welt. Die Blume *ist* rot, das Meer *ist* blau. Die Einsicht fällt schwer, daß diese «Tatsachen» nur Eindrücke und Vorstellungen sind, doch bedarf es nur einigen Nachdenkens, um festzustellen, daß unsere Begriffe keine verläßliche Repräsentation der Wirklichkeit sind (das klassische Beispiel sind die Aussagen von Zeugen, die alle bei demselben Ereignis anwesend waren, aber unterschiedliche Darstellungen geben).

«Wenn die Kräfte der Seele in Berührung kommen mit der Kreatur», sagt Eckhart, «so entnehmen und schöpfen sie ein Bild und Gleichnis von der Kreatur und ziehen das in sich hinein. Dadurch erkennen sie die Kreatur. Näher vermag die Kreatur nicht in die Seele zu kommen, und wiederum nähert sich die Seele niemals einer Kreatur, wenn sie nicht zuvor willig deren Bild in sich aufgenommen hat. Eben mittels dieses ihr gegenwärtigen Bildes nähert sie sich den Kreaturen; denn *Bild ist etwas, das die Seele mit ihren Kräften von den Dingen schöpft.* Sei es nun ein Stein, ein Roß, ein Mensch oder was es auch sei, das sie erkennen will, so holt sie das Bild hervor, das sie vorher eingezogen hat.»

Wir wären keine Menschen, wenn wir keine Begriffe bilden würden – hierauf beruht unser Menschsein oder jedenfalls unsere Zivilisation. Die Gefahr liegt aber in der übermäßigen Begriffsbildung, wenn wir nicht nur jedes Objekt symbolisieren, sondern auch noch uns selbst. Wenn dies geschieht, gehe ich meiner eigenen Realität verlustig, weil meine Begriffe mir mich selbst als Objekt unter Objekten darstellen; mein Auge und die Farbe der Blume erscheinen als zwei verschiedene Entitäten, ebenso mein Wesen und das Wesen der Blume. Das heißt den Menschen als Menschen und Brot als Brot zu schmecken, dies ist der äußere Mensch Eckharts.

Die Farbe und die Blume sind aber mit meinem Auge und Gehirn in Wirklichkeit ein einheitliches Wirkungsfeld, eine untrennbare, unaufhörlich in Bewegung befindliche Realität. Capra drückt dies wie folgt aus: «Teilchen sind keine Dinge, sondern Wechselbeziehungen zwischen Dingen; diese Dinge sind Wechselbeziehungen zwischen anderen Dingen usw. Die Quantentheorie enthüllt damit das grundlegende Einssein der Welt... Dinge und Erscheinungen werden als unterschiedliche Manifestationen derselben Wirklichkeit wahrgenommen. Die Teilung der Welt in getrennte Objekte, wie nützlich und praktisch sie auf der Alltagsebene ist, erweist sich als Illusion... Die Quantentheorie zwingt uns, die Welt nicht als Ansammlung physischer Objekte zu sehen, sondern vielmehr als komplexes Beziehungsgefüge zwischen den verschiedenen Teilen eines einheitlichen Ganzen.»

Dies bringt uns zu Eckharts zweiter Art, die Dinge zu sehen, «alles als Gaben Gottes zu schmecken», als Teil eines einheitlichen Ganzen. Vielleicht ist dies intellektuell leichter zu begreifen als zu leben und unmittelbar zu erfahren. Es zu leben heißt, die Empfindung der Trennung zwischen Objekt und dem Selbst aufzugeben.

Nehmen wir für einen Augenblick an, daß man keinen Kopf hätte. Man ist kopflos. In diesem Augenblick ist alles, was man ansieht, an die Stelle des Kopfes getreten. Wenn man dies wirklich *tut*, verschwindet die Empfindung, eine getrennte Einheit zu sein; an ihre Stelle tritt eine Nicht-Dualität, die Thomas Merton das absolute Sehen nennt. «Es gibt nichts als Sehen. Was sieht man? Kein absolutes Objekt, sondern das absolute Sehen.»

Genau hiervon spricht auch der Buddhismus. Wenn wir «bloße Aufmerksamkeit» praktizieren, sehen wir einfach das Vorhandene, ohne einen Kommentar, eine Deutung, eine Beurteilung oder eine Schlußfolgerung hinzuzufügen. Wir sind einfach aufmerksam. Die grundlegende Praxis der buddhistischen Meditation besteht darin, in dieser Weise sehen zu lernen. Das Selbst bleibt außerhalb. «Das Selbst zu vergessen heißt, von allen Dingen erleuchtet zu werden», sagt Dogen. Wir vergessen das Selbst, wenn wir in dieser Art zu sehen kopflos sind, und dann scheint in der Tat jedes Objekt «wie eine Gabe Gottes zu schmecken». Wenn wir beobachten, daß die Welt nicht (zu) uns gehört, daß sogar der Stuhl, auf dem ich sitze, und das Blatt vor mir in ihrem Wesen *unerkennbar* bleiben, dann können wir uns des höchsten und vollständigen Geheimnisses des Daseins bewußt werden, das die Wirklichkeit ist. Wenn ich alle meine projizierten Vorstellungen von einem Objekt und meine Empfindungen über dieses wegnehme, bin ich in der Lage, es *nicht* als einen bloßen Erfahrungs- und Gebrauchsgegenstand zu sehen, sondern als ein solches, das aus eigenem Recht äußerst wirklich ist und klar in seinem eigenen Licht aufscheint.

«Alles als Gabe Gottes zu schmecken» ist in der Tat eine Art zu sehen und zu sein, die sich nur mit unzulänglichen Worten wie Freude und Wonne beschreiben läßt. In diesem Geschmack werden alle Dinge in ihrem Sein erfahren. «Ich bin gewiß», sagt Eckhart, «daß sich die Seele niemals vom Sein abwenden würde, wenn sie nur das Geringste davon wüßte, was Sein bedeutet.»

«Die Seele ist beunruhigt, solange sie Kreaturen in ihrer Getrenntheit wahrnimmt», sagt er. «Alles Geschaffene oder alles, was geschaffen werden kann, ist nichts. Solange aber die Seele Formen wahrnimmt, auch wenn sie einen Engel oder sich selbst als etwas Geformtes sieht, so lange ist Unvollkommenheit an ihr. Ja, auch wenn sie Gott als getrennt wahrnimmt, insofern er mit Form und Zahl in der Dreifaltigkeit ist, so lange ist Unvollkommenheit an ihr. Wenn man aber Gott schmeckt, ... werden alle Dinge lauter Gott, da man in allen Dingen nichts als lauter Gott sieht. Wie einer, der lange in die Sonne blickt: – was er danach sieht, ist von der Sonne erfüllt.»

Es muß freilich gesagt werden, daß diese Erfahrung nichts mit Phantasie zu tun hat. Wenn wir im Zustand des «äußeren Menschen» sind, indem wir uns in unserem Leib isoliert und getrennt fühlen, neigen wir dazu, anderen Menschen und Dingen diejenigen Gefühle zuzuschreiben, die wir selbst empfinden. Dies ist nach Eckhart keine wahre Leerheit. Es ist vielmehr dasjenige, was Steiner eine «anthropomorphisierende Weltsicht» nennt.

Er sagt: «Diese Ansicht sagt: wir nehmen an einem anderen Menschen, wenn wir ihm äußerlich gegenübertreten, nur sinnliche Merkmale wahr. Ich kann meinem Mitmenschen nicht ins Innere schauen. Ich schließe aus dem, was ich von ihm sehe und höre, auf sein Inneres, auf seine Seele. Die Seele ist also niemals etwas, was ich unmittelbar wahrnehme. Eine Seele nehme ich nur in meinem eigenen Innern wahr. Meine Gedanken, meine Phantasiegebilde, meine Gefühle sieht kein Mensch. Ebenso wie *ich* nun ein solches Innenleben habe neben dem, was äußerlich wahrzunehmen ist, so müssen ein solches alle anderen Wesen haben. So schließt, wer auf dem Standpunkt der anthropomorphisierenden (vermenschlichenden) Weltanschauung steht. Was ich an der Pflanze äußerlich wahrnehme, muß ebenso nur die Außenseite eines Inneren, einer Seele sein, die ich mir hinzudenken muß zu dem, was ich wahrnehme. Und da es für mich nur eine einzige Innenwelt gibt, nämlich meine eigene, so kann ich mir auch die Innenwelt der anderen Wesen nur ähnlich meiner Innenwelt vorstellen. Dadurch kommt man zu einer Art Allbeseelung aller Natur (Panpsychismus).» Und er fügt hinzu: «Mein persönliches Seelenleben, meine Gedanken, Erinnerungen und Gefühle sind in mir, weil ich ein so und so organisiertes Naturwesen bin, mit einem ganz bestimmten Sinnesapparat, mit einem ganz bestimmten Nervensystem ... Wenn ich dieses Innere auf die äußeren Dinge übertrage, so denke ich tatsächlich ins Blaue hinein.»

In der Tat stellt sich ein solches «Denken ins Blaue hinein» zwischen uns und die wahre Wirklichkeit, die «Seinsheit» einer Sache. Eckhart und andere mahnen uns, eben dieses Denken aufzugeben. Wir müssen zu einer höheren Wahrnehmung als bloßer Einbildung und Phantasie erwachen. Wir müssen erwachen zum absoluten Sehen, durch das uns ein Mensch, ein Tier oder eine Pflanze unmittelbar, in ihrem wesenhaften Sein erscheinen. Ich brauche einer Blume nichts von mir selbst hinzuzufügen – sie ist, wie sie ist, und an dieser «Seinsheit» kann ich mich erfreuen.

Bei oberflächlicher Betrachtung könnte es kalt und herzlos erscheinen, sich nicht mehr in die Gedanken und Empfindungen anderer versetzen zu wollen, und man möchte sagen, daß wir doch erst *wegen* unserer Vorstellungskraft unter die Oberfläche in den Seelenzustand anderer vordringen und vielleicht mitfühlend ihr Leid lindern können. Dies ist völlig richtig, doch werden wir erst dadurch, daß wir *zur Wirklichkeit erwachen*, empfänglicher für den uns gegenübertretenden Augenschein. All unsere Sinne stimmen sich feiner auf die Welt der Wirklichkeit ein, auf die *Tatsachen*, auf den Hort der «Gaben Gottes», in dem wir leben und wirken. Wenn wir dann Leid sehen, können wir wegen unseres an der Realität orientierten Lebens helfen – mehr als wenn wir uns bloß vorstellen, was der Leidende empfindet, oder wir ihm eine Fülle von Empfindungen unterstellen, die er vielleicht gar nicht hat. Wir helfen, weil uns das Bild, das uns unsere wirkliche Wahrnehmung von ihm liefert, zum wirklichen Handeln antreibt – oder vielleicht gerade nicht.

Wie aber verhält es sich mit Eckharts drittem, innerstem Menschen, dem Kreaturen nicht einmal Kreaturen sind und sogar Gott außer Betracht bleibt – «sie sind nicht Gaben Gottes, sondern ewig»? Nur er selbst kann uns hierüber Auskunft geben.

«Ich habe bisweilen gesagt, es sei eine Kraft in der Seele, die allein frei sei. Manchmal habe ich sie den Tabernakel der Seele genannt; manchmal ein Licht des Geistes; ein andermal habe ich gesagt, es sei ein Fünklein. Nun aber sage ich: Es ist weder das eine noch das andere; trotzdem ist es ein Etwas, das erhabener ist über dies und das als der Himmel über der Erde. ... Es ist von allen Namen frei und aller Formen bloß, ganz ledig und frei, wie Gott ledig und frei ist in sich selbst.»

An anderer Stelle sagt er: «Es gibt etwas, das *über* dem geschaffenen Sein der Seele ist und an das kein Geschaffensein, das ja *nichts* ist, rührt; selbst der Engel hat es nicht, der doch ein reines Sein hat, das lauter und weit ist; selbst *das* rührt nicht daran. Es ist göttlicher Art verwandt, es ist in sich selbst eins, es hat mit nichts etwas gemein. Hierüber kommen manche Pfaffen zum Hinken. Es ist eine Fremde und eine Wüste und ist mehr namenlos, als daß es einen Namen habe, und ist mehr unerkannt, als daß es erkannt wäre. Könntest du dich selbst vernichten, nur für einen Augenblick, ja, ich sage, selbst für kürzer als einen Augenblick, so wäre dir alles das eigen, was es in sich selbst ist. Solange du auf dich selbst noch irgendwie achtest oder auf irgendein Ding, so weißt du so wenig, was Gott ist, wie mein Mund weiß, was Farbe ist, und wie mein Auge weiß, was Geschmack ist: so wenig weißt du und ist dir bekannt, was Gott ist.»

Gary Zukav, der diese Aussage mit den Worten eines Wissenschaftlers formuliert, sagt: «Bohm bekräftigt, daß die grundlegendste Ebene eine ungebrochene Ganzheit ist, die, in seinen Worten, das Seiende ist. Alle Dinge einschließlich Raum, Zeit und Materie sind Formen des Seienden. Es gibt eine Ordnung, die dem Prozeß des Universums selbst eingeprägt ist, doch ist diese eingeprägte Ordnung nicht ohne weiteres offenkundig.»

Unser «innerster Mensch» ist also Teil der Gottheit, die sich jeglicher Definition entzieht. «Der Grund der Seele und der Grund Gottes sind ein einziges wesentliches Sein», sagt Eckhart.

«Darum sage ich: ‹Wenn sich der Mensch abkehrt von sich selbst und von allen geschaffenen Dingen – so weit du das tust, so weit wirst du geeint und beseligt in dem Fünklein der Seele, das weder Zeit noch Raum je berührte. Dieser Funke widersagt allen Kreaturen und will nichts als Gott, unverhüllt, wie er in sich selbst ist. Ihm genügt's weder am Vater noch am Sohn noch am Heiligen Geist noch an den drei Personen zusammen, sofern eine jede in ihrer Eigenheit besteht. Ich sage fürwahr, daß es diesem Licht auch nicht genügt an der Einheitlichkeit des fruchtträchtigen Schoßes göttlicher Natur. Ja, ich will noch mehr sagen, was noch erstaunlicher klingt: Ich sage bei der ewigen und immerwährenden Wahrheit, daß es diesem Licht nicht genügt an dem einfaltigen, stillstehenden göttlichen Sein, das weder gibt noch nimmt: es will vielmehr wissen, woher dieses Sein kommt, es will in den einfaltigen Grund, in die stille Wüste, in die nie Unterschiedenheit hineinlugte, weder Vater noch Sohn noch Heiliger Geist. In dem Innersten, wo niemand daheim ist, dort erst genügt es diesem Licht, und darin ist es innerlicher als in sich selbst.

Denn dieser Grund ist eine einfaltige Stille, die in sich selbst unbeweglich ist; von dieser Unbeweglichkeit aber werden alle Dinge bewegt und werden alle diejenigen «Leben» empfangen, die vernunftbegabt in sich selbst leben.»

Es scheint, daß Eckhart hier geradezu von der Gottheit der Gottheiten spricht. Jedenfalls ist es sein Anliegen, daß wir über die Schöpfung und den Schöpfer hinausgehen und zur Quelle aller Dinge gelangen sollten, dem Ungeschaffenen, Unbedingten und Zeitlosen. Dies ist nämlich unser «innerster Mensch», und wenn wir zu dieser innersten Grundlage von uns selbst gelangen, dann erkennen wir die ganze Welt der Erscheinungen, alle Kreaturen als existentiell gleich, voneinander getrennt, aber nicht unterschieden.

«Alles, was der Mensch hier äußerlich in Vielfalt hat, ist innerlich eins. Hier sind alle Grashalme, Holz und Stein, alle Dinge eins. Dies ist die tiefste Tiefe.»

Und wiederum sagt Eckhart mit Nachdruck: «Wenn die Engel die Kreaturen *ohne* Gott erkennen, so ist das ein Abendlicht; wenn sie aber die Kreaturen *in Gott* erkennen, so ist das ein Morgenlicht. Erkennen sie wiederum Gott, wie er rein in sich selbst Sein ist, so ist es der lichte Mittag. Ich sage: Dies sollte der Mensch begreifen und erkennen, daß das Sein so edel ist.»

«Man soll bis auf den Grund tot sein, so daß uns weder Lieb noch Leid berührt. Was man erkennen soll, muß man in seiner Ursache erkennen. Niemals kann man ein Ding recht in sich selbst erkennen, wenn man es nicht in seiner Ursache erkennt. Das kann niemals wahres Erkennen sein, das etwas nicht in seiner offenbaren Ursache erkennt. So auch kann das Leben niemals vollendet werden, es werde denn in seine offenbare Ursache gebracht, in der das Leben ein Sein ist, das die Seele empfängt, wenn sie bis auf den Grund stirbt, auf daß wir leben in jenem Leben, in dem das Leben ein Sein ist. Was uns daran hindert, darin beständig zu sein, das weist ein Meister auf und sagt: Es kommt daher, daß wir die Zeit berühren. Was die Zeit berührt, das ist sterblich. ... Alles, was in niederen Dingen geteilt ist, das wird vereint, wenn die Seele hinaufklimmt in ein Leben, in dem es keinen Gegensatz gibt. Wenn die Seele in das Licht der Vernunft kommt, so weiß sie nichts von Gegensatz. Was *diesem* Lichte entfällt, das fällt in Sterblichkeit und stirbt.»

Hier kommen wir zum Kernpunkt von Eckharts Auffassung, daß wir uns nämlich «bis auf den Grund» mit unserem innersten Menschen identifizieren müssen: «Die Schrift sagt, daß wir Gott gleich werden müssen (1 Joh 3,2). ‹Gleich› – dies ist ein schlechtes und irreführendes Wort. Wenn ich mich mit jemandem gleichsetze, und wenn ich jemanden finde, der mir gleicht, dann verhält sich dieser Mensch so, als ob er ich wäre, wiewohl er es nicht ist, und führt die Menschen diesbezüglich in die Irre. Viele Dinge sehen aus wie Gold; da sie es aber nicht sind, lügen sie. Ebenso geben alle Dinge vor, ‹wie› Gott zu sein; sie lügen aber, weil sie nicht sind wie er. Gott kann ebensowenig Gleichheit erleiden, wie er es erleiden kann, nicht Gott zu sein. Gleichheit ist etwas, das in Gott nicht vorkommt; was in der Gottheit und in der Ewigkeit vorkommt, ist Einheit. Gleichheit ist aber nicht Einheit. Wenn ich eins bin mit jemandem, bin ich ihm nicht gleich. Im Einssein gibt es nichts Fremdartiges. In der Ewigkeit gibt es nur Einheit, keine Gleichheit.»

Die Gleichheit ist also geschaffen und steht im Gegensatz zur Ungleichheit. In der Einheit aber kann es keinen Gegensatz geben, weil sie alle Gegensätze transzendiert. Eckhart benutzt die Analogie des Feuers, um diesen Punkt zu erklären: «Das Feuer verwandelt in sich, was ihm zugeführt wird, und dies wird zu seiner Natur. Nicht das Holz verwandelt das Feuer in sich, vielmehr verwandelt das Feuer das Holz in sich. So auch werden wir in Gott verwandelt, so daß wir ihn erkennen werden, wie er ist. Das Wirken und das Werden aber ist eins. Gott und ich, wir sind eins in solchem Wirken; er wirkt, und ich werde.» Und er fügt hinzu: «Gott wird nicht in der Unterschiedenheit gefunden. Wenn der Geist an das ursprüngliche Bild gelangt und sich in ihm allein findet, dann findet er Gott. Sich selbst zu finden und Gott zu finden ist ein einziger Prozeß außerhalb der Zeit. So weit er in ihn eindringt, ist er identisch mit Gott... nicht eingeschlossen, nicht vereinigt, sondern mehr: identisch.»

Eckhart glaubte, daß wir uns nach dem Einssein mit Gott sehnen und erst in diesem Einssein die Erfüllung finden. In dieser Welt streben wir unaufhörlich nach diesem Zustand, und manche von uns haben das Glück, eine Abspiegelung davon in der Musik, der Kunst oder der Natur zu finden – wenn Wirkender und Gewirktes eins werden. Im Westen haben wir für eine solche Erfahrung kein Wort, doch benutzen die Chinesen hierfür das Wort *Li,* was innerste Wirklichkeit bedeutet. Li transzendiert die Form, und doch ist es jedem einzelnen Atom inhärent. So sollte sich zum Beispiel jeder Maler mit dem Li (oder Sosein) dessen identifizieren, was er malt, damit das Gemälde das Li des Gegenstandes enthüllt. Dies kann er nur tun, indem er sein Ich aufgibt, denn das Li kann nur wahrgenommen werden, wenn die Empfindungen des Ich und Mein nicht mehr im Wege sind. Ein Gemälde, das nicht aus der intuitiven Wahrnehmung des Li seines Gegenstandes entsteht, gilt nicht als wirkliches Kunstwerk, wie sorgfältig und genau das Bild auch die äußeren Konturen und Farben wiedergeben mag.

«Lernen wir, uns selbst vergessen, bis wir nichts mehr unser eigen nennen», sagt Eckhart.

Für ihn gab es verschiedene Arten, wie sich die Schöpfung in uns identifiziert und wie wir uns selbst durch Schöpfertum identifizieren: indem wir zum Beispiel eine Familie oder Gemeinschaft gründen, im Gedankenaustausch, in dem sich «zwei Worte des Daseins» aktualisieren, im gemeinschaftlichen Wirken mit dem Leben selbst, so daß wir mit allem, was sich begibt, eins sind, das heißt mitten *in* den Situationen leben, die die Realität des uns jetzt begegnenden Lebens sind. Dies fällt vor allem dem westlichen Menschen schwer, der es meist vorzieht, äußere Umstände zu ändern, statt sie zu durchschreiten. Wenn wir zum Beispiel zur Haltestelle rennen, und der Bus vor unserer Nase abfährt, können wir uns trotzdem mit diesem Umstand verbinden und akzeptieren, daß die Zeit bis zur Abfahrt des nächsten Busses eine neue eigene Wirklichkeit hat. Dann werden wir mit dieser Wartezeit sinnvoll umgehen können, statt sie bloß als den Gegenstand unserer Ungeduld zu betrachten. Wenn es bloß verlorene Zeit ist, die wir irgendwie überbrücken müssen, haben wir unser Einssein mit ihr eingebüßt, uns von ihr getrennt und die Chance vertan, eins mit der Szenerie unseres Lebens zu werden.

«Man muß lernen, mitten im Wirken innerlich ungebunden zu sein. Es ist aber für einen ungeübten Menschen ein ungewöhnliches Unterfangen, es dahin zu bringen, daß ihn keine Menge und kein Werk behindere – es gehört ein großer Eifer dazu – und daß Gott ihm beständig gegenwärtig sei und ihm stets ganz unverhüllt zu jeder Zeit und in jeder Umgebung leuchte. Dazu gehört ein gar behender Eifer und insbesondere zwei Dinge: das eine, daß sich der Mensch innerlich wohl verschlossen halte, auf daß sein Gemüt geschützt sei vor den Bildern, die draußen stehen, damit sie außerhalb seiner bleiben und nicht in ungemäßer Weise mit ihm wandeln und umgehen und keine Stätte in ihm finden. Das andere, daß sich der Mensch weder in seine inneren Bilder, seien es nun Vorstellungen oder ein Erhobensein des Gemütes, noch in äußere Bilder oder was es auch sein mag, was dem Menschen gerade gegenwärtig ist, zerlasse noch zerstreue noch sich an das Vielerlei veräußere ...» – «Nun könntest du sagen: Der Mensch muß sich aber doch nach außen wenden, soll er Äußeres wirken; denn kein Werk kann gewirkt werden, es sei denn in der ihm eigenen Erscheinungsform.» – «Das ist wohl wahr. Jedoch die äußeren Erscheinungsformen sind den geübten Menschen nichts Äußerliches, denn *alle* Dinge haben für die innerlichen Menschen eine inwendige göttliche Seinsweise.»

«Die Leute brauchen nicht so viel nachzudenken, was sie *tun* sollten; sie sollten vielmehr bedenken, was sie sind. Sind die Leute und ihre Weise gut, so leuchten ihre Werke hell. Bist *du* gerecht, so sind auch *deine Werke* gerecht. Nicht gedenke man Heiligkeit zu gründen auf ein Tun; man soll Heiligkeit vielmehr gründen auf ein Sein, denn die Werke heiligen nicht uns, sondern wir sollen die Werke heiligen. Wie heilig die Werke immer sein mögen, so heiligen sie uns ganz und gar nicht, soweit sie Werke sind, sondern: soweit wir heilig sind und Sein besitzen, so weit heiligen wir alle unsere Werke, sei es essen, schlafen, wachen oder was immer. Die nicht großen Seins sind, welche Werke sie auch wirken, da wird nichts daraus. Erkenne hieraus, daß man allen Fleiß darauf verwenden soll, gut zu *sein,* – nicht aber so sehr darauf, was man tue oder welcher Art die Werke seien, sondern wie der Grund der Werke sei.»

Das tägliche Üben ist also die größte Hilfe für die tatsächliche Erfahrung der Ichlosigkeit und eines von Unterschiedenheiten freien Lebens. Denn solange wir daran festhalten, daß eine Sache für uns besser ist als eine andere, müssen wir leiden. «Solange ein Unterschied an geschaffenen Dingen in der Seele Widerhall findet, empfindet sie dabei Schmerz», sagt Eckhart.

Für ihn war die Losgelöstheit von Eigeninteressen die größte Tugend. Er sagt, daß er ernsthaft nach «der besten und höchsten Tugend suchte, mit der sich ein Mensch am engsten an Gott binden könne... und worin es keinen Unterschied zwischen ihm und Gott gab, bevor Gott die Kreaturen schuf». Er findet sie in wahrer Abgeschiedenheit von allen geschaffenen Dingen.

«Rechte Abgeschiedenheit ist nichts anderes, als daß der Geist so unbeweglich stehe gegenüber allem anfallenden Lieb und Leid, Ehren, Schande und Schmähung, wie ein bleierner Berg unbeweglich ist gegenüber einem schwachen Wind. Diese unbewegliche Abgeschiedenheit bringt den Menschen in die größte Gleichheit mit Gott. Denn daß Gott Gott ist, das hat er von seiner unbeweglichen Abgeschiedenheit, und von der Abgeschiedenheit hat er seine Lauterkeit und seine Einfaltigkeit und seine Unwandelbarkeit. Und daher, soll der Mensch Gott gleich werden, ... so muß das geschehen durch Abgeschiedenheit. Die zieht dann den Menschen in Lauterkeit und von der Lauterkeit in Einfaltigkeit und von der Einfaltigkeit in Unwandelbarkeit, und die bringen eine Gleichheit zwischen Gott und dem Menschen hervor; diese Gleichheit aber muß in *Gnade* erstehen, denn die Gnade zieht den Menschen von allen zeitlichen Dingen weg und läutert ihn von allen vergänglichen Dingen. Und du sollst wissen: Leer sein aller Kreatur ist Gottes voll sein, und voll sein aller Kreatur ist Gottes leer sein.»

«Nun könnte einer sagen: Hatte *Christus* auch unbewegliche Abgeschiedenheit, als er sprach: ‹Meine Seele ist betrübt bis in den Tod› (Mt 26,38; Mk 13,34), und *Maria*, als sie unter dem Kreuz stand, wo man doch viel von ihrer Klage berichtet – wie kann dies alles bestehen mit unbeweglicher Abgeschiedenheit?» Mit anderen Worten, wie sind unser natürlicher Kummer und unsere natürliche Freude mit der Unbewegtheit verträglich? Hier legt Eckhart seine Auffassung vom zweifachen Menschen vor – eine Auffassung, die auch von anderen Mystikern vertreten wird.

«Hier sollst du wissen, die Meister sagen, daß in einem jeglichen Menschen zweierlei Menschen vorhanden sind: der eine heißt der äußere Mensch, das ist die Sinnlichkeit; diesem Menschen dienen die fünf Sinne, und doch *wirkt* der äußere Mensch kraft der Seele. Der andere Mensch heißt der innere Mensch, das ist des Menschen Innerlichkeit.»

Der äußere Mensch ist also unser gewöhnlicher, alltäglicher, konditionierter Organismus, der auf Sinnesreize reagiert, deren Inhalt selbst wiederum von der sie umgebenden Umwelt abhängt. In diesem Sinne sind wir also objektiviert – ja, wir bilden auf dieser Ebene nicht nur eine fortwährende Verbindung zwischen einem Teil der Welt und einem anderen, wie uns die moderne Physik lehrt, sondern wir können auch nicht von unserer *Funktion* getrennt werden, die darin besteht, Mensch zu sein:

«Die Quantentheorie hat gezeigt, daß Teilchen keine isolierten Materiekörnchen sind, sondern Wahrscheinlichkeitsstrukturen, Verknüpfungen in einem unauflöslichen kosmischen Gewebe. Die Relativitätstheorie hat gewissermaßen diese Strukturen lebendig werden lassen, indem sie ihren im Kern dynamischen Charakter enthüllt hat. Sie hat gezeigt, daß die Essenz des Wesens der Materie die Aktivität ist. Die Teilchen der subatomaren Welt sind nicht nur in dem Sinne aktiv, daß sie mit hoher Geschwindigkeit umlaufen; sie sind selbst *Prozesse!* Die Essenz der Materie und ihr Aktivsein können nicht voneinander getrennt werden. Sie sind lediglich unterschiedliche Aspekte derselben raumzeitlichen Wirklichkeit.» (Capra, *Das Tao der Physik.*)

Wenn Eckhart davon spricht, daß der Mensch «kraft der Seele wirkt», meint er damit, daß der Gottesgrund der energetisierende Faktor in *allem* Leben bis hin zum winzigsten Partikel ist, und daß wir ihn mittels unserer Seele erkennen – demjenigen Teil von uns, den man als den ursprünglichen, individuellen, von anderen Geschöpfen verschiedenen Teil von uns bezeichnen könnte. (Der Begriff der «Seele» ist schwer zu fassen; die östlichen Religionen kennen ihn nicht, und das Christentum weiß manchmal selbst nicht recht mit ihm umzugehen. Eckhart scheint darunter unser individuelles Selbst zu verstehen, die Brücke zwischen unserem animalischen Dasein unter dem Diktat der fünf Sinne und jener besonderen Ichwahrnehmung, die uns gegenüber allen anderen Geschöpfen auszeichnet.)

«Der andere Mensch», fährt Eckhart fort, «ist die subjektive Natur des Menschen.» Subjektiv in Eckharts Augen, *nicht* im psychologischen Sinne, denn all dies gehört zum äußeren Menschen, sondern subjektiv, insofern sie derjenige Teil von uns selbst ist, den wir nicht definieren oder objektivieren können. Sie ist die wesentliche Innerlichkeit, die selbst nicht beschrieben werden kann (denn sonst wäre sie nicht wirklich innerlich), das Ich. Mit dem Wort «ich» verbindet sich eine unendliche Fülle von Konnotationen – «Ich bin, der ich bin» –; unser «Ichsein» ist unendlich. Wie der hl. Bernhard ausführt, beginnen wir im Nachdenken darüber, wer und was wir wirklich sind – über dieses wahre «Ichsein» – zu begreifen, was es wirklich ist.

«Mir kam einmal der Gedanke – es ist noch nicht lange her –: Daß *ich ein Mensch bin*, das hat auch ein anderer Mensch mit mir gemein. Daß ich sehe und höre und esse und trinke – das tut auch das Vieh; aber daß *ich bin*, das gehört keinem Menschen zu als mir allein, keinem Menschen noch Engel noch Gott, außer, soweit ich eins mit ihm bin», sagt Eckhart. Er fährt fort: «Nun sollst du wissen, daß ein geistiger Mensch, der Gott liebt, die Kräfte der Seele in dem äußeren Menschen nicht *mehr* in Anspruch nimmt, als die fünf Sinne notwendig bedürfen; und das Innere kehrt sich den fünf Sinnen nur soweit zu, wie es ein Führer und ein Leiter der fünf Sinne ist und sie behütet...»

Das Innere kehrt sich den fünf Sinnen nur soweit zu, wie es ein Führer und ein Leiter der fünf Sinne ist und sie behütet – dies ist ein sehr wichtiger Schritt auf unserem Weg. Dieser Schritt besteht nach Eckhart darin, in der Ichheit zu leben und aus diesem Zustand das äußere Leben mit wirklicher Losgelöstheit zu lenken. Eine solche Lebensweise bedeutet voller Aufmerksamkeit, voller Achtsamkeit zu sein, aber niemals sein Herz an die Dinge zu hängen. Ein Mensch lebt dann aus seiner Innerlichkeit, wenn sein Handeln spontan einem Zustand aufnahmebereiter Leerheit entspringt. Damit wir diesen Zustand erreichen, dürfen wir unseren Sinnen nur dasjenige geben, was sie brauchen, nicht mehr. Seung Sahn, ein Zen-Meister unserer Zeit, sagt: «Mache nichts», womit er meint: «Lege nichts in die Situation, was nicht da ist.» In der Tat kommt unsere Seele am besten mit allen Situationen zurecht, wenn wir sie ungehindert ihr Werk tun lassen und nicht versuchen, etwas in die Situation hineinzuphantasieren oder sie uns zurecht zu machen und sie damit völlig zu entstellen. Was Seung Sahn den «nichtwissenden» Geist nennt, ist der klare Geist, der die Dinge nicht mit Ideen oder vorgefaßten Meinungen überformt und daher auf jede Situation frei und ungebunden reagieren kann. Dies bedeutet nicht, daß man nicht *denken* sollte – Denken ist die natürliche Gabe des menschlichen Gehirns und dessen bestes Werkzeug, doch sollte man nicht an den Gedanken kleben. Seung Sahn verglich den Geist mit einem elektronischen Rechner. Solange der Geist auf Null stehen oder als nichtwissender Geist in seinem jungfräulichen Zustand verharren darf, ist er wie der Rechner gelöscht und bereit, jedes beliebige Programm abzuarbeiten, das geladen wird. Wenn aber ein Geist denkt, daß er alles weiß, ist er wie ein Rechner, in dem ein altes Programm nicht beendet wurde, bevor ein neues Programm geladen wird, so daß er auf die aktuelle Situation nicht die richtige Antwort finden kann. Sich der fünf Sinne nur insoweit zu bedienen, als der Geist ihr Weiser und Leiter ist, heißt also, den Geist in «Nullstellung», offen und «gelöscht» zu halten.

«Derjenige ist frei, der an nichts hängt und an dem nichts hängt», sagt Eckhart. Er fährt fort: «Und was die Seele über das hinaus, was sie den fünf Sinnen zuwendet, an Kräften besitzt, diese Kräfte gibt die Seele alle dem inneren Menschen. Und wenn dieser Mensch sich etwas Hohem und Edlem zuwendet, dann zieht die Seele all die Kräfte an sich, die sie den fünf Sinnen geliehen hat, und dieser Mensch gilt als von Sinnen und verzückt; denn sein Objekt ist eine erkenntnismäßige Bildvorstellung oder etwas bildlos Erkenntnismäßiges. Doch wisse, daß Gott von einem jeden geistigen Menschen erwartet, daß er ihn mit allen Kräften der Seele liebe. Deshalb sprach er: ‹Liebe deinen Gott aus ganzem Herzen!› (Mk 12,30). Nun gibt es etliche Menschen, die verbrauchen die Kräfte der Seele ganz und gar im äußeren Menschen. Das sind jene Leute, die all ihre Sinne und ihre Vernunft vergänglichem Gut zukehren; sie wissen nichts von dem inneren Menschen. Wie der geweckte Mensch hin und wieder alle Kräfte von seinem äußeren Selbst abzieht, wenn er sich zu einem hohen Abenteuer aufmacht, so wird der Mensch, der dem Vieh gleich ist, sein inneres Selbst aller Seelenkräfte berauben, um sie für seinen äußeren Menschen aufzuwenden. Nun sollst du wissen, daß der äußere Mensch sich in Betätigung befinden kann und doch der innere Mensch davon *gänzlich frei und unbewegt bleibt.*»

Hier sind wir bei Eckharts Erfahrung jener Essenz von uns selbst, die wahrhaft unser Innerstes ist – die unerschütterliche Kraft, die nicht vom äußeren Menschen angerührt wird, weil sie nicht von ihm abhängt. «Sich im Selbst niederlassen», nennt dies der Buddhismus. Eckhart benutzt den Vergleich mit einer Tür und ihrer Angel: «Eine Tür geht in einer Angel auf und zu. Nun vergleiche ich das äußere Brett der Tür dem äußeren Menschen, die Angel aber setze ich dem inneren Menschen gleich. Wenn nun die Tür auf- und zugeht, so bewegt sich das äußere Brett hin und her, und doch bleibt die Angel unbeweglich an ihrer Stelle und wird deshalb niemals verändert. Ebenso ist es auch hier.»

Um diese grundlegende Angel zu finden, müssen wir – wie wohl einzusehen ist – «ledig und arm» werden, und hiermit meint Eckhart echten Verzicht.

«Wenn einer mich nun fragte, was denn aber das sei: ein armer Mensch, der nichts *will,* so antworte ich darauf und sage: Solange der Mensch noch an sich hat, daß es sein *Wille* ist, den allerliebsten Willen Gottes erfüllen zu *wollen,* so hat ein solcher Mensch nicht die Armut, von der wir sprechen wollen; denn dieser Mensch hat noch einen Willen, mit dem er dem Willen Gottes genügen will, und das ist *nicht* rechte Armut. Denn, soll der Mensch wahrhaft Armut haben, so muß er seines geschaffenen Willens so ledig sein, wie er es war, als er noch nicht war. Denn ich sage euch bei der ewigen Wahrheit: solange ihr den *Willen* habt, den Willen Gottes zu erfüllen, und Verlangen habt nach der Ewigkeit und nach Gott, so lange seid ihr nicht richtig arm. Denn nur das ist ein armer Mensch, der *nichts* will und *nichts* begehrt.»

Noch markanter drückte dies ein Zen-Meister aus, den einst ein Mönch fragte:

«Was sagst du, wenn ich mit nichts zu dir komme?»

«Schleudere es zu Boden!»

Selbst dann noch, wenn wir dem Gedanken anhängen, daß wir nichts besitzen können, verfehlen wir die Wahrheit.

«Ist es so», sagt Eckhart, «daß der Mensch aller Dinge ledig ist, aller Kreaturen und seiner selbst *und* Gottes, steht es aber noch so mit ihm, daß Gott in ihm einen Platz zum Wirken findet, so sagen wir: solange es das noch in dem Menschen gibt, ist der Mensch noch nicht arm in der eigentlichsten Armut. Denn Gott strebt für sein Wirken nicht danach, daß der Mensch eine Stätte in sich habe, darin Gott wirken könne; sondern *das* ist Armut im Geiste, wenn der Mensch *so* ledig Gottes und aller seiner Werke steht, daß Gott, sofern er in der Seele wirken wolle, jeweils *selbst* die Stätte sei, darin er wirken will...»

«‹Ach, was soll ich denn tun?› – Du sollst ganz deinem Deinsein entsinken und in sein Seinsein zerfließen, und es soll dein «Dein» in seinem «Sein» ein «Mein» werden, so gänzlich, daß du mit ihm ewig erkennst seine ungewordene Seinsheit und seine unnennbare Nichtheit.»

Der vielleicht ungewöhnlichste Aspekt von Eckharts Auffassungen, der ihn eine Brücke nicht nur zu anderen Religionen, sondern auch zu unseren modernen Entdeckungen hinsichtlich der Relativität schlagen läßt, ist seine Lehre über die Ewigkeit und ihr Verhältnis zur Zeit. Ein Wort, das er häufig benutzt, ist «Nun», das für ihn von allergrößter Bedeutung war. Es steht in einem engen Zusammenhang mit seinem großen Glauben an die Abgeschiedenheit, denn dieses momentane Nun ist frei – es ist nur es selbst.

In der folgenden Passage stellt er einen Zusammenhang zwischen Zeit und Leerheit her: «Wohlan, achtet nun aufmerksam auf dieses Wort: Notwendig muß es so sein, daß sie eine ‹Jungfrau› war, jener Mensch, von dem Jesus empfangen ward. Jungfrau besagt so viel wie ein Mensch, der aller fremden Bilder ledig ist, so ledig, wie er war, als er noch nicht war. Seht, nun könnte man fragen, wie ein Mensch, der geboren ist und fortgediehen bis in vernunftfähiges Leben, wie der so ledig sein könne aller Bilder, wie als er noch nicht war; denn er weiß viele Dinge, die alle Bilder sind; wie kann er dann ledig sein? Nun gebt acht auf die Unterweisung, die ich euch dartun will. Wäre ich von so umfassender Vernunft, daß alle Bilder, die sämtliche Menschen je in sich aufnahmen, und zudem die, die in Gott selbst sind, in meiner Vernunft stünden, doch so, daß ich so frei von Ich-Bindung an sie wäre, daß ich ihrer keines im Tun noch im Lassen, mit Vor noch mit Nach als mir zu eigen ergriffen hätte, daß ich vielmehr in diesem gegenwärtigen Nun frei und ledig stünde für den liebsten Willen Gottes und ihn zu erfüllen ohne Unterlaß, wahrlich, so wäre ich Jungfrau ohne Behinderung durch alle Bilder, ebenso gewiß, wie ichs war, als ich noch nicht war.»

«Weder mit Vor noch mit Nach» – unser äußeres Leben ist in

der Regel ganz und gar zeitgebunden. Wenn wir aber unser Festhalten an Vergangenheit und Zukunft aufgeben können und nicht mehr um unserer Empfindung der Dauerhaftigkeit, der Sicherheit, des geschäftigen strömenden Lebens willen an sie gebunden sind, dann können wir in diesem gegenwärtigen Nun leben und unsere ganze Aufmerksamkeit auf dasjenige richten, was jetzt ist, statt auf dasjenige, was war oder sein wird. «*Nicht* mit der Gegenwart beschäftigt zu sein, ist das Merkmal der Loslösung», sagt Harry Williams. Er zitiert: «‹Wißt, daß *jetzt* die akzeptierte Zeit ist. Wißt, daß *jetzt* der Tag der Erlösung ist.›»

Man könnte Äußerungen wie diejenigen Eckharts als Eskapismus ablehnen, als Versuch, der Welt zu entfliehen. Dies meinte Eckhart aber gerade nicht. Er meinte vielmehr ein Sich-Hineinbegeben in das Leben in Harmonie, so daß dieses gegenwärtige Nun unaufhörlich von Gnade, von Gleichmut und Gelassenheit erfüllt ist. Er meinte ein Leben mitten *im* Leben, so daß wir unser Leben, was auch immer geschieht, in einer universellen Weise leben und wir immerzu dorthin streben, wo das Universelle webt.

«Gott ist nicht ein Zerstörer irgendeines Gutes, sondern er ist ein Vollbringer. Gott ist nicht ein Zerstörer der Natur, sondern ihr Vollender. Auch die Gnade zerstört die Natur nicht, sie vollendet sie.»

«Gott erschafft alle Dinge in einem gegenwärtigen Nun», sagt er, und er meint damit, daß dieses momentane Jetzt der einzige Augenblick ist, in dem Schöpfung möglich ist. Die Vergangenheit ist vorbei, die Zukunft ist noch in unseren Köpfen. Er meint auch, daß das ganze Wirken von Gottes unaufhörlicher Schöpfung zeitlos, außerhalb der Zeit und ohne jeden Zusammenhang mit unserer beschränkten Zeiterfahrung ist. «Der Seele Tag und Gottes Tag sind zweierlei... Die Tage, die seit sechs oder sieben Tagen verflossen sind, und die Tage, die da waren vor sechstausend Jahren, die sind dem heutigen Tage so nah wie der Tag, der gestern war... Darum habe ich gesagt, daß alle Dinge gleich edel seien in diesem Tage. Ich sagte einst, daß Gott die Welt *jetzt* erschafft, und alle Dinge sind gleich edel in diesem Tage. Würden wir sagen, daß Gott die Welt gestern oder morgen erschüfe, so würden wir uns töricht verhalten. Gott erschafft die Welt und alle Dinge in einem gegenwärtigen Nun, und die Zeit, die da vergangen ist vor tausend Jahren, die ist Gott jetzt ebenso gegenwärtig und ebenso nahe wie die Zeit, die jetzt ist. Die Seele, die da steht in einem gegenwärtigen Nun, in die gebiert der Vater seinen eingeborenen Sohn, und in derselben Geburt wird die Seele wieder in Gott geboren. Das ist *eine* Geburt: so wie sie wiedergeboren wird in Gott, so gebiert der Vater seinen eingeborenen Sohn in sie.»

Die Quantenphysik lehrt: «Da sich alle Teilchen ebenso, wie sie sich im Raum nach links und rechts bewegen können, in der Zeit nach vorwärts und rückwärts bewegen können, ergibt die Annahme eines Flusses der Zeit in nur einer Richtung keinen Sinn ... Mit den Worten von Louis de Broglie: ‹In der Raumzeit ist alles, was für jeden einzelnen von uns Vergangenheit, Gegenwart und Zukunft darstellt, *als Ganzes gegeben* [‹in einem gegenwärtigen Nun›] ... Jeder Beobachter entdeckt gewissermaßen mit dem Fortschreiten seiner Zeit neue Scheiben der Raumzeit, die ihm als aufeinanderfolgende Aspekte der materiellen Welt erscheinen, während in Wirklichkeit die Gesamtheit der die Raumzeit bildenden Ereignisse schon existiert, bevor er von ihnen Kenntnis erlangt.›» (Capra, *Das Tao der Physik*)

«*Nun* ist Zeit und besteht in *sich selbst*», sagt Eckhart. «Solange der Mensch Zeit und Raum hat und Zahl und Vielheit und Menge, ist er gar unrecht daran und ist Gott ihm fern und fremd ... Das Nun ist weder ein Stückchen Zeit noch ein Teil der Zeit. Es ist vielmehr ein Geschmack der Zeit, ein Verwandter der Zeit, ein Ende der Zeit ...»

«Die Zeit ist dasjenige, was das Licht davon abhält, uns zu erreichen. Es gibt kein größeres Hindernis als die Zeit. Und nicht nur die Zeit, sondern die Unbeständigkeit, nicht nur unbeständige Dinge, sondern unbeständige Gefühlsregungen; nicht nur unbeständige Gefühlsregungen, sondern der bloße Geschmack der Zeit.»

Aus diesen Passagen erkennen wir, daß dasjenige, was Eckhart als unser höchstes Bewußtsein betrachtet, jenseits von Raum und Zeit mit dem Gottesgrund geeint werden muß. «Nichts hindert die Seele so sehr an der Erkenntnis Gottes wie Zeit und Raum. Zeit und Raum sind Stücke, Gott aber ist Eines. Soll daher die Seele Gott erkennen, so muß sie ihn erkennen oberhalb von Zeit und Raum; denn Gott ist weder dies noch das, wie diese irdischen mannigfaltigen Dinge es sind: Gott ist Eines.»

Erwin Schrödinger sagt in einer Passage, die impliziert, daß wir Gott und Geschöpf zugleich sind, nichts anderes als Eckhart: «Es ist nicht möglich, daß diese Einheit von Wissen, Empfinden und Wahlfreiheit, die man *sein eigen* nennt, vor noch nicht allzulanger Zeit aus dem Nichts ins Dasein getreten sein sollte; dieses Wissen, dieses Empfinden und diese Wahlfreiheit sind in ihrem Wesen ewig und unveränderlich und zahlenmäßig *eines* in allen Menschen, ja in allen fühlenden Wesen. Aber freilich nicht in *diesem* Sinne, daß *man selbst* ein Teil, ein Stück eines ewigen und unendlichen Wesens wäre, ein Aspekt oder eine Modifizierung davon ..., denn dann stünden wir wieder vor jener verwirrenden Frage: welcher Teil, welcher Aspekt ist *man selbst?* Was unterscheidet den einzelnen objektiv von anderen? Nein – so unbegreiflich es dem gewöhnlichen Verstand erscheinen mag, man selbst – und alle anderen bewußten Wesen als solche – ist alles in allem. Daher ist dieses Leben, das man lebt, nicht nur ein Stück des ganzen Daseins, sondern es ist in gewissem Sinne das *Ganze;* allerdings ist dieses Ganze nicht so konstituiert, daß es mit einem einzigen Blick zu überschauen wäre.»

Raum und Zeit waren Eckhart so wichtig, daß er immer wieder über diese beiden Aspekte des Daseins sprach. Einige seiner Aussagen stürzten nicht nur seine Zuhörer – wie auch viele spätere Generationen seither – in Verwirrung, sondern ließen auch die Kirche argwöhnisch werden. Und in der Tat sind seine Ausführungen nicht immer leicht zu verstehen. Am besten nähert man sich der ganzen Frage, indem man Eckharts Vorschlag folgt, sich die Menschen als «zwischen Eins und Zwei» geschaffen vorzustellen. Die Eins ist «die Ewigkeit, die allezeit allein ist und ohne Wandel», die Zwei die «Zeit, die sich verändert und der Vervielfältigung unterliegt».

«... die Seele rührt in ihrem höchsten Bewußtsein an die Ewigkeit, die Gott ist, während ihr niederes Bewußtsein, das der Zeit verhaftet ist, sie dem Wandel unterwirft und in körperlichen Dingen befangen sein läßt, die sie niederziehen. Wenn die Seele Gott in derselben Weise erkennen könnte wie die Engel, wäre sie niemals in einen Leib eingezogen. Wenn sie Gott ohne die Welt erkennen könnte, wäre die Welt nicht um ihretwillen geschaffen worden. Die Welt wurde für sie gemacht, damit sich das Auge der Seele stärken und kräftigen könne, um das göttliche Licht zu ertragen. Das Licht der Sonne, das auf die Erde fällt, wird erst durch die Atmosphäre gedämpft und an verschiedenen Dingen gestreut, denn kein menschliches Auge kann die Sonne ertragen. Ebenso ist das Licht Gottes zu stark und zu hell, als daß das Auge der Seele es ertragen könnte, wenn es nicht im Raum festgelegt und der Materie und dem Widerschein Gottes hingegeben ist, damit es sich gewöhne, im göttlichen Lichte zu weilen.»

«Sankt Augustinus sagt: ‹Gott ist nicht fern noch zögert er zu kommen.› Wenn du nicht fern von Gott sein noch lange auf ihn warten willst, dann gehe geradewegs zu ihm, denn für ihn sind tausend Jahre wie der gestrige Tag, wenn er verflossen ist. Ich sage weiterhin, daß in Gott nicht Trauer, noch Weinen noch Schmerz ist. Wenn du von Schmerz und Leid frei sein willst, bleibe nicht, wo du bist, sondern wende dich zu Gott – und nur zu ihm.»

«Ich habe oft gesagt: Wer Gott sucht und noch andere Dinge sucht [wie intellektuelle Erklärungen], der wird Gott niemals finden. Wer aber nichts als Gott sucht, der findet Gott – und niemals ganz allein, denn er findet zugleich mit Gott alles, was Gott schenken kann. Wenn du nach deinem eigenen Vorteil suchst, dann suchst du in Wahrheit keineswegs Gott.»

«Wende dich zu Gott – und nur zu ihm» – Eckhart war gegen Analysen und Definitionen Gottes oder weitschweifige Spekulationen über ihn. – «Wenn du einen guten Menschen fragst: ‹Warum suchst du Gott?›, so wird er dir antworten: ‹Weil er Gott ist.› ‹Warum suchst du die Wahrheit?› ‹Weil es die Wahrheit ist.› ‹Warum suchst du Gerechtigkeit?› ‹Weil es Gerechtigkeit ist.› Die Haltung dieser Menschen ist die richtige. Alle Dinge, die in der Zeit sind, haben eine Ursache. Wenn man also einen Menschen fragt: ‹Warum ißt du?›, so wird er antworten: ‹Um kräftig zu werden.› ‹Warum schläfst du?› ‹Aus demselben Grunde.› Und so ist es mit allen zeitlichen Dingen. Wenn man aber einen guten Menschen fragte: ‹Warum liebst du Gott?›, so würde er sagen: ‹Ich weiß es nicht; weil er Gott *ist.*› ‹Warum liebst du die Wahrheit?› ‹Um der Wahrheit willen.› ‹Warum liebst du die Gerechtigkeit?› ‹Um der Gerechtigkeit willen.› ‹Warum liebst du die Güte?› ‹Um der Güte willen.› ‹Warum lebst du?› ‹Bei meiner Seele, ich weiß es nicht. Aber ich bin glücklich zu leben!›»

Die Dinge einfach hinzunehmen wie sie sind und sie zu leben – wie leicht weichen doch dadurch Angst und Zweifel von uns! Ein kurzer Zen-Vers sagt:

> Wenn du sitzt, sitze.
> Wenn du dich bewegst, bewege dich.
> Vor allen Dingen schwanke nicht zwischen beidem.

Eckhart war nun ein weithin berühmter Lehrer und ein vielbeschäftigter Administrator, der sein ganzes Gebiet zu Fuß bereiste, wie es damals üblich war: Norddeutschland, Holland, Böhmen, die Schweiz und Frankreich. Auf diesem Höhepunkt seines Wirkens erhielt er einen Ruf nach Köln an jenen Lehrstuhl, den einst Albertus Magnus innehatte. Diesen Ruf konnte er nicht ausschlagen, und Eckhart zögerte wohl auch nicht, denn dieses Amt gehörte zu den größten Ehren, die damals einem Gelehrten zuteil werden konnten.

Zu einem nicht genau bekannten Zeitpunkt, jedoch frühestens 1322, ging Eckhart also nach Köln. Hier aber wendete sich das Schicksal gegen ihn. Er war Dominikaner, der Erzbischof von

Köln aber Franziskaner, ein älterer Mann von unerbittlicher Strenge und engstirniger Gesinnung. Er war die treibende Kraft, die dafür gesorgt hatte, daß viele Mitglieder der «häretischen» Sekten, die zu jener Zeit die Macht der Kirche herausforderten, verbrannt oder ertränkt wurden. Alle Lehren, die auch nur im geringsten von der «reinen Lehre» abzuweichen schienen, waren für ihn ein rotes Tuch. Ein Mystiker wie Eckhart – der auch noch Dominikaner war (es gab nach wie vor erhebliche Animositäten zwischen den beiden Orden) – stellte eine Bedrohung dar, die mit äußersten Maßnahmen beantwortet werden mußte.

Der Erzbischof eröffnete daher im Jahre 1326 ein Inquisitionsverfahren gegen Eckhart. Die Anklage lautete auf Verbreitung gefährlicher Lehren vor dem Volke in dessen eigener Sprache. Diese Anklage bezog sich zumindest teilweise auf Eckharts Auffassung, daß die Gottheit noch jenseits der Dreifaltigkeit sei:

«In der ungeborenen Essenz ist Er wesentliche Essenz ohne Persönlichkeit: selbsterscheinende Essenz als unpersönliches Wesen ... In der Essenz verliert der Vater seine Vaterschaft vollständig; noch gibt es überhaupt einen Vater.»

Und weiter: «... die Seele geht in die Einheit der heiligen Dreifaltigkeit ein, aber noch seliger kann es für sie sein, wenn sie noch weiter geht, zur baren Gottheit, deren Offenbarung die Dreifaltigkeit ist.»

Solcher Art dürften die Aussagen gewesen sein, die den Zorn des Erzbischofs erregten. Eckhart setzte sich auch in Widerspruch zu der damals in der Kirche gültigen Auffassung, daß der Mensch das höchste von Gottes Geschöpfen sei, wenn er sagt, daß wir, wenn wir im höchsten Bewußtsein sind, sehen, daß «Gott allen Dingen gleich gibt, und so, wie sie von Gott fließen, so sind sie gleich; ja, Engel und Menschen und alle Kreaturen fließen von Gott als gleich aus in ihrem ersten Ausfluß. Wer nun die Dinge in ihrem ersten Ausfluß nähme, der nähme alle Dinge als gleich. Sind sie nun schon so gleich in der Zeit, so sind sie in Gott in der Ewigkeit noch viel gleicher. Nimmt man eine Fliege in Gott, so ist die edler in Gott als der höchste Engel in sich selbst ist. Nun sind alle Dinge in Gott gleich und sind Gott selbst.»

Und weiter: «Hier in dieser Gleichheit ist's Gott so lustvoll, daß er seine Natur und sein Sein in sich selbst in dieser Gleichheit gänzlich durchströmt. Dies ist ihm lustvoll gleicherweise, wie wenn einer ein Roß laufen läßt auf einer grünen Heide, die völlig eben und gleich wäre: des Rosses Natur wäre es, daß es sich im Springen auf der Heide mit all seiner Kraft gänzlich ausgösse; dies wäre ihm eine Lust und seiner Natur gemäß. Ebenso ist es für Gott lustvoll und beglückend, wenn er Gleichheit findet. Es ist ihm eine Lust, daß er seine Natur und sein Sein da völlig ausgießt in die Gleichheit, weil er die Gleichheit selber ist.»

Diese Lehre dürfte den Erzbischof in seiner dogmatischen Frömmigkeit erzürnt haben, und doch war es ein unerhörtes Vorgehen, eine so berühmte und verehrte Gestalt wie Eckhart der Ketzerei anzuklagen. Eckhart entgegnete ihm in selbstbewußter Würde, daß er zwar nur der Pariser Universität und dem Papst Rechenschaft schuldig sei, aber um des guten Namens des Dominikanerordens willen bereit sei, sich vor den örtlichen Inquisitoren zu verteidigen.

Bei den drei Inquisitoren, die zu seiner Anhörung bestellt wurden, handelte es sich um zwei Franziskaner, einen Italiener und einen Niederländer, während der dritte aus Köln stammte. Keiner von ihnen besaß die Geistesschärfe und das Wissen, um gegen Eckhart bestehen zu können, und er ließ sie immer wieder, vielleicht mit einer verständlichen insgeheimen Freude, ihre Unkenntnis der Schrift spüren.

Aufgrund dieses umfangreichen Prozesses ist es den Historikern später gelungen, die Predigten und Traktate, die Eckhart selbst schrieb, von denjenigen zu unterscheiden, die andere unter seinem Einfluß verfaßten. Etwa 108 Aussagen, die nicht alle erhalten sind, wurden ihm entweder zu diesem Zeitpunkt oder später vorgeworfen. Bei dem ersten Prozeß in Köln ergab sich, daß die Anklagen größtenteils Fehlinterpretationen der Bibel von Unwissenden waren, und Eckhart wies mit Leichtigkeit nach, daß seine Lehren völlig im Einklang mit den biblischen Quellen standen.

Trotzdem hatte nun die Inquisition ihre Fänge nach ihm ausgestreckt, und er sollte ihr nicht entgehen. Es wurde eine weitere Liste «ketzerischer» Passagen aus seinem Kommentar zum Johannesevangelium zusammengestellt. Der Generalvikar des Dominikanerordens intervenierte zugunsten Eckharts; der Erzbischof verwarf nicht nur seine Intervention, sondern leitete auch gegen ihn selbst Maßnahmen ein.

Weitere hervorragende Männer und prominente Dominikaner eilten Eckhart zu Hilfe. Sie liebten ihn, er war ihr Lehrer und Bruder, und niemand konnte diesen Prozeß begreifen. Schließlich gelang es der Inquisition doch noch, zwei Dominikaner von bekanntermaßen verderbtem Charakter aufzutreiben (einer von ihnen war sogar schon exkommuniziert!), die gegen ihn aussagten.

Bis dahin war schon beinahe ein Jahr vergangen, und Eckhart protestierte gegenüber dem Papst gegen die Verschleppung des Prozesses. Er drängte darauf, daß man seine Unschuld feststelle, und im Februar 1327 gab er seinem eigenen Orden gegenüber eine feierliche Erklärung ab, daß er kein Häretiker sei. Er legte dar, daß die gegen ihn erhobenen Anklagen auf Mißverständnissen und Verzerrungen beruhten. Er erklärte weiterhin, daß jeglicher Irrtum im Glauben oder in der Sittlichkeit, den man in seinen Schriften oder in allen seinen öffentlichen oder privaten Äußerungen fände, als nicht gesagt oder geschrieben gelten solle. Diese Erklärung wurde in lateinischer Sprache verlesen und von einem Notar testiert.

Obwohl Eckharts Appellation an den Papst selbst gerichtet war, weigerte sich der erzürnte und erbitterte Erzbischof, diese weiterzuleiten. Der Papst war jedoch inzwischen selbst auf die Angelegenheit aufmerksam geworden, und es wurde eine neue Anhörung in Avignon anberaumt. Es wurde eine Theologenkommission bestellt, die den Fall begutachten sollte, und diese stellte eine neue Liste verdächtiger Artikel und Predigten zusammen. Kardinal Jacques Fournier, der spätere Papst Benedikt XII., war vorsitzender Richter, ein sachkundiger Gelehrter und Theologe, der sich zumindest ein besseres Urteil über Eckharts Lehren bilden konnte als die bisherigen Ankläger.

Zufällig bereitete er zur selben Zeit einen Prozeß gegen den Engländer William Ockham vor, einen Franziskaner. William und Eckhart wurden mehr oder weniger in Avignon festgesetzt, auch wenn man sie vielleicht nicht als Gefangene bezeichnen kann. Ockham allerdings empfand keinerlei Sympathie für seinen Mithäftling, da er Eckharts Ideen schlicht für verrückt hielt. Freilich sprach aus ihm damals auch eine gewisse Empörung, weil er glaubte, daß der Papst die Dominikaner den Franziskanern vorzöge. Wenig später entkam er aus Avignon und rettete für die Nachwelt eine relativ gute Kenntnis von den gegen Eckhart erhobenen Anklagen.

Anfang 1326, im darauffolgenden Jahr, schrieb der Erzbischof, der offenbar von seinem Opfer Eckhart nicht ablassen wollte, an den Papst und drängte ihn, in der Angelegenheit zu einer Entscheidung zu kommen. Der Papst antwortete ihm, daß Eckhart verstorben sei.

Niemand weiß genau, wie, wann oder wo er starb. Es muß um die Zeit vor dem 13. April 1326 gewesen sein, und man nimmt an, daß er in Avignon starb, wiewohl ihn auch auf dem Rückweg nach Köln der Tod ereilt haben könnte. Er war jedenfalls schon gestorben, als Ockham entkam, doch wußte Ockham dies nicht. Es kann aber nicht die Rede davon sein, daß es bei Eckharts Tod nicht mit rechten Dingen zugegangen wäre. Eckhart war damals ein Greis, der ein entbehrungsreiches Leben hinter sich hatte, und der Prozeß belastete ihn außerordentlich.

Im darauffolgenden Jahr erließ der Papst (Johannes XXII.) eine Bulle, in der 15 lateinische und zwei deutsche Werke Eckharts als häretisch verdammt wurden und 11 weitere lateinische Werke als «gefährlich und der Häresie verdächtig». Die Bulle endete mit dem Hinweis, daß Eckhart kurz vor seinem Tod alle Werke widerrufen habe, die als häretisch angesehen werden könnten (eine ähnliche Erklärung, wie er sie den Dominikanern in Köln gegenüber abgegeben hatte). Aufgrund dieser Erklärung entging er einer posthumen Exkommunikation. Trotzdem wirkte sich die Verurteilung seiner Überzeugungen als häretisch verhängnisvoll auf seinen Ruf aus. Nach dem Tod von Tauler und Seuse, seinen beiden bedeutendsten Schülern, gerieten er und seine Werke in Vergessenheit, doch wurden sie glücklicherweise zum größten Teil von den frommen Nonnen und Mönchen des Dominikanerordens aufbewahrt. Johannes Scheffler, ein Mystiker des 17. Jahrhunderts, der unter dem Namen Angelus Silesius Verse auf der Grundlage von Eckharts Lehren schrieb, war im Grunde die einzige berühmte Gestalt, die bis zum 19. Jahrhundert von ihm Notiz nahm.

Armer Eckhart! Der Tod ersparte es ihm, die Verurteilung seiner Werke erleben zu müssen, doch muß es für einen Greis wie ihn, der sein ganzes Leben dem Seelenheil anderer gewidmet und alles mitgeteilt hatte, was er über ein inneres Leben entdeckt hatte, der die Kirche liebte und ihr nach seiner Meinung treu diente, bitter gewesen sein, zuerst von unbedarften Anklägern der Inquisition und dann von einem Papst verurteilt zu werden, der später selbst der Häresie angeklagt und exkommuniziert wurde.

Eckharts Liebe zu den Menschen hatte sich in einem unbedingten Bemühen geäußert, ihnen zu der Erkenntnis zu verhelfen, daß «das Auge, in dem ich Gott sehe, dasselbe Auge ist, darin mich Gott sieht; mein Auge und Gottes Auge, das ist *ein* Auge und ein Sehen und ein Erkennen und *ein* Lieben.»

Seiner Gemeinde sagte er Dinge wie: «Unser Herr sagt zu einer jeden lebenden Seele: ‹Ich bin für dich Mensch geworden. Wenn du nicht für mich Gott wirst, tust du mir unrecht.› »

«Beginne bei dir selbst und *gib dich selbst* auf! Wahrlich, wenn du nicht zuerst von dir selbst fliehst, wirst du überall, wohin du fliehen magst, Hindernis und Ärger finden, wo immer es sei... Fürwahr, wenn ein Mensch ein Königreich oder die ganze Welt aufgegeben hätte, aber sich selbst behielte, hätte er nichts aufgegeben.»

«Gott erwartet nur eines von euch, daß ihr nämlich aus euch herausgeht, insofern ihr ein geschaffenes Wesen seid, und Gott in euch Gott sein laßt.»

«Viele Menschen glauben, daß sie *hier* ein kreatürliches Dasein und *jenseits* ein göttliches Dasein haben. Dem ist nicht so. Hierin täuschen sich viele. Der Mensch nimmt Gott in diesem Leben in derselben Vollkommenheit wahr und ist genau in derselben Weise selig wie in dem jenseitigen Leben.»

«Gott ist uns nahe, aber wir sind fern von ihm. Gott ist innen, wir sind außen. Gott ist zuhause, wir sind Fremde.»

Eine solche Sicht der Dinge mag viele in seiner Gemeinde verwirrt haben. Aber sie liebten ihn und er sie, denn er stand immer fest auf der Erde, wie hoch sich sein Herz auch emporschwang: «Ich habe des öfteren gesagt, wenn ein Mensch verzückt wäre wie St. Paulus und einen Kranken kennte, der ein wenig Suppe von ihm bräuchte, hielte ich es für viel besser, wenn ihr die Verzückung um der Liebe willen ließet und um einer größeren Liebe willen den Bedürftigen dientet.»

Er selbst milderte seine schwierigen Gedankengänge durch einen einfachen Ratschlag: «Ihr müßt herausfinden, was Gott von euch am meisten begehrt; die Menschen sind keineswegs dazu berufen, alle demselben Weg zu folgen ... Wenn ihr bemerkt, daß euer kürzester Weg nicht durch viele äußere Werke, durch große Leiden und Privilegien führt – die gar nicht so sehr wichtig sind, sofern nicht ein Mensch von Gott besonders zu ihnen gedrängt wird und die Kraft hat, diese Dinge gut und ohne Störung seines inneren Lebens zu tun – wenn ihr also nichts dergleichen in euch findet, seid dessen zufrieden und bekummert euch darum nicht. Nun könntet ihr sagen: Wenn dies wirklich nicht wichtig ist, warum haben dann so viele unserer heiligen Vorfahren diese Dinge getan? Nun merkt auf: Unser Herr gab ihnen *diesen* Weg, aber auch die Kraft zu sehen, daß sie ihn gehen konnten, und daran hatten *sie* ihre Freude ... Aber Gott hat die Erlösung nicht an einen bestimmten Weg geknüpft.»

Die Wolke des Nichtwissens

Das Geheimnis, das den Verfasser der *Wolke* umgibt, konnte bisher nicht gelüftet werden. Seine Identität wird wohl immer im dunkeln bleiben. Das einzige, was man von ihm weiß – und dies wurde aus seiner Sprache und seinen Quellenverweisen abgeleitet – ist, daß er Ende des 14. Jahrhunderts in den englischen East Midlands lebte. Evelyn Underhill nahm an, daß er Mönch gewesen sein müsse, doch hält man es heute für wahrscheinlicher, daß er Priester mit einer großen Pfarrei war.

Auch wenn er selbst anonym geblieben sein mag, so haben seine Schriften doch die christliche Mystik in einem Maße beeinflußt wie wenige andere und gehören zu den am häufigsten zitierten, insbesondere sein Hauptwerk, *Die Wolke des Nichtwissens.*

In vielerlei Hinsicht finden wir bei ihm denselben Erkenntnisschatz wie bei Eckhart, doch ist seine Art zu schreiben einfach und unmittelbar; er bietet uns die Ergebnisse seiner höchsten Intuitionen in einem einfachen, schlichten, lebendigen Stil, wie wenn sie alltägliche Erfahrungen wären, als die nächsten praktischen Schritte, die wir tun sollten. Die Praxis ist überhaupt der Schwerpunkt seiner Lehre – die Art und Weise, wie wir vorgehen sollten, um zu unserer eigenen Wirklichkeit zu gelangen. Er besitzt ein besonderes Einfühlungsvermögen in die Nöte und Verwirrungen des Anfängers; er berät ihn aus einer ruhigen Praxisnähe, die ihn zu einem der realistischsten aller Mystiker macht. Wenn eine solche direkte Unterweisung in den Methoden der Kontemplation im christlichen Leben stärker im Vordergrund geblieben wäre – wer weiß, welche Gestalt das Christentum heute hätte.

In den Schriften des Dionysius Areopagita, dessen Werk er in das Englische übersetzte, erkennen wir die Worte seines Lehrmeisters. Seine eigenen inspirierten Arbeiten basieren fast vollständig auf der *Mystischen Theologie* des Dionysius, eines Mystikers, von dem auch Eckhart beeinflußt war. Er gab der *Mystischen Theologie* den Titel *Denis Hid Divinity,* wobei *Divinity* das letzte Geheimnis des Gottesgrundes bedeutete und *Denis* Dionysius. *Denis Hid Divinity* ist eine kurze, aber gewichtige Unterweisung über die Einung mit Gott. Sie beschreibt, wie alle göttlichen Dinge «von der höchsten leuchtenden Dunkelheit weisesten Schweigens bedeckt und verborgen werden können... in einer stets unsichtbaren und ungreifbaren Weise, die all diejenigen mit höchster Klarheit erfüllt, die in sie eingehen, indem sie die Augen des Geistes schließen». Sie betont die Zeitlosigkeit des Gottesgrundes und weist darauf hin, daß sie nicht von Törichten gefunden werden kann, die «an die Erkenntnis und Liebe jener Dinge geheftet sind, die erkennbar sind und einen Anfang haben». Das Göttliche ist jenseits des Erkennbaren und jenseits der Zeit, und doch «erscheint Er [Gott] unverhüllt, aber nicht allen, sondern nur denjenigen, die sich über alle bösen und guten Dinge erheben und die über alle heiligen Namen hinauskommen, die allem göttlichen Licht und allen himmlischen Klängen und Worten entsagen und mit warmem Herzen in die Dunkelheit eintreten, wo Er wahrhaftig vor allen Dingen ist».

Dies war im Kern die Botschaft des Dionysius – daß der Mensch seine Bindung an die Dinge dieser Welt aufgeben muß, um die Gottheit, den Gottesgrund zu finden, diese «leuchtendste» Dunkelheit, die «heller als Licht scheint» und «mit einem Glanz unerreichbarer Schönheit strahlt«, und die jenseits allen Benennens und Denkens ist. Dieses Sich-Lassen aber geschieht durch «Willen und durch Liebe».

Dies wird in der *Wolke* ganz deutlich ausgedrückt: «Denn alle anderen Geschöpfe und ihre Werke – ja sogar die Werke Gottes selbst – kann man durch Gnade zur Gänze erkennen, und es ist gut möglich, sich mit ihnen in Gedanken zu beschäftigen. Aber Gott selbst kann kein Mensch gedanklich erfassen. Und daher will ich alles, was ich denken kann, hinter mir lassen und zum Gegenstand meiner Liebe das erwählen, das nicht gedacht werden kann. Denn Gott kann wohl geliebt, aber nicht gedacht werden. Von der Liebe läßt er sich fassen und halten, vom Intellekt jedoch nicht. Und wenn es darum auch zuweilen gut ist, an die Güte und Erhabenheit Gottes im besonderen zu denken, und wenn das auch den Geist erleuchtet und einen Teil der mystischen Kontemplation bildet, müssen doch solche Gedanken bei diesem Werk abgeworfen und mit einer Wolke des Vergessens bedeckt werden. Sodann mußt du mit festen, freudigem Schritt über sie emporsteigen und mit einer innigen und süßen Liebesregung versuchen, das Dunkel, das über dir ist, zu durchdringen. Bohre den spitzen Speer der sehnenden Liebe in diese dichte Wolke, und laß nicht davon ab, was immer geschehen mag.»

Im Mittelalter hielt man Dionysius für den gleichnamigen Schüler des hl. Paulus, weshalb sein Werk als maßgeblich galt und in hohem Ansehen stand. Erst während der Renaissance kamen Zweifel an seiner Identität auf, und die jüngere Forschung hat gezeigt, daß eine zeitliche Nähe zu Paulus ausgeschlossen ist. Man nimmt heute an, daß Dionysius ein syrischer Mönch war und im 6. Jahrhundert lebte. Freilich ist die Frage seiner Herkunft und Identität ohne Belang für seine Wirkung im Mittelalter, indem er durch seine sublimen Auffassungen den Samen für eine geheimnisvolle und wunderbare Blüte des Christentums legte. Sein Einfluß auf Mystiker wie Bernhard, Meister Eckhart, Jan van Ruysbroeck und eine Vielzahl anderer bis hin zu Johannes vom Kreuz und Theresa von Avila kann nicht hoch genug eingeschätzt werden.

Sein bedeutendster spiritueller Erbe war der Verfasser der *Wolke,* der eine von Dionysius' Aussagen zur Grundlage seiner eigenen Auffassungen machte: «Die göttlichste Erkenntnis Gottes ist diejenige, die durch Nichtwissen erkannt wird.» Er nennt sein Buch *Die Wolke des Nichtwissens* wegen seiner eigenen Erfahrung und Überzeugung, daß der Gottesgrund nicht durch ein Wissen *über* ihn, sondern nur durch Nichtwissen entdeckt werden kann, indem man alles losläßt, was man weiß, und unschuldig und unwissend wird. Diese Unwissenheit ist freilich kein Mangel an *wirklichem* Wissen; in diesem dunklen Bereich der Kontemplation, in dem alles Wissen über bestimmte Dinge und alle Gefühle aufhören, gelangt der Mensch gerade zu einem unendlich höheren Verständnis, durch das er «gelehrt wird, alle körperlichen oder geistigen Dinge zu verstehen», das heißt zu einer neuen Klarheit des Erkennens, in der er alle Dinge neu sieht und ihm alles, was er sieht, zur Erleuchtung wird.

Der Verfasser der *Wolke* war ein wahrer Mystiker, weil er ebenso praktisch wie kontemplativ war, der Erde verbunden wie dem Himmel zustrebend. Die Schwierigkeiten des von ihm vorgeschlagenen Weges waren ihm sehr wohl bewußt. Er gab daher verschiedene Übungen an, mit deren Hilfe sich der Übende zum Gottesgrund öffnen und diesen im Inneren erkennen konnte. Er war zutiefst davon überzeugt, daß dies getan werden *konnte* – «so glaube denn fest daran, daß es eine solche vollkommene Demut gibt, wie ich sie schildere, und daß man sie schon hienieden durch Gnade erhalten kann» – und daß es getan werden *muß*.

«Erhebe dein Herz zu Gott mit einer demütigen Regung der Liebe; meine Gott selbst und keine seiner Eigenschaften ..., auf daß nichts in deinem Verstand und in deinem Willen wirke als allein er selbst. Bemühe dich nach Kräften, alle von Gott je erschaffenen Lebewesen mitsamt ihren Werken zu vergessen ..., dies ist das Werk der Seele, das Gott am besten gefällt ... Allen Menschen auf der Erde ist dieses Werk eine wundersame Hilfe, auch wenn du nicht weißt, warum. Ja sogar den Seelen im Fegfeuer wird Erleichterung von ihrer Pein durch dieses Werk zuteil [wobei ‹Fegfeuer› ein Zustand des Geistes im Hier und Jetzt ist]. Und kein anderes Werk reinigt dich selbst so sehr und macht dich so lauter wie dieses. Dabei ist es von allen das leichteste und am schnellsten zu vollbringende Werk, wenn durch Gnade in der Seele ein spürbares Verlangen entsteht.»

Dies also war die dringende Aufgabe, der sich alle Menschen widmen sollten – oder eher nicht alle –, denn der Verfasser der

Wolke war sich sehr wohl bewußt, daß die Mehrzahl der Menschen, Christen wie Nichtchristen, damals wie heute nicht das geringste Interesse daran hatten, «zu sehen wie Gott sieht», sondern ihr Tun und Lassen viel lieber an der Masse orientieren. Menschen wie diesen sollte nach dem Willen des Verfassers sein Werk keinesfalls ausgehändigt werden. Er erblickte eine Gefahr in dem unbedarften Versuch, seine Übungen durchzuführen, und er setzte voraus, daß jeder, der sich ihnen widmete, sich zuerst in Selbstdisziplin und Meditation geschult haben müsse. In diesem Punkt sind sich alle Religionen einig. Jeder wirkliche Übungsweg bedingt eine vorherige innere Reinigung, wobei mit Reinigung ein gesteigertes Bewußtsein für die eigene Wesensnatur und für die Folgen der eigenen Handlungen gemeint ist.

Der praktische Schulungsweg, den der Verfasser der *Wolke* vorschlägt, ist einigen der Techniken bemerkenswert ähnlich, wie sie heute von religiösen Menschen im Osten wie im Westen praktiziert werden. Seine Übungen sind zielsicher auf unsere Verfassung abgestimmt, indem sie uns von der horizontalen Welt der unbeständigen Erscheinungen wegführen und zu jener tieferen und beständigeren Wirklichkeit hinleiten, die wir schließlich als den Mittelpunkt und Kern unseres Wesens erkennen.

Diese Übungen sind in einem anderen Buch des Verfassers eingehender dargestellt, dem *Book of Privy Counselling.* Während die *Wolke* zweifellos von einem jungen Menschen geschrieben wurde, zeigt sich im *Book of Privy Counselling* eine vielleicht noch größere Reife des Verständnisses als in der *Wolke*, wenn auch hier die Sprache weniger beeindruckend und reich ist.

Das *Book of Privy Counselling* beginnt wie folgt: «Wenn du dich in die Einsamkeit zurückziehst, verschwende keinen Gedanken daran, was du danach tun wirst, und weise alle guten und bösen Gedanken von dir. Bete nicht mit Worten, es sei denn, du kannst nicht anders. Wenn du wirklich etwas sagen mußt, sieh nicht darauf, wie viel oder wie wenig es ist, noch was es bedeutet, ob es ein Bittgebet oder ein Psalm, ein Hymnus, ein Loblied oder ein anderes allgemeines oder spezielles Gebet ist, ob es still im

Inneren oder laut ausgesprochen wird. Sieh zu, daß nichts in deinem Bewußtsein bleibt als ein nacktes, bewußtes Strecken zu Gott, das in keinen bestimmten Gedanken *über* Gott gekleidet ist, was er in sich selbst oder in einem seiner Werke wäre, sondern daß nur der Gedanke in dir ist, daß *Er ist, wie Er ist.* Ich bitte dich, ihn so sein zu lassen und nichts anders zu machen. Dringe nicht mit Spitzfindigkeit oder Vernunft weiter in ihn; der Glaube sei dein fester Grund. Diese nackte, von allen Vorstellungen entleerte und im Glauben selbst gegründete Absicht soll in deinen Gedanken und Empfindungen ein nackter Gedanke und eine blinde Empfindung deines eigenen Seins sein, wie wenn du mit deinem ganzen Herzen zu Gott sagtest: ‹Ich bringe dir dasjenige dar, guter Herr, was ich bin, ohne auf die Natur deines Seins zu blicken, sondern nur darauf, daß du bist, wie du bist, ohne alle Hinzufügungen.›

Diese stille Dunkelheit fülle deinen ganzen Geist aus und sei ein Spiegel für dich. Denke ebensowenig über deine Persönlichkeit nach, wie ich dich gebeten habe, über Gott nachzudenken, so daß du ohne Zersplitterung oder Beunruhigung deines Geistes so, wie du bist, mit ihm geeint wirst. Denn Er ist dein Sein, und in Ihm bist du, was du bist, nicht nur deshalb, weil Er die Ursache und das Sein alles Seienden ist, sondern weil Er in dir *deine Ursache* und *dein* Sein ist. Sei daher in deiner Betrachtung Gottes in derselben Weise bewußt, wie du deiner selbst bewußt bist, und deiner selbst in derselben Weise, wie du Gottes bewußt bist, dessen, daß Er ist, wie Er ist, daß du bist, wie du bist, damit deine Gedanken nicht zerstreut oder getrennt werden, sondern in Ihm, der die Gesamtheit ist, geeint werden. Beachte dabei freilich den Unterschied, daß Er dein Sein ist, aber du nicht sein Sein bist. Zwar bestehen alle Dinge in Ihm, weil Er ihre Ursache und ihr Sein ist, doch ist Er in sich selbst allein Seine eigene Ursache und Sein eigenes Sein. Denn wie nichts ohne Ihn bestehen kann, so kann Er nicht ohne sich selbst sein. Er ist für sich selbst und für alles das Sein. Nur insofern ist Er von allem Geschaffenen getrennt, als Er unbedingtes Sein ist. Und insofern Er sowohl eines als auch alles ist, sind alle Dinge in Ihm geeint und haben alle Dinge ihr Sein in Ihm, weil Er das Sein aller Dinge ist.

So werden deine Gedanken und deine Empfindungen mit Ihm durch Gnade ohne Trennung geeint, solange du alles Suchen und alle Neugier auf die besonderen Eigenschaften deines blinden Seins oder Seines Seins fahren läßt. Dein Denken sei nackt, dein Empfinden ohne Verhaftung, und sei einfach derjenige, der du bist, damit die Berührung Gottes dich Ihn erkennen lasse, wie Er ist, auch wenn dein Erkennen noch blind und stückhaft sein mag, damit dein sehendes Verlangen mehr und mehr seine Wirkung tue.

Blicke dann fröhlich auf und sprich zum Herrn, entweder laut oder in deinem Herzen: ‹Ich bringe Dir dar, Herr, was ich bin, denn Du bist es.› Sei dir nackt, einfach und fest bewußt, daß du bist, wie du bist.»

Eine Tatsache zu erklären, heißt noch keineswegs, sie akzeptiert zu haben. Das Theoretisieren über die Letzte Wirklichkeit ist nicht dasselbe wie das Einssein mit ihr. Die entscheidende Lehre, die wir dieser Passage entnehmen können, besteht darin, daß wir ein «nacktes» Erlangen erfahren sollen, ein Loslassen vom Denken und Empfinden, von Vorstellungen und Bildern, damit wir die Letzte Wirklichkeit erkennen können, wie sie ist. Warum fällt uns dies so schwer?

Eine der schwersten Bürden für den Menschen ist sein Gefühl der existentiellen Unsicherheit. Die Welt scheint ihren Gang zu gehen, wie auch immer wir uns mit ihr verbinden, und es bleibt uns wenig mehr, als uns durchzuschlagen, während sie unbeeindruckt ihrer vorgezeichneten Bahn folgt. Weil uns Zweifel, Isolierung (denn dies ängstigt uns am meisten, daß wir in unserem Leiden immer allein sind, während die übrige Welt ihrer gewohnten Geschäftigkeit nachgeht), Unsicherheit und die Unbeständigkeit aller Dinge, Beziehungen und Situationen so schmerzlich bewußt sind, wehren wir uns, indem wir versuchen, uns unsere eigene Welt zu schaffen. Zu diesem Zweck müssen wir sie aber erst zerstückeln; dann wählen wir diejenigen Stücke aus, die uns zusagen, und verwerfen den Rest. Deshalb hat die Welt für uns letztlich kaum objektive Realität und wird zur bloßen Bühne unserer Liebe und unseres Hasses, unserer Vorlieben und Abneigungen. Dies macht uns beständig unruhig und versetzt uns in einen steten Zustand des Werdens, indem wir unserer Person in irgendeiner Weise etwas hinzufügen und ständig Angst haben, daß uns etwas genommen wird.

Ganz abgesehen von unseren eigenen Zergliederungen scheint das Leben selbst in viele «Fächer» auseinanderzufallen, in denen wir unterschiedliche Rollen spielen, wie zum Beispiel Familie, Beruf, Politik, Finanzen, Privatleben und so weiter. Hier gibt es häufig Konflikte, weil dieselbe Person manchmal verschiedene Rollen spielt und mehrere Leben führt, die gewissermaßen zu einem zusammengespannt sind. Spannungen und Widersprüchlichkeiten entstehen, wenn man sich zu sehr mit seinen Rollen und seiner Wirkung nach außen identifiziert und nicht mehr weiß, was Leben, nacktes Sein heißt. Aber gibt es denn überhaupt so etwas wie dieses nackte Sein? Solche Fragen stellen wir, wenn wir die Empfindung für die Ganzheit des Lebens verloren haben, wenn uns Zwiespalt und Zweifel befallen, wenn wir unser Identitätsgefühl nur von außen beziehen.

Wir «pflegen Erscheinungsbilder» – wie treffend ist doch damit ausgesagt, daß wir uns Masken schaffen, die wir vor uns hertragen. Wenn wir unsere Identität nur aus unseren Wechselbeziehungen mit anderen Menschen herleiten, dann brauchen wir andere, die unser Dasein akzeptieren und bekräftigen, und wir wenden oft sehr viel Zeit und Energie dafür auf, diese Anerkennung zu erlangen. Unsere abgeleitete Identität, die sich aus unseren vielen Erscheinungsbildern zusammensetzt, wird zu unserem kostbarsten Gut, dessen Verlust wir mit dem Verlust unserer Existenz gleichsetzen. Deshalb ängstigt uns der physische Tod so sehr: er bedeutet den Verlust von allem, mit dem wir uns identifiziert haben.

Der Verfasser der *Wolke* aber fordert uns auf, ein Bewußtsein zu entwickeln, das keine Masken trägt oder Erscheinungsbilder pflegt, das nicht einmal prüft und wertet, sondern einfach akzeptiert, daß es einen Gottesgrund *gibt* und daß dieser ist, wie er ist, daß wir sind, wie wir sind, wenn die Masken abgenommen und die Rollen abgelegt werden. Im rückhaltlosen Akzeptieren der Tatsache, daß das Dasein *ist,* liegt das Heilmittel für alle Krankheiten, die uns heimsuchen. Wenn wir das Leben in einer Weise leben, daß es ist, wie es ist, geben wir allen Dingen ihr Eigensein zurück, ohne sie durch unsere Wertungen und Relativierungen zu verfälschen. Wenn wir aufhören, die Welt in unsere Projektionen zu kleiden, kann die objektive Wahrheit der Wirklichkeit aufleuchten und uns die Gewißheit geben, daß ein unvorstellbares Wunder den Urgrund des Seins aller Dinge bildet, das existiert, ob wir es wahrnehmen oder nicht, und in dessen Sosein wir schließlich zur Ruhe kommen können.

«Ein nacktes Denken und ein blindes Fühlen deines eigenen Seins» – der Verfasser der *Wolke* meint hiermit nichts Kompliziertes, sondern etwas so Einfaches, daß es für viele von uns *zu* einfach ist, weil man zu viele Masken ablegen muß. Dieser klarsichtige Mystiker war auch zu seiner Zeit schon mit diesem Problem konfrontiert, und er beklagt sich darüber, daß die Menschen sagen: «Meine Schriften ... sind so schwierig und so hochfliegend, so eigentümlich und so kühn, daß kaum der Klügste und Gewitzteste auf dieser Welt in sie einzudringen vermag.» Mit spitzer Feder fährt er fort: «Ich kann mir nicht vorstellen, daß jemand so stumpfsinnig oder einfältig ist, daß er nicht denken und fühlen kann, daß er ist – nicht *was* er ist, sondern *daß* er er ist. Sein eigenes Sein fühlen – dies kann doch die dümmste Kuh oder das unvernünftigste Tier. Um wieviel mehr ist es nicht dem Menschen möglich, sein eigenes Sein zu denken und zu fühlen, der durch die Gabe der Vernunft über alle Tiere hinausgehoben ist?»

Er hätte vielleicht in dem indischen Weisen Ramana Maharshi einen Geistesverwandten erblickt, für den die Empfindung des «Ich» die Grundlage aller Religion war. Eine der Fragen, die ihm immer wieder gestellt wurde, war: «Wie erfahre ich, wer ich bin?» Mit der Schärfe des Verfassers der *Wolke* antwortete er einmal: «Wenn du selbst nicht weißt, wer du bist, wie soll es dir ein anderer sagen können?», denn er wußte, daß die Menschen sich mit begrifflichem Denken konfus machen und daß ihnen die Wahrheit mit einem Schlage klar werden würde, wenn sie nur einfach werden wollten. In ähnlicher Weise verkündete Bankei, ein japanischer Zen-Meister des 17. Jahrhunderts: «Jeder besitzt den geburtlosen Geist [‹nacktes Sein›], und niemand entfernt sich wahrhaftig von ihm. Es liegt daran, daß man ihn in etwas anderes verwandelt. Wenn man nicht in ihm ist, wenn man ihn gewissermaßen für wertlose Dinge hingibt, denen man zufällig verhaftet ist, dann entfernt man sich von ihm.»

«‹Ich existiere› ist die einzige beständige, selbstverständliche Erfahrung eines jeden Menschen», sagt Ramana Maharshi. «Nichts ist so selbstverständlich wie ‹ich bin›. Was man ‹selbstverständlich› nennt, nämlich die Erfahrung, die man über die Sinne erlangt, ist alles andere als selbstverständlich ... ‹Ich bin› ist Wirklichkeit. Ich bin *dieses* oder *jenes* ist unmöglich ... Gott existiert im ‹ich bin› in allen Dingen und allen Wesen.»

Dem auf sein Ego konzentrierten Menschen mit seiner grundlegenden Unsicherheit und den daraus hervorgehenden Leiden rät der Verfasser der «Wolke» in der für ihn typischen plastischen Sprache: «Nimm den guten, gnädigen Gott, wie er ist, schlicht und einfach als Pflaster und lege es auf dein krankes Selbst, das du bist. Oder, um es anders zu sagen, hebe dein krankes Selbst empor, das du bist, und versuche, den guten, gnädigen Gott zu berühren, wie Er ist, dessen Berührung unaufhörliche Gesundheit ist ... um soviel mehr wirst du durch diese himmlische Berührung Seines eigenen Seins von deiner Krankheit genesen. Raffe dich kraftvoll auf und koste von dieser Arznei. Hebe dein krankes Selbst ohne alle Neugier oder tiefes Nachdenken über alle Eigenschaften, die zu deinem oder Gottes Sein gehören, seien es reine oder verderbte, gnadenvolle oder natürliche, göttliche oder menschliche Eigenschaften, zum gnädigen Gott empor, wie Er ist. Auf diese Eigenschaften kommt es für dich nicht an, nur darauf, daß deine blinde Wahrnehmung deines nackten Seins freudig in fröhlicher Liebestätigkeit emporgehoben wird, daß es in Gnade und im Geiste mit dem kostbaren Sein Gottes in sich selbst geeint und verbunden wird, einfach wie Er ist und anders nichts.»

Dem Verfasser der *Wolke* ging es nur um die tatsächliche *Erfahrung* der Erkenntnis des Gottesgrundes in sich selbst; es ging ihm nicht um eine Theologie über diesen. Es war ihm bewußt, daß jene besondere Klarheit des nichtdualen Seins für die seelische Gesundheit und innere Kraft des Menschen wesentlich ist. Wenn diese nicht erfahren wird, muß der Mensch in seinem Glauben unsicher und die Gewißheit des Seins bedroht sein. Wie aber gelangt man zu einer solchen Erfahrung?

Man findet sie, wie alle Religionen sagen, zum einen durch die eigentümliche und geheimnisvolle *Empfindung* des Gottesgrundes, die uns wie ein Magnet anzieht, zum anderen dadurch, daß wir uns mittels Techniken wie Meditation und stummem Gebet vorbereiten, so daß der Geist beruhigt wird und wir nicht mehr unter dem Bann von Worten stehen. Eine solche Technik wird in der *Wolke* angegeben:

«Wenn du ein nacktes Verlangen nach Gott ohne einen anderen Grund als Ihn selbst hast, und wenn du dieses Verlangen in ein Wort einkleiden möchtest, um dich besser daran halten zu können, so nimm nur ein kurzes Wort mit einer einzigen Silbe; das ist besser als eines mit zwei Silben, denn je kürzer es ist, desto besser paßt es zum Werk des Geistes. Solch ein Wort ist das Wort ‹Gott› oder das Wort ‹Liebe›. Wähle, welches du willst, oder auch ein anderes einsilbiges nach deinem Belieben. Hefte dieses Wort an dein Herz, auf daß es von dort nicht weiche, was immer auch geschehen mag.

Dieses Wort sei dein Schild und Speer, ob du dich nun im Krieg oder im Frieden befindest. Mit diesem Wort sollst du auch die Wolke und die Dunkelheit über dir einhauen. Mit Hilfe dieses Wortes sollst du alle Arten von Gedanken so heftig unter die Wolke des Vergessens werfen, daß du einem Gedanken, der sich an dich herandrängt und dich fragt, was du willst, mit nicht mehr Worten als diesem einen entgegnest. Und wenn dein fragender Verstand dir anbietet, dir in seiner großen theologischen Gelehrsamkeit das Wort auszulegen und dir seinen Gehalt im einzelnen zu beschreiben, so sag ihm, daß du es lieber in seiner Ganzheit und nicht zerlegt oder erklärt haben möchtest. Hältst du an diesem Ziel fest, dann kannst du sicher sein, daß deine Gedanken dich nicht länger belästigen werden. Und weshalb? Weil du nicht zuläßt, daß sie an solchen tröstlichen Meditationen Nahrung finden, wie wir sie oben erwähnt haben.»

Hier haben wir also die Mantra-Lehre, die Verwendung eines Wortes oder einer Silbe zur Beruhigung des unruhigen Geistes und zur Versenkung in den Zustand der auf einen Punkt gerichteten Stille. Mantren werden seit Jahrhunderten in der orthodoxen Kirche verwendet und sind eine wichtige Technik im Hinduismus und Buddhismus. Wer den *Weg eines Pilgers* gelesen hat, den wahren Bericht eines Russen, dem sein spiritueller Lehrer das Gebet gab «Herr Jesus Christus, erbarme Dich meiner», das er unaufhörlich in seinem Innern wiederholen sollte, wird sich erinnern, wie er dies zunächst mehrmals am Tag jeweils eine halbe Stunde tat, und wie er nach einiger Zeit sich seinen Herzschlag vorstellen konnte und das Gebet mit dem Rhythmus des Pulses verknüpfte.

«Beim Einziehen der Luft blickte ich im Geiste in mein Herz und sagte: ‹Herr Jesus Christus›, und beim Ausatmen sagte ich ‹erbarme dich meiner›. Ich tat dies jeweils eine Stunde lang, dann zwei Stunden lang, dann solange ich es vermochte, und schließlich fast den ganzen Tag über...

Als etwa drei Wochen vergangen waren, fühlte ich einen Schmerz in meinem Herzen und danach eine überaus köstliche Wärme, dazu eine Tröstung und Frieden... Danach stellten sich in meinem Herzen und meiner Seele von Zeit zu Zeit eine Reihe unterschiedlicher Empfindungen ein. Manchmal hatte ich das Gefühl, daß mein Herz vor Freude übersprudelte, so groß war die Leichtigkeit, Freiheit und Tröstung, die in ihm war. Manchmal verspürte ich eine brennende Liebe zu Jesus Christus und zu allen Geschöpfen Gottes. Manchmal flossen meine Augen vor Tränen der Dankbarkeit über, daß Gott mir, einem erbärmlichen Sünder, solche Gnade erwies. Manchmal war mein Geist, der davor so töricht war, so sehr erhellt, daß ich Dinge, über die ich bisher noch nicht einmal nachzudenken vermochte, mit Leichtigkeit ergreifen und erwägen konnte. Manchmal breitete sich die Empfindung einer warmen Freude in meinem Herzen über mein ganzes Sein aus, und mit tiefer Rührung erkannte ich die Allgegenwart Gottes. Manchmal überwältigte mich bei der Anrufung des Namens Jesu eine selige Freude, und ich verstehe jetzt die Bedeutung der Worte: ‹*Das Reich Gottes ist in euch.*›

Nachdem ich fünf Monate in solchem einsamen Leben im Gebet und in solchem Glück zugebracht hatte, hatte ich mich so an das Gebet gewöhnt, daß ich es unaufhörlich sprach. Schließlich bemerkte ich, daß es ohne mein Zutun von selbst in meiner Seele und in den Tiefen meines Herzens ablief, und zwar nicht nur, während ich wachte, sondern auch im Schlaf. Nichts konnte es stören, und niemals hörte es auch nur für einen Augenblick auf, was auch immer ich tat. Meine Seele dankte unaufhörlich Gott, und mein Herz schmolz in einem unaufhörlichen Glück dahin.»

«Wenn du ein nacktes Verlangen nach Gott hast» – der Verfasser der *Wolke* war überzeugt, daß die Hauptbedingung für die Wirksamkeit eines Mantra das starke Verlangen war, die Tiefen des Gottesgrundes zu erkennen. Wenn dieses Verlangen aufrichtig empfunden wird, wird der Name oder das Wort mit wahrhaftiger Sehnsucht und Liebe zu einem solchen Weg ergriffen. Dies bewirkt eine Reinigung und Transparenz des Geistes. Wenn man den Namen unaufhörlich wiederholt – manchmal mit dem Atemrhythmus und einer Empfindung des Gottesgrundes im Herzen, wie es der Pilger praktizierte – entwickelt sich ein Bewußtsein für einen unaussprechlichen Zustand. Dieses Bewußtsein erfüllt Geist und Sinne mit einer überaus süßen und beseligenden Empfindung der Integration, die die ganze heranbrandende Gedankenflut auslöscht.

Wenn wir uns bei der Wiederholung des Namens (die kurze indische Silbe «Om», die die Gesamtheit des Universums meint, ist ebenfalls einfach und praktisch) dessen bewußt sind, daß wir den Namen desjenigen wiederholen, was schon als unser wahres Sein und Dasein in uns ist, und wenn wir diese zentrale Tatsache immer in unserem Herzen bewahren, dann wird uns diese Praxis allmählich zu einem wirklichen Bewußtsein von dieser Existenz in uns verhelfen. Dieses Bewußtsein haben wir vielleicht zunächst nicht, doch können wir verstandesmäßig akzeptieren, daß dies so ist, und den Namen wiederholen. Je mehr dann diese Übung selbst «wirklich» wird und nicht bloß ein Zeitvertreib ist, desto mehr wird dieser Gedanke zu einer wirklichen und intimen Erfahrung. Die volle Unterwerfung unter das Wort führt uns über die Worte hinaus, sowie uns die volle Unterwerfung unter die Form Gottes über die Formen hinausführt. Nur dann, wenn wir uns nicht unterwerfen, bleibt die Form eine Form und das Wort ein Wort. Daher meditiert man über Gottes Namen und Form nur deshalb, um zur letzten Wirklichkeit zu gelangen, die das Sein aller Dinge ist.

«Die Verehrung der Absoluten Wirklichkeit», sagt Ramana Maharshi, «ist immer nur ein Mittel, um sie ohne Namen und Form zu realisieren, unter welchem Namen oder unter welcher Form man sie auch verehrt. Dies allein ist die wahre Erkenntnis, daß man sich selbst in einer Beziehung zu jener Wirklichkeit erkennt, Frieden erlangt und die eigene Identität mit ihr wahrnimmt.»

«Dieses Wort sei dein Schild und dein Speer», sagt der Verfasser der *Wolke*. Für die meisten von uns ist unsere Welt kein stiller Meditationsraum. Beschäftigt und zerstreut wie wir sind, vernachlässigen wir die Übungen, oder wir stehen in Situationen, in denen kein Üben möglich ist und Sorgen und Ängste sich unser bemächtigen. Ein Wort aber kann man immer im Geiste wiederholen; wir können uns an ihm in Zeiten großer Unruhe wie an einem Rettungsseil festhalten, es kann die verlorengegangene Konzentration zurückbringen, und man kann es liebevoll in einem Augenblick des Friedens gebrauchen. Der Verfasser der *Wolke* sagt:

«Wenn jemand durch den plötzlichen Ausbruch eines Feuers, durch den Tod eines Menschen oder was sonst auch immer in Schrecken versetzt wird, sieht er sich sogleich im innersten seiner Seele getrieben, eiligst in größter Not laut zu rufen und um Hilfe zu bitten. Aber in welcher Form? Gewiß nicht mit vielen Worten, auch nicht durch ein Wort mit zwei Silben. Warum ist dies so? Weil er es für einen zu großen Zeitverlust hält, die Not und Erregung seiner Seele ausführlich zu erklären. Deshalb bricht es ungestüm und mit voller Macht aus ihm hervor, und er ruft nur ein kleines, einsilbiges Wort wie das Wort ‹Feuer› oder ‹weg› oder ‹Hilfe›! Und wie dieses kurze Wort ‹Feuer› die Ohren derer, die es hören, rascher erreicht und erregt, genauso verhält es sich überhaupt mit einem kurzen, einsilbigen Wort, wenn es nicht nur gesprochen oder gedacht, sondern in der Tiefe des Geistes gebildet wird... Es dringt eher zu den Ohren des allmächtigen Gottes als ein noch so langer Psalm, der gedankenlos zwischen den Zähnen gemurmelt wird. Daher steht geschrieben: ‹Ein kurzes Gebet dringt bis zum Himmel.› Und warum dringt es bis zum Himmel, dieses kleine, kurze Gebet; bestehend aus nur einer Silbe? Sicher deshalb, weil es im ganzen, ungeteilten Geist, in seiner Höhe, Tiefe, Länge und Breite gebetet wird. In der Höhe des Geistes steht das Gebet, weil es mit der ganzen Kraft des Geistes geschieht; zugleich ist es aber auch in der Tiefe des Geistes, weil in dieser kleinen Silbe alle geistigen Sinne enthalten sind; in der Länge des Geistes ist es, denn was der Mensch auch sonst dabei empfindet, schreit er doch immer auf die eine, gleiche Weise; in der Breite des Geistes ist das Gebet, weil der Mensch für alle anderen das gleiche wie für sich selbst will.»

Der Verfasser der *Wolke* gibt uns hier sicher das wirksamste Mantra – ein einziges kleines Wort. Der Pilger gebrauchte sieben, während der Dichter Tennyson nur zwei benutzte – seinen eigenen Namen. Er sagt: «Schon in meiner Knabenzeit erlebte ich des öfteren eine Art wachen Trancezustandes, wenn ich ganz allein war. Dies geschah mir meist dadurch, daß ich meinen eigenen Namen zwei- oder dreimal still für mich selbst wiederholte, bis plötzlich wie durch die Intensität des Bewußtseins von der Individualität eben diese Individualität sich aufzulösen und in einem grenzenlosen Sein zu verdämmern schien, und dies ist kein verwirrter Zustand, sondern der klarste der klaren, der gewisseste der gewissen, der unheimlichste der unheimlichen, aller Worte spottend, in dem der Tod eine fast lächerliche Unmöglichkeit war, der Verlust der Persönlichkeit – wenn es ihn denn gäbe – keine Auslöschung, sondern das einzig wahre Leben.»

«Höre alle Klänge als Mantra», sagt der tibetische Buddhismus. In diesem Sinne bedeutet Mantra John Blofeld zufolge göttliche Melodie. Wenn man aufhört, an Geräuschen herumzudeuten, indem man sie kategorisiert oder einen Klang einem andern vorzieht, kann das dadurch entstehende Ineinanderweben von Klängen als eine Weltsymphonie wahrgenommen werden. Meist betrachten wir ein bestimmtes Geräusch als Störung. John Blofeld erinnert sich, daß er während seiner Zeit in Bangkok in den frühen Morgenstunden bei seiner Morgenmeditation ständig von Leuten gestört wurde, die auf einem kleinen Platz unter seinem Fenster ihren Führerschein für Motor-Rikschas machten. «Indem ich im Geiste diesen entsetzlichen Lärm in das Rasseln von Gebetsmühlen über dem Tosen eines Wasserfalls verwandelte, wurde er mir für meine Meditation sehr nützlich.»

Wenn es uns nicht gelingt, das Mantra zu hören, das ausgewählte Wort, wenn wir zum Beispiel verzweifelt sind und das Hersagen des Mantras durch die Intensität unserer Gefühle wirkungslos bleibt, können wir – und hier würde uns der Verfasser der *Wolke* vielleicht zustimmen – uns umsehen und feststellen, daß wir überall von natürlichem Ersatz umgeben sind: den Wellen am Strand, dem Wind in den Bäumen, dem Plätschern des Regens – Geräusche, die eine außerordentliche Heilkraft für die Seele haben und ihr die Zielgerichtetheit wiedergeben können, solange die Unterwerfung *vollständig* ist. Es muß eine «nackte» Unterwerfung in dem Sinne sein, daß die Farbe der Wellen oder ihr regelmäßiger Schlag in keiner Weise für uns relevant sein dürfen, sondern nur die Tatsache, daß die Wellen *sind,* daß das Meer *ist,* daß der Regen *ist,* daß das Geräusch *ist.* Wenn das Geräusch ein Geräusch ist und nicht mehr als störender Lärm aufgefaßt wird, dann kann man *alle* Geräusche, auch Verkehrslärm, Fußballspiele und den kläffenden Hund unseres Nachbarn als Bestandteile des Seins des Lebens betrachten, die eine Musik eigener Art erzeugen.

Der Verfasser der *Wolke* betrachtet eben dieses Akzeptieren der «Seinsheit» des Daseins als wesentliche Meditation, und er spricht hierüber in seinem *Book of Privy Counselling:*

«Du weißt nun sehr wohl, daß du bei diesem Werk auf die Merkmale des Seins Gottes nicht *mehr* achten sollst als auf die Merkmale deines eigenen Seins. Denn kein Name, keine Empfindung, kein Begreifen ist der Zeitlosigkeit Gottes so nahe wie diejenige, die man in dem blinden Wahrnehmen dieses Wörtchens *‹ist›* haben, sehen und fühlen kann. Denn ob du gut oder schön oder süß, voller Gnade oder gerecht, weise oder allwissend, mächtig oder allmächtig, Wissen oder Weisheit, Macht oder Stärke, Liebe oder Barmherzigkeit oder was auch immer von Gott sagst – all dies liegt diesem Wörtchen *ist* zugrunde und ist in ihm beschlossen. Und wenn du einhunderttausend solcher süßer Wörter – gut, schön, und was du sonst noch sagen magst – hinzufügen würdest, würdest du doch nichts diesem Wörtchen *ist* hinzufügen. Und wenn du nichts davon sagen würdest, hättest du ihm nichts weggenommen... Laß also alle nutzlose Neugierde hinter dir und verehre Gott mit allem, was du bist, ebenso, wie du bist, und unterwerfe dich Ihm ebenso, wie Er ist, denn Er ist das selige Sein sowohl Seiner selbst als auch von dir. Und so sollst du dich Gott in einer wunderbaren Weise bindend in Ihm selbst unterwerfen, denn alles, was du bist, hast du von Ihm, und Sein innerstes Wesen ist deines. Und wiewohl du bei deiner physischen Schöpfung einen Anfang hattest, vor dem du nichts warst, war doch dein wahres Sein immer ohne Anfang in Ihm und wird immer ohne Ende in Ihm sein, wie Er selbst ist.

Deshalb rufe ich oft dieses eine: ‹Bete Gott an mit allem, was du bist, und hilf der Menschheit mit den ersten Früchten deiner Meditation. Speise die Armen im Geiste mit diesen Früchten. Dann werden deine Scheuern übervoll sein! Damit meine ich, daß deine innere geistige Natur bis zum Überlaufen gefüllt sein soll.»

Könnte man sich einen nützlicheren Rat denken als diesen? Allen Menschen mit einer unbedingten Liebe helfen, die man dem Menschen einfach deshalb schenkt, weil er existiert – damit befreit man sich von allen diskriminierenden Urteilen, die den Blick trüben und das kleine selbstsüchtige Ego nähren. Jesus sprach zu den Toren und Sündern nicht anders, als er zu seinen Jüngern sprach, und der Buddha lehnte das Kastensystem Indiens ab und nahm in seinen Sangha Räuber und Mörder ebenso auf wie unbescholtene Menschen. Er behandelte die Reichen als ebenso bedürftig wie die Armen, und er konnte dies, weil er wie Jesus frei von der Konditionierung war, die uns zwingt, jenes Wörtchen *ist* zu qualifizieren.

Sich den Dingen zu unterwerfen, wie sie sind, in ihrem Sein, heißt, sie so zu lieben, wie sie sind; sie zu lieben, wie sie sind, heißt, eins mit ihnen zu sein. «Seht alle Wesen als Buddha an, und alle Orte als Nirwana», rät die tibetische Religion. Wenn wir zum *Sein* der Schöpfung erweckt werden, finden wir uns im zum Überlaufen gefüllten Nirwana – oder Himmel – und in wunderbarem Einklang mit allem Seienden, mit Menschen, Tieren oder dem bloßen Stoff. Indem wir die Gesamtheit sehen, werden wir selbst gesamt; indem wir die Gesamtheit des Daseins finden, werden wir selbst ganz.

Solche Arten von Religiosität sind aktiv und passiv; man muß sie nach außen weggeben und nach innen hereinnehmen. «Wenn du dieses wunderbare Gesetz und diesen lebenspendenden Rat einhältst, dann wird, wie Salomon sagt, ‹Leben in deiner Seele und die Milde der Liebe Gottes im Inneren und Anmut auf deinen Wangen im Äußeren sein›, und dein Leib wird das Strahlen deines Inneren Seins äußerlich an sich tragen. An diesen beiden

Dingen, dem inneren Leben und dem ausstrahlenden Wirken nach außen – denn du wirst mit unfehlbarer Wahrhaftigkeit auf alle Bedürfnisse in deiner Umgebung eingehen –, an diesen beiden Dingen hängen das ganze Gesetz und die Propheten. Denn wenn du in deiner Integration innerlich und äußerlich so vervollkommnet wirst, dann wirst du voller Vertrauen wirken, weil du in der Gnade gegründet bist, ein Führer für andere, der sein nacktes blindes Sein zum wonnevollen Sein Gottes erhebt, eins in Gnade mit Ihm, wenn auch unterschiedlich in der Natur.»

Unfehlbar auf die Bedürfnisse anderer einzugehen – dies ist gewiß das Endziel des spirituellen Lebens. Zuerst müssen wir den Gottesgrund finden, dann auf seiner Grundlage in der Welt wirken. Dies ist der letzte Zweck und die letzte Bestimmung der Menschheit. Wenn wir uns nicht mit dem Gottesgrund einen und nicht spüren, daß er die Quelle all unseres Handelns ist, dann wird unserem Handeln, wie humanitär es auch sein mag, die Gnade fehlen, denn es wird Vorstellungen und vermischten Motiven entspringen und nicht immer der wirklichen Situation angepaßt sein. Wenn wir andererseits unseren eigenen Urgrund entdecken und ihn für uns selbst behalten und uns von der Menschheit abschließen, machen wir uns der Undankbarkeit und Unverantwortlichkeit gegenüber der geschaffenen Welt schuldig. Freilich ist es fast unmöglich, das Strahlen des Gottesgrundes in uns selbst einzusperren. Wenn uns die selbstsüchtigen Motive immer klarer werden, die unser Leben beherrschen, dann erkennen wir mehr und mehr, daß nur unser liebevolles Zugehen auf die Welt ein wesentliches Wirken ist.

Der Zen-Buddhismus, dessen Grundlage der Bodhisattva-Weg ist, hat seit jeher das selbstlose Handeln zum erklärten Ziel. Sein Moment der Erleuchtung *(satori)* – als die außerordentliche und mehr oder weniger unbeschreibliche Erfahrung, daß alle Schranken zwischen Subjekt und Objekt wegfallen, das Gegenstück zur christlichen Gnade – gilt auch als der Anfangspunkt des wirklichen Lebens in der Welt. Bis zu dieser Erfahrung wird der Mensch von der Dualität beherrscht, der Trennung zwischen dem Selbst und dem Anderen. Danach aber entspringt das Handeln spontaner aus einem inneren Bewußtsein, wenn auch die Intensität der Erfahrung selbst nachlassen mag.

Der Verfasser der *Wolke* hätte vielleicht mit seiner mittelalterlichen Vorliebe für Naturgleichnisse seine Freude an der Darstellung dieses Vorgangs im Zen gehabt: Am Anfang sind Flüsse Flüsse und Berge Berge (wenn wir nach unserer üblichen Weise alle Dinge als getrennte Entitäten sehen, die einander bedingen und hervorbringen); wenn wir dann ein wenig erwacht sind, sind Flüsse keine Flüsse und Berge keine Berge mehr (wir sehen dann die grundlegende Einheit ihres nackten Wesens und Seins); wenn wir aber voll erleuchtet sind, kehren wir zum Marktplatz zurück, und Flüsse sind wieder Flüsse und Berge wieder Berge (weil wir, nachdem wir ihre absolute Natur erkannt haben, jetzt in voller Harmonie auf ihre relativen natürlichen Eigenschaften eingehen können).

Die andere Gemeinsamkeit zwischen Zen und östlichen Religionen mit dem *Book of Privy Counselling* liegt darin, daß sie beide von der Notwendigkeit überzeugt sind, bestimmte Übungen durchzuführen (wie zum Beispiel das Aufsagen von Mantras), um gewissermaßen sicheren Halt zu finden. Wenn wir zu üben beginnen, haben wir unsere Reise angetreten, unsere Erweckung eingeleitet.

Was drängt uns aber zu dieser Öffnung des Geistes? Was ist es, das in uns überhaupt eine Ahnung entstehen läßt, daß es einen neuen Aspekt des Daseins zu entdecken gibt? Hierauf geben alle Religionen dieselbe Antwort. Es ist das geheimnisvolle und unauslotbare Wirken des Gottesgrundes selbst: «Gott muß erst uns erwecken», sagt Swami Ramdas, «die Gnade allein ist es am Anfang, in der Mitte und am Ende unseres spirituellen Strebens. Der Mensch meint in seiner Arroganz, daß alles in seiner Macht steht … doch wird ihn die Erfahrung lehren, daß seine Bemühungen durchaus eitel sind … Ein frommer Mann sagt zu Recht: ‹O Gott, ich gedenke Deiner, weil Du zuerst meiner gedachtest.› Er muß uns zu sich hinziehen. Nur dann können wir zu Ihm gehen. Es ist so, wie eine Nadel von einem Magneten angezogen wird. Wir müssen Nadeln für den wirklichen Magneten werden, damit Er uns zu Sich ziehen kann. Wie aber werden wir Nadeln? Dies ist nur dadurch möglich, daß wir wünschen, Ihn zu besitzen, uns danach sehnen, Ihn und nur Ihn allein und nichts sonst in der Welt zu besitzen.» Der Sufi Bistami sagt: «Ich glaubte, Ihn zu lieben..., doch erkannte ich beim Nachdenken, daß Seine Liebe der meinigen voranging.»

«Wonach du Ausschau hältst, das hält nach dir Ausschau», sagt der hl. Franziskus. Wir scheinen uns also auf einer Kreisbahn zu bewegen. Wir werden mit einer unschuldigen Reinheit des Herzens ähnlich derjenigen der edleren Tiere geboren. Wenn wir dann an Wissen und Kenntnissen zunehmen, bewegen wir uns fort von uns selbst und gehen hinaus in die Welt, in der sich viele von uns für eine lange Zeit verlieren. Dann aber werden wir wieder zu unserem innersten Sein zurückgezogen, wodurch wir unsere Unschuld und Reinheit wiedergewinnen, nun aber nicht mehr als Kind, sondern als fertiger Mensch. Um diesen Weg zurück zu finden, müssen wir uns aber unserem eigenen wahren Dasein öffnen.

«In uns allen wohnt eine geheimnisvolle wunderbare Kraft, uns von den Wechselfällen der Zeit zu befreien, uns von den äußeren Dingen auf unser geheimnisvolles Selbst zurückzuziehen und so für uns selbst das Ewige in uns in der Form der Unwandelbarkeit zu entdecken. Diese Gewahrwerdung unser selbst ist die wahrhaftigste persönlichste Erfahrung, von der alles abhängt, was wir von der übersinnlichen Welt wissen. Diese Gewahrwerdung zeigt uns zum erstenmal, was wirkliches Dasein ist, während alles andere nur Schein ist» (Schelling).

«Wiewohl ich dich schlicht und nachdrücklich bitte, dieses kontemplative Werk zu beginnen», heißt es im *Book of Privy Counselling,* «bin ich doch ohne allen Irrtum und Zweifel gewiß, daß mit oder ohne deine Techniken die Gnade Gottes das hauptsächlich Wirkende und Bewegende ist. Du und deinesgleichen, ihr müßt euch offen und empfänglich dafür machen, dieses Werk anzunehmen und zu erleiden, bis ihr reinen Geistes seid und durch den Beweis eurer eigenen spirituellen Schau entdeckt, daß ihr eins seid mit Gott.»

In der *Wolke* fügt er hinzu: «Bemühe dich daher mit Eifer und schlage gegen diese hohe Wolke des Nichtwissens, um am Ende darin Ruhe zu finden. Allerdings kommt keiner, der sich in diesem Werk übt, ohne Mühe aus – ja sogar nicht ohne große Mühe, wenn er nicht eine ganz spezielle Gnade empfängt oder in diesem Werk schon eine große Erfahrung hat.

Worin besteht dann aber bitte diese Mühe? Gewiß darin, die Erinnerung an alle Geschöpfe, die Gott je schuf, unter sich zu begraben und unter der erwähnten Wolke des Vergessens fernzuhalten. Darin besteht die ganze Mühe. Und das ist die Arbeit des Menschen, die durch Gnade gefördert wird. Das andere und wichtigere jedoch, das darüber liegt – ich meine die Liebeshingabe – ist das Werk von Gott allein. Deshalb fahre fort mit deinem Werk, und ich versichere dir, daß es an Seiner Hilfe nicht fehlen wird.»

Welches Werk aber meint der Autor? Was können wir tun? Neben dem Mantra empfiehlt der Verfasser zwei Techniken zur Überwindung der Zerstreuung:

«Bemühe dich nach Kräften, dich so zu verhalten, als wüßtest du gar nicht, daß sich all diese Gedanken so stark zwischen dich und deinen Gott drängen. Versuche ihnen sozusagen über die Schulter zu blicken, als hieltest du Ausschau nach etwas anderem; dieses andere aber ist Gott, der in der Wolke des Nichtwissens verhüllt ist. Verfährst du so, dann, glaube ich, wirst du nach kurzer Zeit Erleichterung von deiner Mühe finden. Ich glaube auch, daß diese List, wenn sie nur gut und richtig verwendet wird, nichts anderes ist als ein sehnsüchtiges Verlangen nach Gott und danach, Ihn zu erfahren und zu erkennen, soweit das unter irdischen Bedingungen möglich ist. Solch ein Verlangen aber ist die christliche Liebe, und dieses Verlangen verdient immer, Erfüllung zu finden.

Es gibt indes noch eine andere List; erprobe sie, wenn du

willst. Wenn du bemerkst, daß du keinen Erfolg damit hast, die Gedanken hinabzudrücken, dann wirf dich nieder unter sie wie ein Schwächling und in der Schlacht besiegter Feigling, und halte es für glatte Torheit, noch länger gegen sie anzukämpfen; auf diese Weise ergibst du dich Gott inmitten deiner Feinde. Und glaube, daß du auf ewig verloren bist. Sei aber sehr vorsichtig bei der Anwendung dieser List, denn wenn du sie erprobst, wirst du zu Wasser zerschmelzen. Mir scheint, diese List ist, wenn man sie nur geschickt anwendet, sicher nichts anderes als die wahrhafte Erkenntnis und Erfahrung dessen, was du selber bist, nämlich ein elendes Wesen, ein Häufchen Staub und noch viel schlimmer als das Nichts; solches Erkennen und Empfinden aber ist Demut. Diese Demut belohnt Gott damit, daß Er selbst mit Macht zu Dir herniederfährt, um dich an deinen Feinden zu rächen, dich aufzurichten und deine geistigen Tränen liebevoll zu trocknen, wie es ein Vater seinem Kinde tut, das in höchster Gefahr schwebt, von den Hauern eines wilden Ebers oder den Zähnen toller, bissiger Bären zerrissen zu werden.»

Eine solche Technik, wie sie hier so farbig beschrieben ist, bedarf eigentlich keiner weiteren Erläuterung. Vielleicht sollte man aber, wenn man sie zu praktizieren beginnt, daran denken, daß ein konkretes Abbild des Gottesgrundes, auf das man seine Augen heften kann, sehr hilfreich sein kann, um über die Gedanken hinauszugelangen. Die Buddhisten haben viele Rupas (Statuen) des Buddha in unterschiedlichen Meditationshaltungen, die Christen ihre Ikonen oder Christusdarstellungen. Wenn man seine ganze Aufmerksamkeit auf den Rupa oder das Bild richtet – nicht im Sinne eines verstandesmäßigen Erfassens, sondern indem man ganz einfach seinen ganzen Geist auf ihm ruhen läßt –, fallen die Gedanken ab, und das Bildnis selbst scheint seine Begrenztheit zu verlieren und grenzenlos zu werden.

Diese zweite «List» des Verfassers hätte ein eigenes Kapitel verdient, denn für viele Menschen wird der außergewöhnliche Schritt der Selbstaufgabe in tiefer Verzweiflung über die eigene Machtlosigkeit zu einem Wendepunkt in ihrem Leben, an dem ein wunderbares neues Seinsgefühl in ihr Herz einzieht. «Hatten die Heiligen der ersten Tage ein anderes Geheimnis als dasjenige, daß sie Augenblick um Augenblick zu demjenigen wurden, was das göttliche Wirken aus ihnen machen wollte? Und wird dieses göttliche Wirken nicht seine Glorie bis zum Ende der Tage über jene Seelen ausgießen, die sich rückhaltlos selbst aufgeben?» fragte Jean de Caussade. «Möge Dein Wort, o Gott, Ausdruck meines Lebens werden», sagt Inayat Khan. Das Gefühl, daß man selbst nichts tun kann, daß alles, was man tut, niederschmetternd unzureichend ist, muß so aufrichtig sein, daß es als wirkliches Leid empfunden wird. «Es ist der letzte schmerzliche Bruch mit dem Leben der Illusion, das Herausreißen des Selbst aus jener Welt des Werdens, in der all seine natürlichen Affekte und Wünsche verwurzelt sind, der sich sein Verstand und seine Sinne zuwenden, und das Eindringen des Selbst in jene Welt des Seins, in dem es zunächst in seiner Schwäche und Blindheit nur eine Wüste vorfindet, eine ‹Dunkelheit›», meint Evelyn Underhill.

Die schmerzliche Erfahrung der Machtlosigkeit, von der im *Book of Privy Counselling* die Rede ist, wird nicht nur durch die Unfähigkeit verursacht, den Gottesgrund zu erfahren, sondern auch durch die Empfindung, daß dies wegen der bloßen Tatsache unserer körperlichen Existenz auch niemals möglich sein wird. «Wenn du beim Betrachten deiner selbst», rät der Verfasser, «die Empfindung hast, daß du nur dich selbst erlebst und nicht Gott, dann sei von Kummer erfüllt und sehne dich aus tiefstem Herzen nach der Empfindung Gottes; verlange unablässig danach, das schmerzliche Erkennen und trübe Empfinden deines blinden Seins abzustreifen, und sehne dich danach, vor dir selbst wie vor Gift zu fliehen. Dann gib dich selbst auf und mißachte dich so rückhaltlos, wie dein Herr dich zu tun heißt. Und wenn du so intensiv schmachtest – nicht danach, nicht zu sein, denn das wäre toll und falsch in den Augen Gottes, sondern danach, die Erfahrung und die Empfindung deiner selbst loszulassen, was du tun mußt, wenn du Gottes Liebe vollkommen spüren willst –, dann siehst und spürst du manchmal, daß dich nichts jenem Zustand näher bringt, weil dich immerfort eine nackte Empfindung deines blinden Seins zwischen dir selbst und Gott verfolgt und begleitet, wie sehr du dich auch mühst – einige wenige Male ausgenommen, wenn Gott sich dir in seiner Überfülle der Liebe zu erkennen gibt. Aber mit Ausnahme solcher Gelegenheiten wird das nackte Bewußtsein deines blinden Seins fortwährend in derselben Weise wie eine Schranke zwischen dir und Gott auf dir lasten, wie zu Beginn deines Werks die Merkmale deiner Persönlichkeit eine Schranke zwischen dir und der direkten Bewußtheit deiner selbst bildeten; dann wirst du dich als große und schwere Last empfinden ...

Aber in diesem Kummer mußt du große Vorsicht in dieser Weise walten lassen: Du sollst in der Zeit dieses Kummers achtgeben, deinen Leib und deine Seele nicht zu unbedacht zu belasten, sondern sitze ganz ruhig, wie wenn du schlafen würdest, ganz in deinen Kummer versunken und eingehüllt. Dies ist das wahre Leid; dies ist das vollkommene Leid, und wohl demjenigen, der sich zu diesem Leid emporringt. Alle Menschen haben Anlaß zum Kummer; den größten Kummer aber empfindet derjenige, der glaubt und fühlt, daß er ist. Aller andere Kummer verhält sich zu diesem wie Spiel zum Ernst.

Denn alles Weh, das in der Welt ist, ist nichts diesem gegenüber, denn dann bist du dir selbst ein Kreuz. Und doch ist dies der wahre Weg zu unserem Herrn, wie er selbst sagt: ‹Er nehme sein Kreuz auf sich› – die schmerzliche Last seiner selbst –, damit er mir ‹in die Seligkeit folge› und auf den Berg der Vollkommenheit, wo er ‹die Süße meiner Liebe in der wunderbaren Erfahrung meiner selbst kostet›. Hieran erkennst du, daß du unter Schmerzen der Last deiner selbst als einem Kreuz gewahr werden mußt, bevor du mit Gott in der transzendenten Erfahrung seines Seins geeint werden kannst, worin die vollkommene mitleidsvolle Liebe liegt.

Und nun frage ich dich, glaubst du, daß du diese Kontemplation mittels deines Verstandes erlangen wirst? Gewiß nicht. Und auch nicht durch deine anziehende, kluge, gewitzte und gerissene

Einbildungskraft... Ich ziehe ganz gewiß eine blinde, nackte Empfindung meiner selbst allem anderen vor: nicht meiner *Taten,* sondern meiner *selbst.* Viele Menschen nennen ihre Aktivitäten ihr Selbst, doch ist dem nicht so, denn ich, der ich Taten verrichte, bin eines, die Taten ein anderes. Ebenso verhält es sich mit Gott – Er ist eins in sich selbst, und Seine Taten sind von Ihm unterschieden.»

Hier kommt der Verfasser der *Wolke* zu einer der Hauptursachen der Verwirrung des Menschen, seiner irrigen Identifizierung mit demjenigen, was er tut. Wir identifizieren uns mit unseren Wünschen, mit unserer Liebe und unserem Haß, mit Stand, Status, Ansehen und Reichtum. Ein Zen-Meister nannte dies einmal die «Kleider, die wir zwischen der nackten Geburt und dem nackten Tod tragen, und fast alle Menschen lassen sich von diesen Kleidern täuschen. Sie glauben, daß das ganze Problem des Lebens in diesen Kleidern liegt, ob sie auch hübsch genug sind. Nie aber stellen sie sich die Frage: Was ist die Wirklichkeit des Lebens? Was ist das nackte Selbst? Mit anderen Worten ... die Beziehung, die von außen bestimmt wird und sich an anderen Menschen und Dingen orientiert, ist dasselbe wie die ‹Kleider› ... Wir sind während der Spanne unseres Lebens offenbar nur an den Kleidern interessiert oder an dem Selbst, das von außen bestimmt wird, und wir glauben offenbar, daß dies das ganze Leben ist.»

Mit der Bewußtwerdung unseres nackten Seins ereignet sich, wie zu Beginn dieses Kapitels gesagt wurde, das Gottesbewußtsein; und der Kummer darüber, daß wir *sind,* ist das Bewußtsein, das uns Gott am nächsten bringt. Gemäß seiner Lehre von Gott als dem Handelnden fährt der Verfasser der *Wolke* fort: «Wir können hochfahrend nach der Vereinigung streben, nur um letztlich doch zu straucheln. Denn ohne Ihn vermögen wir nichts, Er selbst sagt: ‹Ohne mich könnt ihr nichts tun.› Du mußt dies so verstehen, daß Er derjenige ist, der dich zuerst anrührt und bewegt, und du lediglich derjenige, der seine Einwilligung und sein Leiden entgegenbringt, und nur auf dieser Grundlage kannst du etwas in der Welt tun, das Ihm vollkommen gefällt.»

«Ich sage dies alles wegen der verwirrten Anmaßung fehlgeleiteter Menschen, daß sie selbst wegen ihrer großen Gelehrsamkeit oder ihrer spekulativen Intelligenz immer selbst die hauptsächlich Wirkenden sind, während Gott der Erleidende oder das passiv Zustimmende ist, dabei ist in Wirklichkeit in allen kontemplativen Dingen das Gegenteil wahr.»

Es ist eine Tatsache, daß wir, wenn wir uns gott-los fühlen und die tatsächliche Empfindung des Gottesgrundes noch nicht bewußt hatten, uns wie selbstverständlich für die hauptsächlich Handelnden in der Auswahl der Techniken und hinsichtlich der Zeit halten, die wir uns für sie nehmen usw. Wer aber hat uns letztlich auf den Gedanken gebracht, dies überhaupt zu tun? Die Antwort finden wir in unserem eigenen allmählichen Erwachen. Wir reagieren auf die unabweisbare Dimension des Gottesgrundes in uns, und wenn die Erweckung begonnen hat, ist es sehr schwierig, die Augen wieder zu schließen.

Allerdings verläßt uns die Empfindung nicht so schnell, daß *wir* die Handelnden sind und die Entscheidung bei uns liegt. Insbesondere wir im Westen glauben immer, daß wir zum Beispiel eine Entscheidung zwischen verschiedenen religiösen Praktiken treffen müssen, von denen eine richtig, die andere falsch ist. Hier verlangt aber der Verfasser von uns, passiver – das heißt nicht inaktiv – zu sein, bezüglich unseres Fortschreitens mehr Intuition walten zu lassen, «nicht gierig zuzuschnappen wie ein Windhund», sondern den Übungsweg sich anbieten zu lassen, sich erwartungsvoll bereitzuhalten, aufmerksam auf die Anleitung zu harren, sie aber nicht zu fordern. Dieses bloße aktive Warten erzeugt in uns aber eine tiefe Einsicht und Harmonie, die der Taoismus mit dem Dahinströmen von Wasser vergleicht: «Nichts auf der Welt ist schwächer als Wasser, und doch gibt es auch nichts, das Härte besser überwände.»

Im Soto-Zen gibt es eine *Shikantaza* genannte Übung, bei der der Geist in ebensolcher unerschütterlichen Ruhe sein muß wie der Körper, gelassen ohne alle Aufgeregtheit und doch absolut entschlossen, die Buddha-Natur (oder den Gottesgrund) zu finden – ohne jeglichen Quietismus, bereit und gespannt wie eine Saite in anstrengungsloser konzentrierter Bewußtheit. Diese gelassene und dabei intensive wachsame Aufmerksamkeit wird mit der Wachsamkeit eines Schwertkämpfers im Duell verglichen. Eine solche Geisteshaltung bleibt von der umgebenden Welt ungerührt; sie ist selbst der unbewegte Mittelpunkt aller Bewegung. «Das Denken und Tun aufzugeben», sagt der Zen-Meister Dogen in ähnlichen Worten wie der Verfasser der *Wolke,* «ist nichts anderes als jegliche Form des Tuns und Handelns.»

Die Unterwerfung unter das Wirken einer höheren Macht in uns erleichtert es uns, die isolierte Empfindung einer getrennten Selbstheit aufzugeben, die das größte Hindernis für die Vereinigung mit dem Gottesgrund ist, denn Unterwerfung ist die fortwährende Preisgabe einer auf sich selbst zentrierten Identität. Die Empfindung, daß es kein Selbst gibt, das die eigenen Handlungen verrichtet, kann ein großartiger Erkenntnisaugenblick, eine wunderbare Befreiung sein, die uns das Gefühl gibt, als hätten wir eine schwere und unnötige Last abgeworfen. Das Meer hebt und senkt sich in den Gezeiten, und der Wind weht, aber nicht durch mich bedingt; in derselben Weise bewegen sich die Beine, wird die Nahrung verzehrt, das Buch gelesen, ohne daß ein Selbst beteiligt wäre.

Thomas Merton sagt in seinem Vorwort zur *Bhagavadgita:* «Die Erkenntnis des höchsten Spielers, dessen Spiel sich in der millionenfältigen unerschöpflichen Fülle der Wesen und Ereignisse manifestiert, liefert uns den Schlüssel zum Sinn des Lebens. Wenn wir im Bewußtsein des kosmischen Tanzes leben und im Zeitenstrom des Tänzers stehen, erreicht unser Leben seine wahre Dimension. Es ist ernsthafter und zugleich weniger ernsthaft als das Leben desjenigen, der nicht diese innere kosmische Dynamik erfühlt. Ohne dieses erleuchtete Bewußtsein leben heißt als Lasttier leben, das die Bürde seines Lebens mit tragischem Ernst als eine gewaltige, unbegreifliche Fracht trägt. Die Schwere der Last entspricht der Ernsthaftigkeit, mit der wir unser eigenes individuelles und getrenntes Selbst betrachten. Mit dem wahrhaftigen Bewußtsein zu leben, daß das Leben seine Mitte in einem anderen hat, heißt die dünkelhafte Ernsthaftigkeit aufzugeben und das Leben als ‹Spiel› in der Vereinigung mit einem kosmischen Spieler zu spielen. Nur ihn allein nimmt man ernst. Ihn ernstzunehmen aber heißt, Freude und Spontaneität aus allem zu schöpfen, denn alles ist Geschenk und Gnade. Mit anderen Worten, selbstsüchtig zu leben heißt, das Leben als eine unerträgliche Last zu tragen. Selbstlos zu leben heißt, das Leben in Freude zu leben, weil uns die Erfahrung zu erkennen gibt, daß das Leben selbst Liebe und Geschenk ist. Ein Liebender und Schenkender ist ein Kanal, durch den der höchste Schenker seine Liebe in der Welt manifestiert.»

Der Verfasser der *Wolke* stellt freilich klar, daß in der Kontemplation vollständige Unterwerfung praktiziert werden soll, während im Alltagsleben die Initiative vom Menschen ausgehen muß. Er drückt dies wie folgt aus: «Trotzdem sollen in einem geordneten und aktiven Leben das Erkennen des Menschen und sein natürlicher Verstand mit Gott in rechter Ordnung zusammenwirken. Gottes Zustimmung und Unterstützung können durch irdische Zeugnisse erfahren werden: Die Weisheit der Schrift, verläßlichen Rat und das Begriffsvermögen des natürlichen Verstandes, der die eigene Verfassung, wie das Alter und die Lebensbedingungen, in Betracht zieht. Der Mensch sollte dem Antrieb seines Geistes nicht folgen, wie erstrebenswert und sogar heilig er auch erscheinen mag, solange er sich nicht sicher ist, daß er von allen oder wenigstens einem dieser drei Zeugnisse kräftig unterstützt wird ...

Weil die Menschen in jedem Leben in drei Gruppen geteilt werden können – die Sünder [Menschen, die noch nichts von Gott wissen], die Aktiven und die Kontemplativen –, kann das Wort unseres Herrn zu allen gesprochen werden: ‹Ohne mich vermögt ihr nichts.› Bei den Sündern leidet er passiv mit ihnen, denn sie müssen tun, was sie wollen; bei den Aktiven wirkt er durch passive Gegenwart und aktive Unterstützung; bei den Kontemplativen ist er mehr als all dies, denn Er ist der ursprünglich Wirkende selbst, der sie zu Seinem Göttlichen Sein erweckt und hinzieht.»

Wie können wir aber wissen, daß wir auf dem rechten Weg sind? Viele Menschen werden von diesem Zweifel geplagt, denn wie oft wurde nicht unser natürliches Vertrauen in uns selbst durch einen Überschuß an Verstandestätigkeit und einen Mangel an Intuition unterminiert! Der Verfasser der *Wolke* beschreibt sehr klar, was wir zur Bestätigung unseres Weges in uns finden müssen. Zunächst sagt er, daß es zwei sichere Zeichen gibt: das eine ist ein wachsendes Verlangen nach Kontemplation (in östlichen Religionen Meditation genannt), das unsere Alltagsaktivitäten zu beherrschen beginnt und unsere Erkenntniskraft stärkt; das andere ist eine Regung des Glücks in unserer Seele, wenn wir über Dinge des Geistes lesen. Diese beide zusammen sind sichere Zeichen, daß wir auf dem richtigen Weg sind.

«Und wenn dein eifriges Begehren, von diesen Dingen zu lesen und zu hören, in solcher Überfülle vorhanden ist, daß es mit dir zu Bett geht und dich den ganzen Tag leitet, dich von deinen üblichen Geschäftigkeiten fortzieht und zwischen dich und die Welt tritt, wenn es sich so sehr mit deinem Herzen verbindet, daß du es nicht mehr als getrenntes Verlangen wahrnimmst, ... dann sind dein inneres und äußeres Zeugnis im Einklang und fügen sich zu einem zusammen. Dann wird dein ganzes Wesen verwandelt werden, und dein Antlitz wird Freude ausstrahlen und schön werden. Solange es anhält, erfreuen dich alle Dinge, und das Leben erscheint leicht, denn alle Sorgen greifen dich nicht mehr an. Tausend Meilen möchtest du laufen, um mit jemandem zu sprechen, der es wirklich empfunden hat, und doch würdest du, wenn du dort wärest, keine angemessenen Worte finden. Worüber andere auch immer sprechen möchten – du möchtest nur *darüber* sprechen. Wenige Worte wirst du sagen, doch werden sie fruchtbar und voller Feuer sein. Ein kurzer Satz von dir wird eine ganze Welt der Weisheit enthalten, und doch kann er anderen, die noch in ihrem eigenen Denken befangen sind, als barer Unsinn erscheinen. Dein Schweigen wird gelassen sein, deine

Rede hilfreich und dein Erkennen tief in deinem Inneren. Dein Selbstvertrauen wird von spontaner Reinheit sein, deine Redeweise sanft, dein Humor fröhlich und deine Lust an allen Dingen wie das Spiel eines Kindes. Du wirst die Einsamkeit lieben und an dir selbst Genügen haben, weil du weißt, daß andere dich behindern würden, wenn sie nicht dein Hingezogensein zu Gott mit dir teilen. Du wirst keine Bücher mehr lesen oder über dieses Werk hören wollen, weil dir nur die unmittelbare Erfahrung dieses Werks genügt, das innere Zeugnis des Äußeren, was der Beweis dafür ist, daß du im Einklang mit dem Weg Gottes bist.»

Am Ende des *Book of Privy Counselling* sagt uns der Verfasser: «Zu dieser großen Erfahrung sollst du auf dem Wege kommen, den ich dir aufgezeigt habe, und durch das Vertrauen auf Gottes Gnade, der dir helfen und dich leiten wird. Der Weg, den ich dir angegeben habe, besteht darin, daß du immerfort und unablässig nach der nackten Bewußtwerdung deiner selbst strebst und dein Sein als die kostbarste Gabe, die du darbringen kannst, Gott darbringst. Achte aber darauf, wie ich gesagt habe, daß es ein nacktes Gewahrwerden ist, damit du nicht der Täuschung erliegst. Wenn dieses Gewahrwerden wirklich nackt ist, wird es dir am Anfang sehr schmerzhaft sein, in diesem Zustand zu verweilen, weil, wie ich erläutert habe, deine Vernunft und dein Verstand hierin kein Fleisch für sich finden. Ich bitte dich, ihnen ihre natürliche Lust an den Dingen, die sie kennen, für eine Weile zu entziehen. Denn es ist wahr, daß ein Mensch natürlicherweise begreifen möchte; zugleich aber wird ihn auch noch so großes Wissen und noch so große Gelehrsamkeit die wirkliche Gotteserfahrung nicht kosten lassen, denn dies kann nur die Gnade wirken. Und deshalb bitte ich dich sehr, mehr nach Erfahrung als nach Erkenntnis zu streben. Denn die Erkenntnis wird dich oft täuschen, die Erkenntnis bläht dich auf, und nur die Liebe baut wirklich an dir. Erkennen ist schwere Arbeit, aber Lieben ist heitere Ruhe.»

Literaturhinweise

Allen, Warner: *The Timeless Moment.* London 1946.

Ancelet-Hustache, Jeanne: *Master Eckhart and the Rhineland Mystics.* London o. J.

Arberry, A. J.: *Sufism.* London 1950.

Augustine, St.: *Confessions.*

Bancroft, Anne: *Modern Mystics and Sages.* London 1978.

– *Religions of the East.* London 1974 (dt.: *Religionen des Ostens. Wege geistiger Erfahrung.* Theseus 1975).

– *Zen: Direct Pointing to Reality.* London 1980 (dt.: *Zen.* Kösel 1985).

Berdyaev, N.: *Freedom and Spirit.* London 1935.

Bernard, St.: *The Book of St. Bernard on the Love of God,* hrsg. v. E. G. Gardner. London o. J.

– *The Letters of Saint Bernard of Clairvaux,* hrsg. v. B. Scott James. London 1957.

– *The Steps of Humility by Bernard, Abbot of Clairvaux,* hrsg. v. G. B. Burch. Harvard 1940.

– *Bernhard von Clairvaux,* hrsg. v. Bernhard Schellenberger. Olten 1982.

– *Bhagavad-Gita,* hrsg. v. Swami Prabhavananda und Christopher Isherwood, California 1944. Übers. v. Swami Bhaktivedanta. Vorw. v. Thomas Merton. London 1963.

Blofeld, John: *The Wheel of Life.* London 1959.

Butler, Dom Cuthbert: *Western Mysticism.* London 1960.

Capra, Fritjof: *The Tao of Physics.* London 1975 (dt.: Das Tao der Physik, Scherz 1984).

Caussade, Jean-Pierre de: *Self-Abandonment to Divine Providence.* London 1959.

Cloud of Unknowing, the. The Cloud of Unknowing and the Book of Privy Counselling, hrsg. v. William Johnston. New York 1973.

The Cloud of Unknowing, Epistle of Privy Counsel and Denis Hid Divinity, hrsg. v. Dom Justin McCann. London 1924.

The Cloud of Unknowing, hrsg. v. Evelyn Underhill. London 1956.

The Cloud of Unknowing, übers. v. Clifton Wolters. London 1961.

Das Buch von der mystischen Kontemplation, genannt die Wolke des Nichtwissens, Einsiedeln 1980.

Die Wolke des Nichtwissens. Vorw. u. bearb. v. Wolfgang Riehle, Johannes Verlag 1983.

Comper, Frances: *Richard Rolle.* London 1928.

Davies, Penelope: *Country Life in the Middle Ages.* London 1972.

Dionysius the Areopagite: *On the Divine Names and the Mystical Theology,* übers. v. C. E. Rolt. London 1920.

Eckhart, Meister: *Meister Eckhart,* übers. v. Raymond B. Blakney. New York 1941.

– *Meister Eckhart, Vol. I,* übers. v. C. de B. Evans. London 1956.

– *Meister Eckhart, Sermons and Treatises, Vol. I,* übers. v. M. O'C. Walshe. London 1979.

– *Meister Eckhart. Gotteserfahrung und Weg in die Welt,* hrsg. v. Dietmar Mieth. Olten 1979.

Gilson, Etienne: *The Mystical Theology of St. Bernard.* London 1940.

Graef, Hilda: *The Light and the Rainbow.* London 1959.

Huxley, Aldous: *The Perennial Philosophy.* London 1946.

Inge, W. R.: *Christian Mysticism.* London 1899.

Jones, Rufus: *Studies in Mystical Religion.* London 1909.

Julian of Norwich: *A Book of Showings to the Anchoress Julian of Norwich, Parts One and Two,* hrsg. v. Edmund Colledge and James Walsh. Toronto 1980.

– *The Revelations of Divine Love of Julian of Norwich,* hrsg. v. James Walsh. London 1961.

– *A Shewing of God's Love,* hrsg. v. Anna Maria Reynolds. London 1958.

Juliana de Norwich: *Lady Julian of Norwich, Offenbarungen von göttlicher Liebe,* Einsiedeln 1960.

Juliana of Norwich: *Offenbarungen von göttlicher Liebe,* Johannes-Verlag 1988.

Kapleau, Philip: *Three Pillars of Zen.* Boston 1965.

Khan, Inayat: *The Way of Illumination.* London o. J.

Kingsland, William: *An Anthology of Mysticism and Mystical Philosophy.* London 1927.

Lao Tzu: *Tao Te Ching.*

McKisack, May: *The Fourteenth Century.* Oxford 1959.

Merton, Thomas: *The Last of the Fathers.* New York 1954.

– *Mystics and Zen Masters.* New York 1961.

– *Seeds of Contemplation.* London 1972.

– *Zen and the Birds of Appetite.* New York 1968.

Molinari, Paul: *Julian of Norwich.* London o. J.

Otto, Rudolf: *Mysticism East and West.* London 1932.

Patanjali: *How to know God; the Yoga Aphorisms of Patanjali,* übers. v. Swami Prabhavananda und Christopher Isherwood. London 1953.

Plotinus: *The Essence of Plotinus,* übers. v. G. H. Turnbull. New York 1934.

Ramana Maharshi: *The Teachings of Ramana Maharshi,* hrsg. v. Arthur Osborne. London 1962.
Ramdas, Swami: *In Quest of God.* Bombay o. J.
Rolle, Richard: *The Amending of Life,* übers. v. R. Misyn. London 1927.
– *The Fire of Love and the Mending of Life,* hrsg. v. Frances M. M. Comper. London 1914.
– *The Form of Perfect Living,* hrsg. v. G. Hodgson. London 1910.
– *The Psalter,* hrsg. v. H. R. Bramley. Oxford 1884.
– *Selected Works of Richard Rolle,* hrsg. v. G. C. Heseltine. London 1930.
Rops, Daniel: *Bernard of Clairvaux.* London 1964.
Ruysbroeck, Jan van: *The Adornment of the Spiritual Marriage, The Book of Truth, The Sparkling Stone,* übers. v. P. Wynschenk Dom. London 1916.
– *The Twelve Beguines,* übers. v. J. Frances. London 1913.
Sasaki, Joshu: *Buddha is the Center of Gravity.* New Mexico 1974.
Schürmann, Reiner: *Meister Eckhart, Mystic and Philosopher.* Indiana 1978.
Scott James, B.: *Saint Bernard of Clairvaux.* London 1957.
Steiner, Rudolf: *Eleven European Mystics.* New York 1971.
– *Die Mystik im Aufgange des neuzeitlichen Geisteslebens und ihr Verhältnis zur modernen Weltanschauung,* Dornach 1960.
Suzuki, D. T.: *Mysticism Christian and Buddhist.* London 1957.
Thouless, Robert H.: *The Lady Julian.* London o. J.
Underhill, Evelyn: *Mysticism.* London 1960.
– *Mystics of the Church.* London o. J.
– *Ruysbroeck.* London 1915.
Watts, Alan: *Beyond Theology.* London 1964.
– *The Supreme Identity.* New York 1972.
– *The Way of Zen.* London 1957.
Way of a Pilgrim, übers. v. R. M. French. London 1965.
Williams, Harry: *True Resurrection.* London 1972.
Williams, W. W.: *The Mysticism of St. Bernard.* London 1931.
– *Studies in Bernard of Clairvaux.* London 1927.
Zukav, Gary: *The Dancing Wu Li Masters.* London 1979.